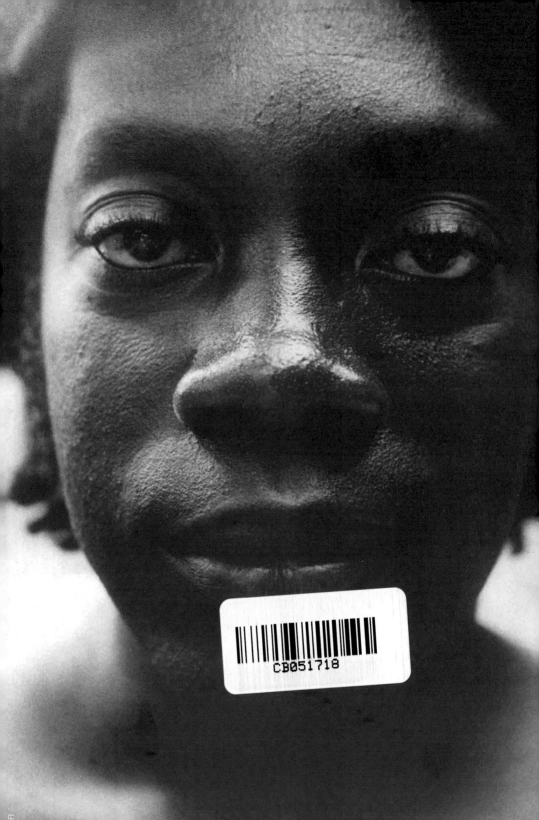

Márcio Borges

Os Sonhos
não Envelhecem

HISTÓRIAS DO CLUBE DA ESQUINA

12ª EDIÇÃO

GERAÇÃO

OS SONHOS NÃO ENVELHECEM
Histórias do Clube da Esquina

Copyright © 1996 by Márcio Borges

12ª edição – Abril de 2025

Grafia atualizada segundo o Acordo Ortográfico da Língua Portuguesa de 1990, que entrou em vigor no Brasil em 2009.

Editor e Publisher
Luiz Fernando Emediato

Diretora Editorial
Fernanda Emediato

Assistente Editorial
Adriana Carvalho

Capa
Emerson de Souza, Vito Natale e Márcio Borges

Projeto Gráfico
Alan Maia

Diagramação
Kauan Sales

Fotografias
Cafi, Juvenal Pereira, Leonardo Machado Costa e Marcelo Ferrari

Revisão
Marcia Benjamim

DADOS INTERNACIONAIS DE CATALOGAÇÃO NA PUBLICAÇÃO (CIP)
(Câmara Brasileira do Livro, SP, Brasil)

Borges, Márcio, 1946
Os sonhos não envelhecem : Histórias do Clube da Esquina
Márcio Borges –12ª ed. – São Paulo : Geração Editorial, 2013.

ISBN 978-85-61501-57-0

1. Borges, Márcio, 1946 – 2. Música – Brasil
História e crítica 3. Nascimento, Milton. 1942. I. Título

99-2410 CDD: 927.80981

Índices para catálogo sistemático

1. Brasil : Músicos : Memórias : Biografia   927.80981

GERAÇÃO EDITORIAL
Rua Gomes Freire, 225 – Lapa
CEP: 05075-010 – São Paulo – SP
Telefax: +55 11 3256-4444
E-mail: geracaoeditorial@geracaoeditorial.com.br
www.geracaoeditorial.com.br

Impresso no Brasil
Printed in Brazil

*Dedico este livro a Bituca,
Fernando, Ronaldo e Lô.*

*E também para Claudinha,
primeira leitora, maior incentivadora,
meu amor para sempre.*

*Em memória de
Márcio Ferreira*

ÍNDICE

PREFÁCIO (Caetano Veloso) 11

NOTA DO AUTOR 15

1 PRÉ-HISTÓRIA

1. Edifício Levy..21
2. Jules e Jim...43
3. Viagem a Três Pontas..63
4. Festival da fome..81
5. O vendedor de sonhos..105
6. Outras vozes..115
7. Cidade vazia..123

2 HISTÓRIA

1. Travessia 155
2. Vera Cruz...175
3. Beco do Mota..193
4. Os Deuses e os Mortos...211
5. Para Lennon e McCartney...237
6. Mar azul...255
7. Nada será como antes..271

3 OUTRA HISTÓRIA

1. Milagre dos peixes..303
2. Gran circo..315
3. Pão e água...323
4. A via láctea..333
5. The Corner Club..347
   E lá se vai mais um dia..351

POSFÁCIO (Milton Nascimento) 357

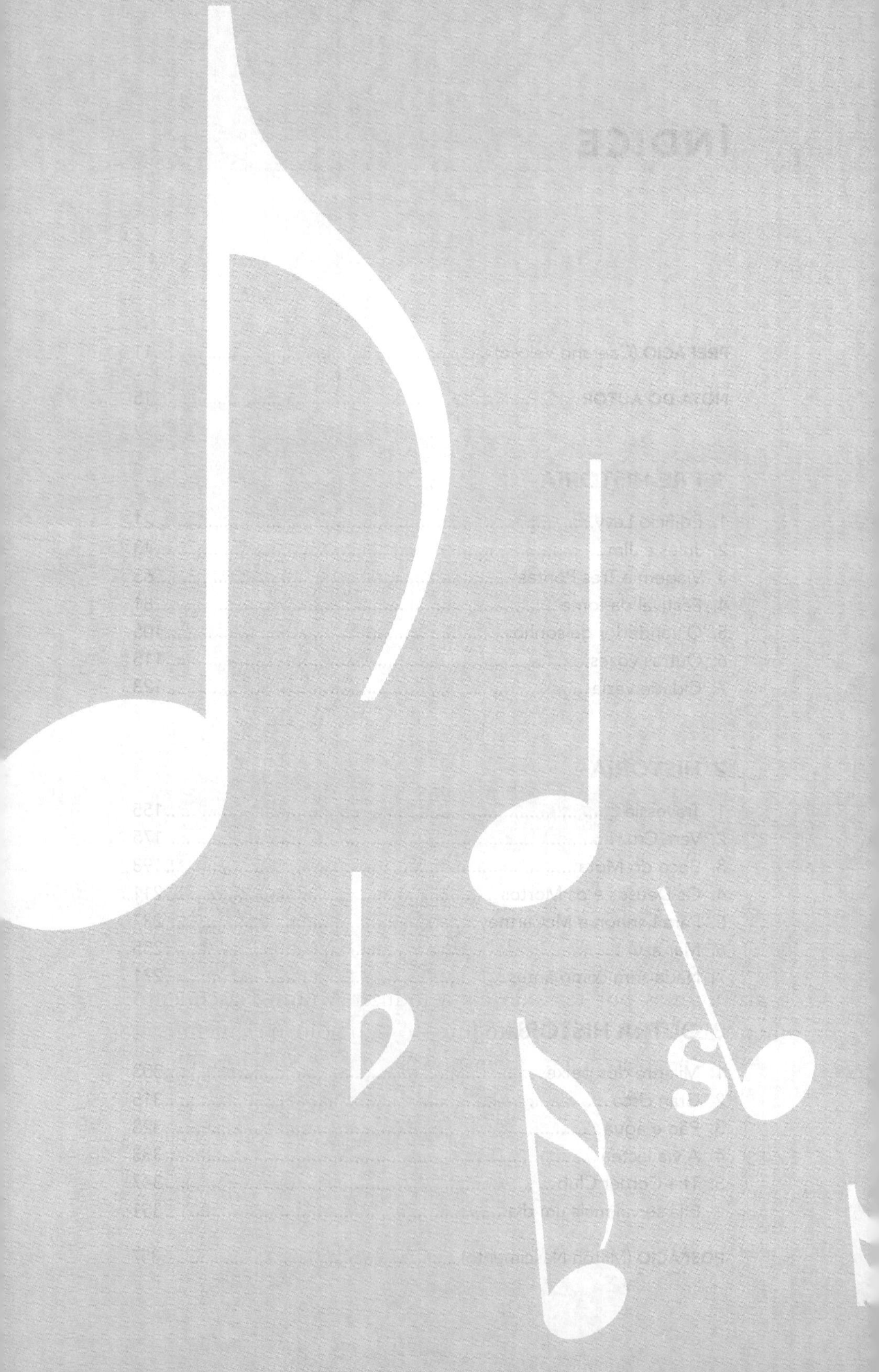

PREFÁCIO
Caetano Veloso

Nos anos setenta, um grupo de mineiros se afirmou no cenário da música popular brasileira com profundas consequências para sua história, tanto no âmbito doméstico quanto no internacional. Eles traziam o que só Minas pode trazer: os frutos de um paciente amadurecimento de impulsos culturais do povo brasileiro, o esboço (ainda que muito bem-acabado) de uma síntese possível. Minas pode desconfiar das experiências arriscadas e, sobretudo, dos anúncios arrogantes de duvidosas descobertas. Mas está se preparando para aprofundar as questões que foram sugeridas pelas descobertas anteriores cuja validade foi confirmada pelo tempo. Em Minas o caldo engrossa, o tempero entranha, o sentimento se verticaliza.

Márcio Borges é a pessoa indicada para escrever sobre a experiência daqueles garotos mineiros nos anos setenta não apenas por ser ele próprio um dos letristas mais atuantes e representativos do grupo, mas por ter sido ele a induzir Milton Nascimento a compor. E Milton Nascimento foi — é — o polo, o elemento catalizador, o próprio lugar de inspiração do movimento. Quando Milton surgiu num festival da TV Excelsior de São Paulo cantando uma composição de Baden Powell, Gil me chamou a atenção para a originalidade do seu talento. Com essa observação Gil viria a confirmar quando ouviu as primeiras composições de Milton. Eu, no entanto, se fiquei impressionado com a presença pessoal do colega recém-chegado (sua beleza nobilíssima de máscara africana, sua atmosfera a um tempo celestial e triste, sua aura mística e sexual) não fui capaz de detectar a grandeza musical de seu trabalho, num primeiro momento. Vi-lhe a seriedade de intenções e sinceridade de tom desde sempre, mas eu sou baiano (amante das aparências) e estava engajado num programa de regeneração da música brasileira através da carnavalização do deboche e do escândalo — através da paródia e da autoparódia — e não via ali muito além de um desenvolvimento daquilo que Edu Lobo já vinha fazendo de interessante, ou seja, um desdobramento da bossa-nova que abrangia estilizações das formas nordestinas. Claro que, em breve, veria que muito do que nós baianos tínhamos sublinhado — a saber: *rock*, pop, sobretudo Beatles, além da América espanhola — também estava incorporado ao repertório de interesses de Milton. Mas todo esse conjunto de informações desempenhava funções distintas em seu trabalho e no nosso. Sem apresentar ruptura com as conquistas da bossa-nova, exibindo especialmente uma continuidade em relação ao samba-jazz carioca, Milton sugeriu uma fusão que — partindo de premissas muito outras e de uma perspectiva brasileira — confluía com a *fusion* inaugurada por Miles Davis. Essa fusão brasileira desconcertou e apaixonou os próprios seguidores da *fusion* americana. Quando Milton estava com o *show* num teatro à beira da Lagoa Rodrigo de Freitas, em 1972, eu vim da Bahia — para onde tinha voltado depois do exílio — e fiquei tão impressionado com o que vi e ouvi ali quanto os músicos do Weather Report que visitaram o Rio pouco antes ou pouco depois. Talvez por razões — e com consequências — diferentes, mas no mínimo com a mesma intensidade. A profundidade que eu percebi ali só fez se intensificar para mim desde então. Orgulho-me de não ter me entregue a um repúdio puro e simples do que era diferente de mim. E de, por isso, poder hoje ter um diálogo enriquecedor com essa diferença. O que me levou a isso foi minha reverência pela música: Milton sempre foi obviamente para mim um músico muito maior do que eu.

Para contar sobre o lado de dentro dessa história de mineiros, sobre a vida vista do ângulo daquela esquina que nomeou o grupo famoso, Márcio Borges, sensível, poeta, cheio de inteligência e amor, mostrou-se generoso o bastante para decidir-se a escrever para nós este livro.

Ao Senhor Não-Escolhido-Z. ... ao Escolhido.

Fausto Murilo Borges Salaiví, por ti criou-se inteligência, amor e ventou-se ternura o bastante para alcançar-se o acervo para ti e este livro.

NOTA DO AUTOR
Márcio Borges

Eu, Márcio Borges, escrevo este livro, isolado no alto das montanhas, neste ponto da Mantiqueira que amo e escolhi para morar com minha família. Escrevo, portanto, muito distante dos ambientes que ele frequenta e descreve.

Não o faço para obter qualquer tipo de reconhecimento. Escrevo para cumprir um impulso, esvaziar meus escaninhos e recontar para mim mesmo, com os olhos do tempo e da distância, uma história que de qualquer forma já está contada nas músicas que compus. É a aventura de minha vida, ou seja, meu encontro casual com outro jovem, de nome simples e anônimo como ele próprio, chamado Milton do Nascimento, certo dia longínquo de 1963, e as consequências enormes desse encontro, não só para nossas vidas individuais, mas também para uma porção de outras pessoas.

Narro aqui apenas o período mais intenso dessa parceria que vai de 1963 até aproximadamente 1980. Não pretendo fazer obra de *scholar* e não ofereço rigor com relação a dados e datas. Tampouco tenho a pretensão de erguer um monumento memorial — trata-se antes de uma sucessão de inexatidões, um experimento de ficção. Por outro lado, procurei ser o mais fiel possível às minhas próprias lembranças, que foram minha fonte de pesquisa mais recorrente e fundamental, para não dizer a única. Reli algumas cartas e jornais velhos que trazia guardados numa mala idem, conversei com um e outro amigo daqueles tempos — e foi só, em termos de pesquisa.

Como já disse, é um relato incompleto, alguma vez até equivocado quanto à ordem de sucessão dos eventos narrados, mas deixei como está, pensando, talvez, na sentença pronunciada pelo velho redator de jornal, ao explicar a James Stewart a justeza de determinada manchete que não correspondia bem aos fatos, em inesquecível sequência do filme *O homem que matou o facínora*, de John Ford. O jornalista justifica:

— Quando a lenda se torna fato, imprima-se a lenda!

De qualquer modo, é meu testemunho pessoal, filtrado pelo tempo, de uma história que aconteceu na maior parte sob minha vista, com minha participação — eventos que têm início quando éramos pouco mais que meninos sonhadores, tendo como pano de fundo os governos militares a sufocar inexoravelmente os anseios e pretensões de nossa geração e se estendem por mais uns quinze anos, quando então a força de nossa música já teria extravasado todos os limites que poderíamos ter concebido nos magros tempos das boates do edifício Maletta e do Ponto dos Músicos em Belo Horizonte, e se tornado reconhecida até pelos próprios ídolos internacionais que desde lá, daqueles dias sofridos e sonhadores, admirávamos e cultuávamos. É quando também o espírito gregário que alicerçava o nosso trabalho começa a volitar em viagem sem volta. É até onde vai este meu relato; mais ou menos até os dias da gravação do disco *Clube da Esquina 2*. Dali em diante, fui me retirando aos poucos do *showbiz* até desaparecer de vez.

Ressurjo agora para contar aquelas cenas longínquas que hoje brilham em meus olhos através das lentes que naturalmente adquirimos com a idade madura e a vista cansada: as da compaixão e da saudade. Portanto, e finalmente, este relato é de minha parte só uma invocação, uma celebração, uma ode ao tempo que passou voando e apenas ocorreu aquela única vez na vida de cada um de nós.

En tiempos de auge la conjetura de que la existencia del hombre es una
cantidad constante, invariable, puede entristecer o irritar; en tiempos que
declinan (como éstos), es la promesa de que ningún oprobio,
ninguna calamidad, ningún dictador podrá empobrecernos.

Jorge Luis Borges: El Tiempo Circular, 1943.

Le monde est injuste, donc il faut se débrouiller,
alors on fait les "quatre cents coups".

François Truffaut: Le Plaisir des Yeux, 1971.

Em tempos de culminância a suposição de que a existência do homem é
uma quantidade constante, invariável, pode entristecer ou irritar;
em tempos que declinam (como estes) é a promessa de que nenhuma desonra,
nenhuma calamidade, nenhum ditador poderá nos empobrecer.

(Jorge Luis Borges: O Tempo Circular, 1943)

O mundo é injusto, a gente tem que se virar,
por isso a gente aplica "os quatrocentos golpes".

(François Truffaut: O Prazer dos Olhos, 1971)

O baterista Paulinho Braga, o pianista Wagner Tiso e o contrabaixista Milton do Nascimento, aliás Bituca, na época do Berimbau Trio. Belo Horizonte, 1964.

Pré-história

"DIGA-ME COM QUEM ANDAS
E TE DIREI QUEM ÉS"

Márcio Borges, 17 e Marisa, 16, saindo do Edifício Levy: a primeira paixão, em 1963.

CAPÍTULO 1

Edifício Levy

No final de 1963, o que eu sabia a respeito de Bituca não era ainda muita coisa e provinha de duas fontes: Marilton, meu irmão mais velho, e o serviço de fofocas da turma do Levy. O Levy era um mundo à parte dentro da cidade: dezessete andares e mais de cem apartamentos, com uma população de umas quatrocentas pessoas, das quais uns cinquenta eram jovens de ambos os sexos, com idade entre treze e vinte e um anos. Construído por comerciantes judeus no início dos anos 60, a um quarteirão da Praça Sete, Belo Horizonte, Minas Gerais, Brasil, em pleno centro da cidade, o Levy era feio, pesado, quadradão, gigantesco para o padrão. Tinha uma galeria em ângulo que ligava a avenida Amazonas à rua Curitiba. Sabe-se lá por qual predestinação, no Levy moraram à mesma época pessoas que mais cedo ou mais tarde vieram a se destacar na cena da cultura brasileira; gente como o escritor Júlio Gomide, o psicanalista Chaim Samuel Katz, o ator Jonas Bloch e suas duas filhas, a cantora da Jovem Guarda Martinha, "O Queijinho de Minas", o maestro Wagner Tiso, o menino Lô Borges, além de mim e meu recente amigo Bituca que, sabe Deus como e este livro narra, também viemos a nos destacar. Digo isso apenas a título de curiosidade pois, na realidade, exceto eu e Martinha, nenhum daqueles chegou a fazer parte da "turma do Levy" propriamente dita. Esse epíteto designava com abrangência os jovens de diversas procedências que se encontravam todas as noites à entrada da Amazonas e só mais raramente na entrada da Curitiba, preferida pelas domésticas e babás do prédio.

Bituca era o rapaz de vinte anos, negro, magricela e tímido que se mudara havia pouco para a pensão de dona Benvinda, no 4º andar, recém-chegado de uma pequena cidade do sul de Minas chamada Três Pontas. O serviço de fofocas informava que tocava violão e cantava, mas trabalhava mesmo era como datilógrafo num escritório das Centrais Elétricas de Furnas, no 22º andar de um arranha-céu na Praça Sete, a dois quarteirões do Levy. Já Marilton sabia mais detalhes. Cantarolava em casa um samba bossa-nova chamado "Barulho de Trem", composição de Bituca:

> *Banco de estação*
> *lugar de despedida e emoção*
> *comigo é diferente, apenas vim*
> *pra ver o movimento que tem*
> *barulho de trem...*

Eu era aquele rapaz de dezessete anos que saía escondido todos os dias, ao meio-dia, tentando atravessar a galeria sem ser visto, rezando para não aparecer ninguém, amaldiçoando-me por não ser invisível, tudo porque agora morava ali, num meio de gente metida-a-sebo, como dizia minha mãe, tão diferente de minha querida Santa Tereza, onde tudo era muito bem definido — a Palha era a Palha, o Alto dos Piolhos era o Alto dos Piolhos, o Baixo Mandiocal era o Baixo Mandiocal — e de onde viera a contragosto. Com essa mudança, aquele uniforme cáqui de estafeta do DCT, que antes eu envergava como símbolo social de algum prestígio (e meio de andar nas conduções municipais sem pagar), agora, naquele edifício burguês, cheio de moças bonitas, se destituíra de qualquer importância e era mesmo motivo de vergonha, um uniformezinho subalterno, de bibico e tudo, causador de torturantes dias de angústia na mente tortuosa de um rapazola entregador de telegramas. O pior era ser confundido com um soldadinho.

Meu pai Salomão, jornalista, também funcionário do DCT, já estava tratando de minha transferência para um serviço interno, que não exigisse uniforme.

Eu também me mudara recentemente para o Levy. Minha antiga residência de Santa Tereza, uma casa ampla e acolhedora, tornara-se, por desígnio de mamãe, dona Maricota, sede de uma escola primária e agora estávamos ali, pai, mãe e onze filhos, tentando nos adaptar à vida engaiolada no 17º andar.

Marilton, vinte anos, era mais *crooner* profissional do que estudante eternamente repetente do Colégio Tristão de Athayde e frequentador do Ponto dos Músicos, do qual falarei adiante. Por esse fato é que logo desenvolveu afinidades com Bituca e o levou a frequentar o nosso apartamento. Ambos tinham a música no sangue.

* * *

A primeira vez que Bituca entrou lá em casa foi para ensaiar no "quarto dos homens". Não sei por quê, achava meu pai com cara de bravo. Talvez fossem seus profundos olhos azuis. Naquela noitinha seu Salomão entreabriu a porta do quarto, enfiou a cara, olhou um por um os três rapazes que estavam com Marilton. Bituca tremeu de medo. Papai fechou a porta atrás de si:

— Será que ele está bravo? — Bituca olhou inquieto para Marilton.

— Claro que não. Vamos ensaiar. — Meu irmão não percebia e nem tinha por que perceber o medo de Bituca.

Dali a cinco minutos papai voltou com dois pratos de mexido. Ofereceu o primeiro a Bituca, o outro a Wagner.

— Ensaiar de barriga cheia é melhor, não é não? — e saiu do quarto.

Depois voltou com mais dois pratos para Marilton e Marcelo Ferrari. Logo depois ouvi Bituca comentar com Marilton:

— Nunca vi um troço tão bem recebido como esse prato de mexido. Eu já estava cagando de medo.

* * *

A segunda pessoa de quem fiquei amigo no Levy foi de um garoto de quinze ou dezesseis anos chamado Sérvulo Siqueira. Era pequeno, queixo quadrado, dentes fortes e regulares, cabelos escorridos e olhos negros. Estava parado na entrada da Amazonas, fumando. Pedi-lhe um cigarro. Tirou um cigarro e me deu, sem estender o maço. Aceitei, mas protestei ao ver a marca:

— L&S! Você é único cara que conheço que fuma cigarro de filtro branco.

Ele sorriu largamente:

— É o que tenho. — E acendeu meu cigarro com a brasa do dele.

— Mas é um tremendo mau gosto fumar filtro branco, não acha não?

— Cigarro é tudo igual, um mal só. Mas você é um filante exigente, hein?

— Filtro branco não dá não, tenha paciência. — Puxei meus tragos assim mesmo. — Você é paulista? (Na mosca. Era de Presidente Prudente.)

Sentamo-nos no ressalto marmorizado da vitrine da Mobiliadora Inglesa e conversamos sobre nós mesmos. Sérvulo estudava no Colégio Estadual, era sócio de um cineclube chamado CEC e falava coisas complicadas, das quais eu pouco entendia.

Eu era o que na época podia se chamar de um jovem alienado. Tinha vaga ideia da radicalização político-ideológica em curso; para mim, cabo Anselmo, por exemplo, era apenas um nome que me inspirava vagamente umas cenas de O Encouraçado Potenkim, que vira recentemente num cineclube, levado por Sérvulo. Jango Goulart, só um presidente simpático que me fazia lembrar um *jingle* ainda mais simpático:

> ... é Jango é Jango
> é o Jango Goulart...

Pouco me importava se o presidente queria ou não ser o nosso Willy Brandt. Eu nada sabia a respeito de "esforços de desestabilização", IBAD, Lincoln Gordon, organizações paramilitares.

A verdade é que naqueles dias ainda vivia minha idade da inocência e só fui perdê-la ali, no edifício Levy, onde vi acontecer o golpe de 31 de março de 1964 — General Olímpio Mourão marchando para o Rio etc. — o qual para mim significou, de imediato, a demissão de meu modesto e recém-adquirido emprego de taxador de telegramas (cobrá-los num guichê era bem melhor do que entregá-los na rua; pelo menos não carecia usar uniforme...). Fui demitido por um patrão pusilânime que chegara no primeiro dia de trabalho após o golpe, cheio de poder, acusando-me de subversivo e ameaçando denunciar-me "às autoridades" só porque eu discutia temas "de teor marxista" com duas colegas de trabalho, a universitária Lúcia Helena e dona Terezinha Rabelo, esposa do jornalista José Maria Rabelo. Ainda por cima, eu tivera a indiscrição de flagrar certa funcionária se agarrando com o pusilânime num quartinho de depósitos. O velhote dos dentes verdes quase teve um ataque do coração ao ser surpreendido. Quanto à funcionária, todos sabiam que era leviana e nem mesmo visava alguma promoção ou benefício do gênero. O pusilânime, pensando e medindo os trunfos, achou que dispunha de um mais poderoso e, arriscando sua cartada, me demitiu. Eu não tinha nenhum pendor para a chantagem e queria mesmo era esquecer aquela cena deprimente. De modo que aceitei passivamente a demissão e até com certo alívio. Aquela mulher era perigosa como as vilãs de novela.

Até onde eu podia perceber, Bituca tampouco entendia a complexidade do que estava se passando no Brasil naqueles dias. Tínhamos visto juntos a multidão histérica, mulheres de terço na mão, homens da TFP enfeitados com seus galardões, desfilando seus enormes estandartes vermelhos com dragões dourados — parecia aqueles filmes sobre Hitler!, ocupando a avenida Amazonas desde a Praça Sete até a Praça Raul Soares. A turba rugia palavras de ordem contra os comunistas e contra "a baderna", aplaudindo e apoiando o golpe militar... Eu não podia compreender aquilo — dezenas de milhares de pessoas urrando (contra elas próprias!) e se manifestando a favor de um estado de coisas que só poderia, por todos meios, causar-lhes muito mal...

Uma coisa que nos horrorizara de forma especial foi vermos a foto de Yé, um molecote de seus dez anos, meu irmão número sete, ilustrando a primeira página de um jornal local, atirando pedras na polícia, durante um distúrbio de rua. Aliás, os distúrbios se tornavam cada vez mais frequentes.

Mas o fato de termos visto aquilo juntos — e com igual terror — não queria dizer muita coisa, porque o golpe de Estado tinha causado na juventude primeiro uma frustração muito grande e, imediatamente depois, uma paranoia sem precedentes. Achava Bituca tímido em excesso e não conseguia aferir o que ele pensava de tudo aquilo. Outros jovens da turma achavam a mesma coisa.

— Já conversei com ele. Ele é gago? — comentou Cássio James por detrás dos óculos fundo-de-garrafa. Cássio James tinha dezoito anos, gostava de ler e recitava com perfeito sotaque inglês: *To see the world in a grain of sand...* etc.

— Caladão demais — concordou Tibi.

— Caladão demais é apelido. Agora se é gago ou não, isso eu não sei — Tasso Gomide abriu um sorriso. — Nunca vi ele falar, meu irmão.

— Não deviam é deixar negro morar no Levy. Aliás, eu sou contra aquela espelunca do quarto andar. — Marinho, o italiano, referia-se à pensão de dona Benvinda, onde Bituca morava, e seu preconceito causou um imediato desconforto geral. Não era esse o espírito dos comentários. Aliás, Marinho era também o único que defendia "a revolução" e aplaudia a violência.

— Não deviam é deixar um babaca como você abrir a boca — falei pelo resto da turma. Todos caíram na gargalhada. Menos Marinho.

De repente, a expressão de Tasso Gomide tornou-se aflita:

— Despista, meu irmão, que os homens estão passando.

Olhei para trás. Imediatamente esqueci de dizer à turma o que já sabia: que Bituca andava ensaiando vocais com Marilton, Marcelo Ferrari, do 15º, e Wagner Tiso, do 4º, em minha própria casa, no 17º. É que um camburão do DOPS vinha descendo vagarosamente a avenida Amazonas. Um policial à paisana, com um pé no estribo da viatura, punha metade do corpanzil para fora da porta entreaberta, pistola automática à mão, em gesto profissional.

— 1984 — cochichei, referindo-me a um livro que esse novo amigo, Sérvulo Siqueira, morador do 12º, me emprestara.

E por falar em Sérvulo, ei-lo que surge à entrada da Amazonas no exato momento em que o camburão acaba de passar bem devagar. Lia os filósofos gregos, lia Marx e Engels, lia Sartre e Simone de Beauvoir, citava Hegel, Nietzsche e Merleau-Ponty, além de uma profusão de fichas técnicas exatíssimas de filmes de arte e inflamadas declarações de amor ao cinema B americano, Roger Corman & Cia. Toda aquela erudição num pirralho de dezesseis anos causava grande impacto em pessoas ignorantes como eu. Em pessoas ignorantes mas também orgulhosas, Sérvulo poderia causar raiva.

— Alô, sibaritas — cumprimentou à sua maneira de sempre. E acrescentou com ironia. — Tremendo diante da força bruta?

— Não brinca — Tasso falou sério: — Fala baixo, meu irmão.

Mas o camburão negro com dísticos vermelhos e dourados já havia passado.

— Você também caga de medo dos homens? — perguntou-me Sérvulo.

— Claro. Quem não?

— Eu não. Entre o medo e o nada eu fico com o nada, porque o medo é uma forma de compromisso. — Sérvulo estava obviamente citando alguém, mas ninguém ali sabia quem.

— Quem tem cu tem medo — citou mais chulamente Tasso, que não primava pela sutileza. Sérvulo ignorou-o e continuou:

— Domingo tem o filme novo do Truffaut no Metrópole. Pré-estreia às dez horas da manhã, promoção do CEC. Com a Jeanne Moreau, fotografia de Raoul Coutard, música de Georges Delerue. Quer dizer: imperdível.

— Ótimo — respondi e fui chamar o elevador.

O CEC era o Centro de Estudos Cinematográficos desde antes da lendária visita de Orson Welles à cidade. Funcionava numa sobreloja do Cine Art-Palácio, na rua Curitiba, perto do Levy. Eu certamente não perderia o filme novo de Truffaut, ainda sem título em português. Gostara muito mesmo de *Os Incompreendidos,* no qual vira certas semelhanças com minha própria infância. Oriundo de Santa Tereza, bairro da zona leste, setor Baixo Mandiocal, local de turmas brabas, eu ainda lutava intimamente contra hábitos de turma, adquiridos apesar da minha própria índole amorosa e preocupada, hábitos que me levavam a meter-me em brigas perigosas, envolvendo canivetes, cabos de aço. O cinema era meu calmante. Nada amansava tanto minha natureza belicosa como as horas mágicas de transporte passadas em frente à tela, vendo um filme. Tanto que uma das coisas que mais gostara no filme de Truffaut era uma sequência que repetia a noite em que, aos dez anos de idade, escondido de mamãe e papai, consegui driblar a atenção do porteiro espanhol do velho Cine Santa Tereza e, espremendo-me por entre as malhas sanfonadas da porta lateral, ultrapassei rapidamente as espessas cortinas de veludo desbotado e encardido e penetrei na escuridão do grande salão dando de cara, antes de a vista se acostumar, siderado, embasbacado com o esplendor de tanta luz, com um imenso oceano azul e ensolarado, singrado por Simbad, o marujo, em linda nau de velas enfunadas que atravessava diagonalmente e em tecnicolor as duas dimensões da tela plana. Inesquecível o contraste com a noite que fazia lá fora.

Agora, vagamente apreensivo, debaixo do chuveiro, repassava as emoções que sentira ao ver o policial à paisana, armado, desfilando seu corpo ameaçador para fora da viatura. Estremeci de ansiedade, revolta e medo. Amava silenciosamente, numa fé entredentes e furiosa, a humanidade dos deserdados e miseráveis; amava a justiça. Em Santa Tereza frequentara os limites paupérrimos do bairro, a linha do trem, o rio Arrudas, esgoto enegrecido correndo por entre casebres poluídos. O golpe instaurara nas ruas um medo poderoso, impessoal e terrível. O guardinha de rua virara "autoridade". Um camburão, um sobressalto.

Então escutei vozes, vindas do lado de fora do banheiro. Estavam cantando em meu quarto, o "quarto dos homens". Outro ensaio do Evolussamba. Reconheci as vozes de Marilton, Marcelo Ferrari, Wagner Tiso e Bituca. Admirei a qualidade e a beleza daquele arranjo vocal: "... Pápa paiá!... o morro não tem vez..." Entrei no quarto ainda enrolado na toalha. Os quatro rapazes e seus respectivos violões se amontoavam como podiam nos dois beliches que formavam toda a mobília do quarto, junto com o armário embutido que abri para escolher uma roupa e vestir-me, sem que o ensaio se interrompesse. Esperei a música terminar e disse:

— Ótimo! Legal mesmo! Genial!

Bituca olhou para mim, com os olhos arregalados:

— Quer dizer que Das Baixínhans gostarr?

Não entendi de imediato:

— Hein?

— You serr Das Baixínhans. — Bituca me apontou o comprido dedo indicador. — Das mim falarr alemã.

Não demonstrei nenhum senso de humor:

— É. Você tem mesmo a maior cara de alemão...

— Das Baixínhans ficarr invocádans — provocou ainda Bituca.

Wagner Tiso interrompeu:

— Bituca é cigano romano. Vituperatus...

— ... Manículas Prospectus — completou Bituca.

— Scariotis D'Armeda — disse Wagner.

— Ludwig von Betúcious — retorquiu Bituca.

— Milmemptus Nascy et Pukas — disse ainda Wagner.
E Bituca, fazendo cara feia:
— Béffrius, vá lá.
E Wagner, emendando:
— Viúg, Bonga...
Mas, Bituca:
— Bonga é a puta-que-pariu. Bonga não!
Bituca, a cada nome pronunciado, dava umas risadinhas agudas e sacudia os ombros. Apenas Wagner Tiso permanecia sério e agora explicava os malucos codinomes de Bituca, aliás, Milton do Nascimento.
— Cada um desses nomes tem um motivo. Por exemplo: Vituperatus. Quer dizer Bituca em latim, é claro. Manículas: você já viu o tamanho da mão dele? Então Manículas. Prospectus... — (Explicou o Prospectus.)
Bituca mais gemia do que ria, numa espécie de agonia, curvando-se com as mãos à barriga e gemendo:
— Úi. Úi... para...
Wagner continuava explicando com seriedade protocolar:
— Ludwig! Essa você adivinhou. É que Bituca é alemão.
Marcelo Ferrari estava chorando de rir, avermelhando ainda mais seu rosto glabro e rosado, emoldurado por óculos redondos e pretos, de lentes grossas. A sessão gargalhada aos poucos arrefeceu, até que terminou por completo. Wagner simplesmente retomou a contagem.
— Vamos lá rapaziada. Olha a contagem: um, dois, três, quatro... pápa paiá...
O Evolussamba vocalizou mais uma vez:
— "Pápa paiá... o morro não tem vez..."
Saí do quarto.

* * *

Outra tarde Marcelo Ferrari estava sentado em um degrau da escadaria entre o 15º, onde morava, e o 16º. Eu estava passando de elevador, ouvi o som, parei no 16º e encontrei Marcelo. Assim que me viu surgir descendo a escadaria, ele disse, parando de tocar seu violão:
— Vamos fazer uma música. Você põe letra nisso aqui, ó — e levou a melodia de um samba bossa-nova na linha de *O Barquinho*.

— Vamos arranjar lápis e papel — concordei.
— Só se for agora — Marcelo foi se levantando. Fomos ao seu apartamento. O pai era decorador. Móveis brancos com pés em formato de palito e espelhos. O quarto de Marcelo seguia o padrão paterno: cama branca com pés em formato de palito e espelhos (algumas flâmulas de clubes na parede branca).

Dez minutos depois, ou menos, a letra estava pronta. "Eu e o Violão". Tema: certa tristeza fictícia causada pela perda de um amor fictício cujo único consolo é a companhia de um não menos fictício violão. Nada original, mas com destino certo: sucesso na turma do Levy. ("Um dia chega a tristeza/ que sempre vem sem demora/ e tudo perde a beleza/ pois meu amor foi embora...)

Essa foi a primeira letra de música que fiz na vida, aos dezoito anos. Não imaginava que passaria mais de duas décadas fazendo aquilo.

* * *

Seis horas da tarde, dona Maricota vinha chegando da sua escolinha que funcionava na nossa casa de Santa Tereza, onde lecionara a tarde inteira. Vinha descendo a avenida Amazonas quando avistou Bituca sozinho, na porta da galeria, numa posição deveras estranha: estava com as duas mãos espalmadas sobre a parede ladrilhada da fachada e olhava para cima, aparentando muita aflição. Dona Maricota já o conhecia bastante, dos ensaios do Evolussamba no "quarto dos homens" e de várias filações de boia, como se diz. Tinha uma velada simpatia por aquele amigo engraçado dos seus filhos.

Mesmo à chegada de dona Maricota, Bituca não se moveu daquela posição.

— O que você está fazendo aí, rapaz? — perguntou ela, parando ao lado de Bituca.

— Não está vendo? Estou segurando o Levy. — Ao responder assim Bituca apenas confirmou o que dona Maricota adivinhou pelo bafo: aquele rapaz estava embriagado e muito.

— Vamos subir, Bituca. Vou fazer um café bem forte, uma sopinha — disse ela muito amavelmente, no tom que julgava sábio e prudente para dirigir-se a bêbados. — Vamos — e tocou seu cotovelo.

Bituca não arredou do lugar.

— Não está vendo? — disse enrolado. — O Edifício Levy está torto, está caindo...

— É, claro, está caindo — concordou dona Maricota, como era conveniente.

— Está caindo. Me ajuda a segurar.

Mamãe pôs no chão a sacola que carregava.

— Claro, te ajudo sim, vamos lá. — E colocou-se também em posição idêntica à de Bituca, com as mãos espalmadas contra o ladrilho da fachada. Permaneceu assim apenas alguns segundos e logo disse:

— Pronto. Não está mais caindo. Podemos subir.

— É. Acho que podemos. — Bituca finalmente concordou.

Dona Maricota pegou sua sacola no chão e, ajudando Bituca a equilibrar-se, conduziu o fardo ao elevador. Não sem dificuldades, conseguiram chegar ao 17º. Papai deu-lhe um banho de chuveiro. Eu e Marilton cuidamos do resto, ou seja, acomodamos o Bituca num dos beliches do "quarto dos homens" e boa-noite, até amanhã, apagamos a luz e fechamos a porta.

* * *

Nico, meu irmão caçula, o número onze, tinha dois anos e meio e estava acabando de chegar do hospital onde estivera internado por dois dias, devido ao agravamento de uma dessas doenças corriqueiras de criança. Já estava bem de novo. Eu adorava aquele pirralhinho e estava mesmo muito alegre em vê-lo de volta ao lar. Aliás, poucos dias antes Nico já tinha sobrevivido a uma aventura arrepiante. Foi quando Sandra, irmã número três, relaxou na tarefa de tomar conta dele e de Telo, quatro anos, irmão número dez. Estavam os dois pequeninos a brincar na varanda do 17º, quando Telo teve a infeliz ideia de colocar Nico sobre a amurada. Além da amurada havia uma estreita marquise e depois da marquise, sessenta metros de abismo. Pois da amurada Nico pulou para a marquise, alheio ao perigo. Curioso, pôs-se de joelhos e engatinhou até a borda, para ver os ônibus e carros passando lá embaixo, do tamanho de brinquedinhos...

Eu e Marilton estávamos justamente na varanda da casa de nossa amiga de turma, a Eneida, 7º andar do Edifício Amazonas, bem em frente ao Levy. Eneida chamou Marilton:

— Marilton, vem ver. Aquilo ali não é uma cabecinha de gente não? — e apontou para a marquise lá no alto, na direção de nosso apartamento.

Olhamos. Quando entendemos o que estava acontecendo, meu sangue gelou nas veias, minha barriga foi percorrida por uma convulsão. Marilton, pálido como cera, apenas saiu correndo como louco. Desceu sete andares a pé e subiu mais dezessete, porque aflição não espera elevador. Quando ele chegou em casa, eu já tinha visto o desfecho da cena. Primeiramente, começamos a gritar para o Nico:

— Sai daí, afasta daí, encosta no muro, fica quietinho!

Depois, vi Telo também pular a amurada, ajudar Nico a retornar para dentro da varanda e ficar ele próprio, em pânico, encostado rente à parede, chorando e gritando:

— Socorro, tirem eu daqui, me tirem daqui!... — Até que foi resgatado por Sandra, envergonhadíssima de ter marcado semelhante bobeira.

Então, sobrevivente desse desfile pelas alturas (Nico Zugspitz), sobrevivente do agravamento de não-sei-que doença, ali estava Nico dando gostosas gargalhadas, montado no meu ombro, brincando de "cavalinho a galope", exatamente na fatídica varanda. Eu segurava suas duas mãozinhas e corria dando pequenos saltos. Aí escorreguei e o instinto falou mais alto. Larguei imediatamente suas mãos, a fim de recuperar o equilíbrio. Nico caiu para trás. O som que ouvi naquele instante, nunca mais consegui esquecer. Foi um som surdo e oco, o som abafado de uma coisa dura rachando, um abacate maduro caindo do pé. Antes de ver, compreendi. Entrei num horror indescritível. Quando tive coragem de olhar o que fizera, Nico estava inerte no chão. Do canto de sua boquinha arroxeada escorria uma baba fina. Não tive coragem de tocá-lo. De dentro de mim surgiu um grito pavoroso e comecei a gritar para a família inteira ouvir:

— Ai, meu Deus, matei o Nico, matei meu irmãozinho!

Quis me jogar lá de cima; só queria morrer. Alguém me segurou; acho que foi dona Maricota. Quando consegui sair de uma roda infernal, estava deitado em meu beliche, em estado de choque. Alguém falava:

— Mamãe ligou do hospital. Ele ainda está em coma.

O que senti foi um horror dilacerante. Ainda assim melhor do que o inferno de antes — Nico estava vivo, eu não era um assassino.

Depois de quatro dias de total suspensão de qualquer atividade familiar que não fosse aquela vigília angustiada, a notícia nos chegou do hospital: Nico saíra do coma com uma fratura de 13,5 cm, que ia do centro do crânio até debaixo de uma das orelhas. Precisaria de intensos cuidados, mas sobreviveria. Quanto a sequelas, só o tempo poderia dizer.

Foi por essa ocasião que Bituca anunciou solenemente (isso é, tão solenemente quanto aquele desavergonhado histrião conseguiria):

— A partir de agora o Nico é meu filho. Eu é que vou tomar conta dele... antes que vocês quebrem o pobre-coitado todinho.

* * *

— Está tudo combinado. Sem canivete, sem cabo de aço, sem porrete. Só diálogo. Se engrossar, eu e o Negão do Mercado resolvemos na mão, só nós dois.

Carlinhos Flex expunha os planos com a autoridade de melhor brigador da turma. Flex vinha de "flexível". Homem de Borracha também não seria um mau apelido. Naquela noite discutíamos a possibilidade de enfrentar ou não uns carregadores de caminhão do Mercado Municipal, que era ali perto.

Bituca apareceu na galeria, mas não se juntou à turma. Aliás, raramente o fazia, por excesso de timidez. (A turma também não gostava muito de mim. Alguns me achavam muito metido. Diziam a Bituca:

— O irmão dele, o Marilton, é legal. Mas esse baixinho é muito chato.) Chamou minha atenção com um sinal discreto, me aproximei. Ainda não éramos muito amigos. Aliás, pouco tínhamos conversado.

— O que foi?

— Está nessa de briga de turma, é? — perguntou em voz baixa.

— E daí? — respondi.

— Você ao menos sabe brigar? Porque o negócio é quando você está sozinho.

— Vem cá, foi Marilton que mandou você falar comigo?

— Nada a ver, bicho. Na verdade, eu quero te falar é outra coisa.

Sua expressão foi tomada por um ar muito tímido. Começou a gaguejar e beliscar os beiços com os dedos enormes:

— Eu, você, bicho...

— O quê?
— Bicho, pois é...
— Pois é o quê?
— A gente... bicho, queria... sei que você tem uns escritos.
Matei a charada:
— E você também tem. Não é isso?
A timidez de Bituca ficou quase caricatural:
— Pois é, bicho — foi tudo o que conseguiu dizer.
— Quero ler. Estão aí?
— Não.
Joãozinho Veiga aproximou-se de nós dois e interrompeu o assunto:
— E aí, Béffrius!
Bituca imediatamente assumiu outro ar, mais descontraído:
— Das Vêigans! Colosso! Ô Brechó!
— Viu o Gambá por aí? — Joãozinho referia-se ao amigo Áuneo Brito, também morador do Levy.
— The Famous Gambous! — disse Bituca. — Não. Não vi esse elemento. Cheguei agora para falar com Das Baixínhans aqui.
De repente Bituca lembrou-se de algum caso que ele e Joãozinho Veiga deviam conhecer muito bem, pois começou a rir e arremedar alguém, ora com voz grossa e máscula, ora com voz em falsete, feminina:
— "Fréia Varda! E aonde é, Chico? Fréia Varda! E aonde é, Chico?"
E logo seu riso adquiria aquele caráter convulsivo que tanto me impressionara antes, no que foi seguido por Joãozinho Veiga, possuidor de risada igualmente escandalosa. Joãozinho ao menos tentava me explicar a razão de tantas gargalhadas:
— Isso é a Valda, mãe do Wagner, aprendendo a guiar carro em Alfenas.
Depois de terminarem com aquilo, Joãozinho foi direto ao assunto:
— Baile neste domingo com o Cícero em Muzambinho. E você está nessa.
— Com o Cícero, nem amarrado.
Como Bituca entabulou com Joãozinho Veiga um assunto totalmente diverso do que iniciara comigo em meio a tanto suspense, pedi licença e me retirei. Havia uma coisa importante em curso: a trégua com a turma do Mercado. Na prática, a trégua equivaleria a um salvo-

-conduto que permitiria à rapaziada do Levy transitar pela região do Mercado sem ser assaltada ou agredida. Carlinhos Flex dera outra demonstração de sua espetacular agilidade: saltara por sobre um Buick enorme sem ao menos tomar distância. Como guerreiro, tinha o porte juvenil e quixotesco: alto, muito magro, de pontas ossudas. Não obstante, o Negão do Mercado que se cuidasse. Ao me ver retornar ao grupo, Flex disse:

— Vai filar boia lá em casa amanhã. Quero te apresentar alguém papo firme. Depois, boia da dona Odete não é coisa que se dispense, você sabe.

Eu sabia. Dona Odete era mãe de Flex e tinha uma pensão ali perto, na rua Curitiba. Seus almoços eram concorridos.

— Com certeza. Está marcado.

* * *

No dia seguinte, à hora do almoço, apareci na pensão de dona Odete. Flex, sentando à larga mesa, com mais uns cinco comensais, conversava animadamente com um homem de rosto azulado pela espessa barba por fazer. Não era jovem como o resto da turma. Parecia ter uns trinta anos ou mais, talvez por usar grossos óculos de aros pretos e ainda mostrar fundas entradas que salientavam sua testa larga e rugosa.

— Te apresento Dickson, — disse-me Flex e, virando-se para Dickson: — Dickson, esse é o carinha que te falei.

— Prazer — dissemos quase ao mesmo tempo, sem nos apertarmos as mãos. O sorriso de Dickson deixou aparecer uma carreira de dentes grandes e amarelados. Os da frente eram bem separados. Durante o almoço, ele e Carlinhos Flex dominaram a conversação. Havia várias outras mesas, todas ocupadas por homens e mulheres que deviam trabalhar ali no centro da cidade. Dos presentes, eu conhecia Max e Zeca, dois primos portugueses que frequentavam a pensão, e Waldir, irmão de Carlinhos. Dona Odete servia a todos com bom humor. Dickson quase não parava de falar entre garfadas que preparava meticulosamente, fazendo montinhos de comida com o auxílio da faca. Ilustrava seu discurso com trechos de músicas dos jovens Edu Lobo e Chico Buarque, os quais citava como exemplo de genialidade precoce; recitava versos de Vinicius de Moraes e parágrafos inteiros da prosa de Marguerite Duras, num francês propositalmente abrasileirado. Parecia ter visto todos os filmes mais interessantes do mundo e não fazia questão de esconder um certo exibicionismo, só que o fazia com naturalidade e sem esnobismo, como se tudo o que falava e citava e cantava não passasse de coisa à toa, de domínio público, que qualquer um ali estivesse cansado de saber. Carlinhos Flex, bem mais novo e imaturo, tentando acompanhar aquele fluxo intelectual original, culto e ao mesmo tempo displicente, às vezes interrompia Dickson na parte mais interessante de sua exposição para contrapor noções ainda mal delineadas, quase ingênuas, de um messianismo de cunho terapêutico geral, fragmentos de ideias que, ao fim e ao cabo, poderiam ser mais economicamente traduzidas pelo clássico *slogan "mens sana in corpore sano".*

Eu praticamente comia em silêncio, prestando muita atenção em Dickson e no que ele dizia de boca cheia, apenas respondendo eventualmente a alguma pergunta mais direta que me faziam. Numa coisa todos concordávamos: abominávamos unanimemente a ditadura militar que se instalara no país e condenávamos indistintamente qualquer forma de tirania, inclusive a sexual, a racial e mesmo a paternal, como chegou a ser dito por um de nós. A trégua com a turma do Mercado não chegou a ser mencionada, pois tal assunto só interessava a mim e a Carlinhos Flex.

Depois do almoço, Dickson se pôs de pé e acendeu um cigarro.

— *Io ritorno al lavoro* — disse num italiano que soou falso. E, voltando-se para mim. — E você?

— Também estou de saída — respondi.

— Então vamos. Está por acaso indo para os lados do Parque? Eu trabalho dentro do Parque, na biblioteca municipal. Sou o que se chama um rato de biblioteca, apesar de estar escrito na carteira: biblioteconomista. *I hate this word...* Já foi lá? Vamos lá para você conhecer. Quase ninguém na cidade sabe que a biblioteca do Parque é uma das melhores de MG.

Aceitei o convite. "Esse é o carinha que te falei", lembrei de Flex me aprensentando àquele cara.

— O que o Carlinhos te falou de mim?

— Falou que você tinha potencial revolucionário ou algo assim.
— E que droga vem a ser isso? Aliás, o que o Flex tem a ver com isso?
— Flex?
— O Carlinhos.
— Ah, ele é Flex?
— Na turma do Levy é.
— Flex. Essa é boa.
— Que negócio é esse de potencial revolucionário?
— Conhece o Galeno?
— Galeno?
Não conhecia.
— Devia conhecer — explicou Dickson. — Almoça todo dia na Odete. Conhece a Dilma?
— Não.
— O Carlos Alberto?
— Não.
— O José Roberto? Irmão do Nicota.
— Não.
— O Guido?
Eu não conhecia ninguém.
Havíamos subido a rua Tupis, atravessado a avenida Afonso Pena e estávamos agora dentro do Parque. Dickson parou de caminhar. Era uma alameda de velhas e grossas árvores, mais velhas do que a própria cidade. Olhou para mim atentamente.
— Você conhece o Bucheco? — perguntou.
Não conhecia.
— Bucheco?
— Já vi que não conhece. — Dickson recomeçou a caminhar. Arrancou uma flor de uma árvore próxima e cheirou. — Não tem cheiro. — disse. — Bonita assim e não tem cheiro.
Dessa vez fui eu quem parou, segurando Dickson pelo cotovelo.
— Bucheco, e daí, quem é esse?
— Não é quem, é onde. — Dickson continuou cheirando a flor inodora. — Guajajaras com Bahia, sobreloja. Não tem placa, não tem *neon*, não tem nada. Só vai quem sabe. Você tem um tempinho? Então vamos sentar aqui.

Sem esperar resposta, Dickson jogou fora a flor e sentou-se num banquinho de mármore com pés de ferro batido. Acompanhei. Então me explicou tudo o que sabia a respeito de militância política clandestina, na cidade, no estado inteiro, por todo o país. Deu siglas e linhas. Citou objetivos, estratégias e táticas. Para mim foi a perda do resto de inocência. Estremeci ao pensar em tantos heróis anônimos e considerei minha própria vida bastante mesquinha e medíocre, enquanto o ouvia com paixão crescente. Para encerrar aquele assunto ao mesmo tempo instigante e amedrontador, Dickson afirmou:

— Eu mesmo me limito a frequentar o Bucheco de vez em quando e tomar meu Pernod. Você gosta de Pernod? — e, sem esperar resposta: — O cinema burocrático soviético é um horror, com suas loas ao trabalhador e ao partido, seu estímulo à delação. Einsenstein mesmo nunca foi um comunista de verdade; ou foi? Quer conhecer o Bucheco?

Fiz que sim com a cabeça, de forma encantada e quase servil, ao mesmo tempo em que fiz uma pergunta aparentemente fora do contexto:

— Quantos anos você tem?

— Hein? — exclamou aquele homem de barba por fazer, de óculos negros de grossas lentes esverdeadas, que conhecia tudo sobre cinema e organizações clandestinas.

— Quantos anos você tem? — repeti a pergunta.

— Vinte e seis. E você?

— Só vinte e seis? Eu? Tenho dezoito.

— Tem cara de quinze.

— E você parece ter trinta.

— Não brinca. Por causa da entrada? — Dickson passou a mão pela testa larga. Depois ajeitou os óculos na base do nariz: — Eu sei que sou macota.

— Não é isso não. É por causa das coisas que você fala; foi isso que eu quis dizer.

Dickson mudou de conversa:

— Você anda engraçado. Todo saltitante, como se o chão desse choque. Parece o Antoine Doinel.

— Pareço quem?

— O Antoine Doinel. Você não viu *Os Incompreendidos* do Truffaut? O menino. Ele é quem andava assim, aos pulinhos.
— Claro, o menino. Jean Pierre Léaud.
— Você viu *Les Mistons*?
— Não.
— *A Bout de Souffle*? Godard é genial.
— "É preciso viver perigosamente até o fim."
— A aula de Ronaldo Brandão sobre Marcel Carné. É genial.
— Orson Welles é genial.

A conversa entrou pela tarde adentro. Dickson fumou uns quinze cigarros sem filtro. A certa altura, se tocou da hora.
— Tenho de bater o ponto de saída. Vamos comigo.

Quando finalmente chegamos à biblioteca do Parque, já era quase noite e já éramos quase amigos. Depois que bateu o ponto e deu algumas ordens para uma funcionária velha, saímos a andar pelas ruas do centro da cidade. Quando chegamos ao Bucheco já era de noite.

* * *

O Bucheco era demais, como eu bem podia constatar. Pequeno demais, enfumaçado demais, despojado demais para um bar. Numa vitrola velha demais, o pomposo tema principal de *Carmina Burana* era tocado *ad nauseam*, como se o som fizesse parte integrante do cenário. As pessoas se espalhavam, copos à mão, por uma estreita escadaria e um exíguo *hall*, pois não havia muitas mesas. Era tudo meio improvisado, até com alguns caixotes de madeira. Nenhum balcão ou coisa parecida. Uma porta comum dava para uma modesta cozinha, onde ficavam as bebidas e a geladeira. Afora isso, nenhuma placa, nenhum letreiro, nada que avisasse ao possível consumidor que se tratava de fato de um bar público. Existia algo ali que não era exatamente público e nem para ser tornado público de todo. Tive a sensação de estar participando de uma invasão coletiva ao apartamento vazio de alguém.

Assim que viu Dickson entrar, uma garota de cabelos curtos como os de um rapaz pulou em seu pescoço, enlaçando-o fortemente, sem sequer olhar para mim. Tinha no máximo dezessete anos e lembrava Jean Seberg em *A Bout de Souffle*.

— Querido! Por que não me telefonou? — disse, afrouxando ligeiramente o abraço e encarando Dickson de frente.

— Porque eu já sabia que ia te encontrar aqui. — Dickson tinha sido quase descortês com aquela resposta. — Conhece meu amigo?

— Prazer — disse a garota apenas olhando ligeiramente para mim. E, logo, voltando-se para Dickson: — Querido! Que bom te ver!

— Vamos achar um cantinho pra nós — Dickson propôs, afastando os braços da garota de seu pescoço. — Vamos — disse para mim.

Segui atrás. Achamos um espaço vazio no fundo do bar. A garota se chamava Marisa e era muito bonita, mesmo com aquele estranho corte de cabelo que lhe punha uns ares de rapaz. Radicalmente diferente dos capacetes armados de laquê que a maioria das meninas usava. Parecia apaixonada por Dickson e este parecia saber disso.

— Vai na pré-estreia do Metrópole domingo? — a garota perguntou-lhe.

— *Of course*. Truffaut não é coisa que se perca. Fiquem aí que vou buscar umas bebidas. Você vai de quê? — perguntou-me.

— Cerveja — respondi.

— Pra mim uma vodca — disse Marisa.

— Pra você nada — cortou Dickson e saiu.

— Ei, volte aqui, me traz uma vodca.

Mas ele já tinha sumido de vista.

Lembrei-me de ter visto Marisa antes, de uniforme colegial.

— Você estuda no Estadual, não é?

— Ahnram — ela afirmou sem ênfase. Parecia um tanto bêbada.

— Já te vi de uniforme.

— Que horror! — Marisa empinou o queixo e estufou o peito, enfatizando a camiseta justa que usava sem sutiã, enfiada em jeans apertados. Apesar do rosto infantil, tinha corpo de mulher e seios grandes.

Permanecemos em silêncio alguns minutos. Eu não sabia o que mais falar e Marisa simplesmente não se interessava. Dickson retornou com uma garrafa de cerveja e dois copos.

— Segura aí, Godard. — Estendeu-me a garrafa e os copos e eu peguei sem pensar, automaticamente. Sem qualquer tipo de aviso, tomou então o rosto de Marisa entre suas duas mãos de dorso peludo e a beijou na boca, com força. Por uma fração de segundo Marisa resistiu, mas depois correspondeu. E quando o fez, foi plenamente. Senti-me envergonhado, infame e infeliz. Deixei a cerveja e os copos sobre um caixote de madeira ali perto e desapareci o mais discretamente que consegui, enquanto perdurava em minha retina a crua realidade daquele beijo, ao som interminável de *Carmina Burana*.

Voltei para casa sozinho e deprimido.

Jeanne Moreau, Oskar Werner e Henri Serre em cena do filme
"Jules et Jim", que mudou a vida de Milton Nascimento.

2
CAPÍTULO

Jules e Jim

O centro da cidade estava vazio, como sempre ficava aos domingos. Fazia uma fresca manhã de sol, com um céu azul sem nuvens, cuja luminosidade dava às coisas uma nitidez indubitável. A turma do CEC tinha comparecido em peso à pré-estreia do último lançamento de Truffaut, *Jules et Jim*, ainda sem título em português. O Cine Metrópole era a casa de espetáculos mais luxuosa da cidade. *Art Deco*, grandes espelhos, veludos pesados. À sua porta conversávamos, divididos em pequenos grupos, os irmãos Tiago e Geraldo Veloso, os dois Ronaldos, o Brandão e o Noronha, Schubert Magalhães, Paulo Leite, Carlos Alberto Prates, Carlos Figueiredo, José Haroldo, Guaracy Rodrigues, os irmãos Gomes Leite, Maurício, Ricardo e Rubens, os irmãos Lara, Sérgio e Mário, Lucas Raposo, Edmar Pereira, Dickson Amaral, eu e Sérvulo Siqueira. Todos havíamos chegado cedo. O assunto era cinema, naturalmente: *Cahiers du Cinéma*, o reacionarismo de Jean Douchet, o último artigo do Tobiana, as aparições relâmpago de Hitchcock, o tema musical de *High Noon*, o significado de Rosebud queimando em Xanadu, os claros-escuros de James Wong Howe, a noite-americana, a possível genialidade de Jean Vigo, coisas assim.

— "O cinema é a verdade 24 quadros por segundo" — citou alguém.
— "O plano-sequência é uma questão de moral" — citou outro.
— "O close-up é uma questão de amor" — recitou outro mais.
— Godard: "*Il faut tout mettre dans un film*". Muito boa essa.
— "Um cineasta precisa ter punhos fortes" — arriscou algum outro.

E assim fomos passando o tempo, enquanto dez horas não chegava. Dickson se aproximou de mim. Parecia ainda mais velho sob a crueza dura daquela luz tão clara. Tinha numa das mãos, como sempre, aliás, um maço de Continental e uma caixa de fósforos.

— Tudo bem, Godard? Rapaz, eu estou despaginado. Ontem derrotei um litro de uísque sozinho. E olhe que eu detesto uísque...

Ri.

— É. Está na cara. Ainda mais com essa luz toda.

— Essa luz toda encantou Orson Welles. Você sabia que ele tomou um porre, subiu numa árvore da avenida Afonso Pena e mijou lá de cima, em plena Avenida, cinco horas da tarde?

— *A las cinco en punto de la tarde...*

— Desculpe aquele dia no Bucheco. Quando olhei pro lado, cadê você? Já tinha ido. A Marisa quando aparece é assim mesmo.

Lembrei-me da cena do beijo.

— Ela vem?

— Sei lá, ela é doida.

— Se é!

— Ficou completamente de porre aquela noite. Queria de todo jeito. Sou amigo do pai dela, pô. Aliás, ela tem a quem puxar na birita.

Sérvulo apareceu bem a tempo de me salvar, quando já ia me enrolando num mal-estar misturado com indesejável ciúme.

— Vamos entrar, já está na hora.

— E você, não vem? — perguntei a Dickson.

— Encontro vocês lá dentro. Vou esperar a Marisa mais um pouco.

Entrei com Sérvulo e achamos um lugar no balcão. O imenso lustre em forma de pera apagou suas centenas de pequenas lâmpadas. O som de carrilhões celestiais logo anunciou que a sessão já ia começar. Grossas cortinas vermelhas se abriram, revelando a enorme tela branca e sua claridade magnetizante.

Seguiram-se duas horas de intensa emoção. O filme era simplesmente lindo, inesperado e poeticamente dilacerante. Estava emocionado de verdade. Queria criar também, desejava naquele momento fazer muitos filmes tão lindos quanto esse. Às vezes, vinham-me lágrimas aos olhos. Ao fim da sessão, abalado, não sei por que pensava tão fixamente em meu novo amigo Bituca: "Bituca tem que ver isso". Tanto que nem prestei atenção às duas viaturas negras, tripuladas por policiais armados, que vigiavam bem de perto aquela movimentação à saída do cinema.

Aí lembrei-me de outra coisa: Marisa não havia aparecido.

* * *

Bituca se tornou contrabaixista por uma questão de sobrevivência. Wagner tinha sido taxativo:

— Tem de ser! Ou então não consegue o emprego. Vamos ser eu, você e o Paulinho Braga: Berimbau Trio. Você é o contrabaixista. De "canário" eles estão cheios.

E lá se foi Bituca, que nunca tocara baixo na vida, ser o dito cujo do Berimbau Trio e ganhar uns trocados na boate Berimbau. Inaugurada exatamente na noite do golpe: 31 de março de 64, por Antonio Morais, o Bolão, a casa era especializada em jazz e ficava na sobreloja do Edifício Archângelo Maletta. O Maletta era o reduto dos notívagos e boêmios de Beagá. Ali funcionavam, espalhados pelos corredores do térreo e da sobreloja, dezenas de bares, restaurantes e inferninhos. Durante o dia apresentava um movimento comercial recatado, digno de suas livrarias e escritórios de representações, lojas de armarinho. Um de seus blocos era residencial, com entrada à parte. À noite, porém, as galerias do edifício eram invadidas por hordas e clãs de artistas, músicos, jornalistas, prostitutas e bêbados de variados escalões que ocupavam todas as mesas disponíveis no local. Quem pisava no Maletta depois das seis tinha uma reputação a zelar. Ou a perder, mais frequentemente.

Onze horas da noite. Estávamos tomando um ar, era intervalo do *set*. Pensando bem, aquela era a primeira vez que ficávamos a sós. Bituca tinha saído sozinho e eu tinha vindo atrás.

— Você está diferente hoje — notei.

— Estou mesmo. Estou sentindo um frio na barriga.

— Está passando mal.

— Não é isso. Estou esquisito.

— Está triste.

— Nem alegre nem triste. Esquisito.

— Você tem é que compor. Parar de cantar coisa dos outros. A coisa mais rara do mundo é originalidade. E isso você tem de sobra. Você é um compositor. Vai fazer as músicas dos meus filmes.

— Compor é uma coisa muito séria, bicho.

— Mas nós somos jovens e temos obrigação de transformar essa cidade.

Aliás, a juventude tinha obrigação de transformar, não só a cidade, o planeta inteiro; a esperança de um novo tempo não era coisa para ser só cantada em prosa e verso, mas para ser construída com o risco da própria vida; eu falava sem parar primeiro porque estava ligeiramente bêbado de Pernod e segundo porque tinha cada vez mais certeza das coisas que ia falando. Por exemplo, mesmo ali na minha frente, Bituca. Os arranjos que criava para músicas alheias eram algo inédito, profundamente original e estranho, não se pareciam com nada que alguém pudesse ter ouvido antes. Tinha de tudo ali, Yma Sumac, carro de boi, vento no cafezal, Miles Davis, Tamba Trio, Nelson Gonçalves, hino católico, trilha de faroeste, e ao mesmo tempo não tinha nada, só Bituca e sua voz retinida de taquara não-rachada, animal extraterreno enjaulado à força, e no entanto capaz de doçura de manga, de fruto suculento. Original.

Bituca nem ouvia mais:

— Cuidado com a veinha.

— Hein?

— Vai estourar essa veia de tanto falar.

Só para me irritar.

— Você prestou atenção no que eu disse?

— Você está é de fogo.

— Mas falo a verdade. Se você quiser, você compõe. Olha aqui, bicho. O que é que é isso aqui: "Pápa paiá..." — cantarolei um pequeno trecho do arranjo vocal que tanto me fascinara certo dia.

— O que isso tem a ver com "o morro não tem vez..." — e aí cantei o trecho do samba.

— Nada — respondeu Bituca, começando a sorrir. — Não tem nada a ver.

— Seus arranjos são mais bonitos do que as músicas que você escolhe para arranjar. Encare a realidade, bicho. Você não é um datilógrafo.

— Escriturário — Bituca corrigiu. — Escriturário. E sou um datilógrafo danado de colosso.

— Que seja, pô. Você não é um burocrata que vai passar a vida atrás de uma máquina de escrever nesta cidade horrorosa, é? As pessoas se mobilizando para criar um mundo novo, derrubar as tiranias e você lá obedecendo às ordens do Capitão César...

Antônio Morais, o Bolão, o dono da boate Berimbau, apareceu na porta, olhou para Bituca com cara de patrão e apontou o relógio de pulso. Depois voltou para dentro. A Berimbau, a bem da verdade, era vanguarda. Só jazz. Era decorada com fotos de Jorge Ben, Modern Jazz Quartet e Coltrane, enormes nas paredes (a foto de Jorge Ben como concessão ao gênio brasileiro).

— Prefiro mil vezes o Capitão César — Bituca ironizou.

— Antes que você volte, deixa eu falar uma coisa: amanhã estreia *Jules et Jim* no Tupi. A projeção não é boa como a do Metrópole, mas o filme é genial.

— Sabe de uma coisa? — disse Bituca. — Eu não ia com sua cara desde o dia em que te conheci. Aliás, até hoje o povo do Levy não gosta de você.

Soltei um sonoro palavrão. Bituca deu uma risada:

— Não precisa ir virando Das Baixínhans Invocádans.

Voltamos para dentro da boate Berimbau. O som de *Halimah*, com John Coltrane solando, foi cortado das caixas. Naquela noite o Berimbau Trio atuava com Wagner Tiso ao piano e um certo Violão na bateria. Ambos já estavam sobre o pequeno tablado-palco, atrás dos respectivos instrumentos. Bituca assumiu o baixo acústico e a *jam* começou: jazz e *standard*s americanos. Em alguns números, ele também cantava. *My Funny Valentine*, por exemplo. Aquele Berimbau Trio era muito bom.

Sentado a um canto escuro, bebendo Pernod 45, eu viajava pela sonoridade original do meu jovem amigo negro, tímido, magricela, de olhos arregalados, calça pega-frango e mãos enormes, de fala balbuciante toda vez que o assunto se tornava sério, meu amigo esquisito, caladão para quase todos e histrião para alguns poucos, meu amigo cantor, músico e poeta genial, eu sabia disso, genial. Difícil seria convencer o próprio.

Ao final do último *set*, Wagner Tiso comentou comigo:
— Tinha esquecido de outro nome do Bituca — Wilton.
Novas risadas.
— Wilson?
— Em Três Pontas, tinha o conjunto W's Boys, que fazia bailes por ali tudo. Era: Wagner, Waltinho, Wilson, Wanderley e Bituca.
Rimos mais um bocado.
— Bituca teve que virar o M de cabeça pra baixo, senão, não tocava.
Mais risos. Depois, Wagner e Violão foram comer um tropeiro no Adão. Bituca e eu voltamos para o Levy, caminhando em silêncio. Era madrugada. Estávamos cansados, mas alegres e satisfeitos. A gente pressentia que estava nascendo ali muito mais do que uma grande amizade qualquer. Um pacto de vida, uma promessa de futuro, um amor fraterno, um valor humano. Fosse o que fosse, naquele momento as palavras eram de todo desnecessárias.

* * *

Som de violão sendo não propriamente tocado. "Arranhado" também não descreveria aquilo. Tentavam harmonias com acordes lógicos. Entrei no "quarto dos homens". Era Lô, irmão número seis, dez anos, que brincava com o instrumento.
— Vamos largando — determinei. Mas não fui obedecido.
— Bituca deixou — retrucou Lô, criança birrenta, eu sabia muito bem. Não convinha provocá-lo.
— Cadê o Bituca?
— Mamãe mandou ele embora.
— Mandou ele embora como? Assim sem mais nem menos, mandou ele embora?
— Ele almoçou aqui. Depois mamãe mandou ele embora.
— Cadê mamãe?
— Já saiu pra escolinha. Bituca falou pra você passar no escritório dele.
— E ele deixou você brincar com o violão dele?
— Não estou brincando. Estou tocando.
— É, eu ouvi. Quem está em casa?
— Só eu, Yé, Nico, Telo e a empregada. Marilton não apareceu pra almoçar e as meninas saíram pra aula.

"Só eu, Yé, Nico, Telo e a empregada", repeti mentalmente a frase de Lô e a considerei. Só! Uma pequena multidão, mas afinal éramos onze os filhos de Salomão e Maricota, afora os amigos de cada um dos onze, e mais parentes, primos e agregados, que apareciam aos montes e agora também Bituca, que estava se habituando a permanecer mais tempo nos Borges do que na pensão do 4º andar. De modo que, para um movimento de apenas cinco pessoas, seis, contando comigo próprio, a expressão "só" até que condizia momentaneamente. Em casos de lotação plena do apartamento do 17º, Lô poderia ter dito: "Estamos eu, Marilton, Sandra, Sônia, Sheila, Yé, Solange, Suely, Telo e Nico. E Bituca. E mamãe. E papai. E a empregada. Todos de uma vez".

O aspecto "agregados" estava se tornando um problema para os Borges. Quase toda noite Marilton trazia algum amigo notívago para pernoitar no "quarto dos homens". Bituca encabeçava a lista e já se tornara praticamente membro efetivo do nosso clã. Mas havia ainda o pianista Hélvius Vilela, que falava muito alto, chegava bêbado com Marilton e acordava a casa inteira. Outras vezes era o discreto Celinho Piston, outras ainda Rubinho, o baterista; dependia de quem tivesse ou tocado ou bebido com Marilton na ocasião. Certa vez o ainda menino Nelson Ned foi encontrado dormindo atravessado aos pés do beliche onde também dormia Marilton. Exatamente por ser menino e, além disso, primo da professorinha Eliane, namorada do meu irmão mais velho, Nelsinho não só cabia atravessado na cama como moralmente podia exercer essa prerrogativa. Isso, porém, não evitou, na manhã seguinte, primeiro o susto e depois uma tirada de humor de dona Maricota:

— Salim, corre vem ver. Marilton teve neném!

Nelsinho Ned também se sentia à vontade lá em casa. Além disso, todos nós admirávamos de verdade os prodigiosos talentos vocais daquele menino e sua tenacidade. Além disso, os Pinto Tereza eram amigos de nossos pais.

Assim era a casa dos Borges. Cheia. Como já foi dito, o frequentador mais assíduo e renitente era Bituca. Achava um absurdo ser posto para fora, quando chegava a hora de mamãe sair para dar suas aulas, conforme ela exigia, recusando-se terminantemente a deixar a casa entregue àquele bando de moleques. Por isso, Bituca às vezes chegava mesmo a se esconder dentro do armário embutido, ou debaixo de um dos beliches, só para não ser posto para fora.

— Que filho nº 12 é esse que não pode nem ficar em casa — protestava quando descoberto. Ou então Maricota fingia não ver, pois também amava Bituca. Em minha casa, o tímido rapaz trespontano se transformava em exímio imitador de cantores e cantoras famosos, virava humorista, contador de casos hilariantes, prodigalizava seus talentos, encantando a família inteira.

— Bituca, você é um palhaço — assim costumava dizer dona Maricota, com os olhos marejados de lágrimas de riso, depois de qualquer coisa engraçada que Bituca tivesse dito ou feito.

Voltando à história:

— Então tome muito cuidado com esse violão. — eu disse para Lô e saí do quarto. Meu irmãozinho voltou a brincar com o instrumento, simulando harmonias precoces.

No "quarto das meninas" estavam Yé, nove anos, Telo, quatro, e Nico, três. Brincavam de cinema, filme de aventura, evidentemente. Yé, dependurado no plano superior de um beliche, estava mascarado com um lenço de papai Salim e dava tiros com o indicador armado. Telo e Nico, de outro beliche, no canto oposto do quarto, replicavam de igual maneira e o bang-bang espoucava solto. Tudo em paz. Fechei a porta atrás de mim e voltei para a rua. Só então a empregada, um pouco sonsa, notou que alguém chegara (e já saíra). Deu de ombros e voltou às panelas.

* * *

No 22º andar de um edifício na Praça Sete funcionava o escritório das Centrais Elétricas de Furnas. Era ali que Bituca trabalhava como escriturário (eu dizia "datilógrafo" e Bituca torcia o nariz, corrigindo: "Escriturário!").

Quando entrei, meu amigo datilografava numa pesada Remington Rand verde-oliva, numa mesinha próxima à entrada. Mais ao fundo, outros dois homens trabalhavam. Um deles apenas lia relatórios e consultava papeladas. O lugar era bastante modesto: algumas mesas de escritório e arquivos de aço. Nas paredes, fotos e croquis da hidrelétrica.

Bituca levantou a cabeça e olhou diretamente para mim. Porém seus dedos não pararam de datilografar.

— Das Baixínhans! — exclamou. Deu uma olhadela para o papel, sem parar de datilografar.

— Você emprestou seu violão ao Lô? — fui logo perguntando. — Que história é essa que mamãe te mandou embora lá de casa?

Deu uma gargalhada e continuou datilografando. Impressionante.

— Hah! dona Maricota! A Maricota é dose.

(Pausas, espaços, vírgulas, tabulações, parágrafos, tudo com toques precisos!)

Não aguentei e perguntei:

— Está tudo escrito certinho aí? Não acredito!

— O quê? — Só então Bituca parou de datilografar.

— Está tudo escrito certo aí? Datilografou certo?

Bituca puxou a folha e inspecionou:

— ... excelentíssimo senhor, blablablá... *data vênia*, atenciosamente... Está certo sim senhor. Por quê?

— Porque é impressionante. Você é louco, devia estar num circo...

— O quê que houve com o violão?

— Por enquanto nada. Vem cá: onde você aprendeu a bater máquina assim?

— Não enche o saco. Você já viu teu irmão tocar?

— Você acha que ele leva jeito?

— Leva jeito? Tá brincando. Ele já é. A gente só tem que cuidar.

— E você? Vai ficar aqui enfurnado? — provoquei.

— O que você tem contra o Capitão César, bicho?

— Nada. Mas *"il faut vivre dangereusement jusqu' au bout"* — recitei. Era uma frase que estava se tornando célebre no CEC. Fazia referência ao cartaz de um velho filme de Robert Aldrich em que Jeff Chandler representava um desmontador de bombas, cartaz este que aparecia de relance numa cena de *Acossado*, filme em que Jean-Paul Belmondo fumava, bebia, recitava, assaltava, fazia amor com Jean Seberg e perambulava pelas ruas de Paris até ser assassinado numa viela transversal de (talvez) Barbès-Rochechouard. Michel Poicard era o nome do personagem, aliás, Lázlo Kovacs, tudo muito europeu, mas eu adorava Godard e aquela frase de efeito. Evidentemente Bituca nada sabia a respeito daquelas coisas; seus talentos eram mais primevos e misteriosos, dispensando tais florilégios como frescuras de intelectualóides.

— Lá vem você com esse teu francês de araque — esculachou de vez.

— É preciso viver perigosamente até o fim, rapaz — traduzi. — Isso quer dizer: levante a bunda dessa cadeira e vá à luta, bicho. Senão Milton do Nascimento nunca vai realizar o artista que é. Nunca vai ser-no-mundo. — (Esse termo eu tinha pegado emprestado à estudante de filosofia Lúcia Helena, minha amiga.)

— Wilson Bittencourt! — zombou Bituca, sem prestar atenção àquele ser-no-mundo.

— Isto é, Milton do Nascimento nunca vai ser famoso mesmo. Refiro-me a Wilson Bittencourt, essa vossa excelentíssima figura — concordei.

Capitão César se aproximou. Tinha uns quarenta anos e era o chefe, o que lia papéis.

— Como vai? — me cumprimentou (já nos conhecíamos, pois eu era frequentador habitual do escritório).— Ficou impressionado com a datilografia aí do Bituca? Eu já disse a esse filho da mãe, "Milton"...

— Bituca! — Bituca interrompeu. — Sem essa de Milton.

— Vituperatus Manículas Prospectus — lembrei.

— Ludwig von Betúcious, Scariotis D'Armeda etcétera e tal — completou Bituca. — Posso trabalhar? — acentuou a frase esquisitamente.

— Que negócio é esse? — Capitão César não entendeu nada daqueles nomes.

— São os apelidos trespontanos de Bituca. Você sabia?

Barroso se aproximou também. Era o outro funcionário.

— O importante não é o que Bituca datilografa, mas o que ele anda escrevendo à mão. — Barroso olhou para mim: — Você já leu o que esse cara anda escrevendo?

Eu não havia lido nada e lembrei-me daquela conversa interrompida por Joãozinho. Ao mesmo tempo senti ciúmes de Barroso já saber.

— Eu já disse pro Bituca que o lugar dele não é aqui — disse Capitão César.

— Vocês três querem parar de encher o saco e me deixar trabalhar? — Bituca falou com falso mau humor. Recomeçou a datilografar outro texto burocrático, dessa vez com olhar fixo num papel escrito que servia de modelo ao lado da máquina. Capitão César disse:

— Você vai ser grande.

— Eu já disse isso pra ele — recordei.

Bituca interrompeu a datilografia:

— Vocês querem fazer o favor de me deixar trabalhar? — acentuou dubiamente cada palavra. — Que chefe é esse, nossa!

— Tá bom, trabalha aí, seu boboca. Aliás, preciso desse relatório aí pronto ainda hoje, em cima de minha mesa. — Capitão César retornou a seu posto.

Barroso permaneceu onde estava:

— É sério mesmo. Bituca escreveu uns negócios bonitos de arrepiar.

— E como é que você sabe? — perguntei.

— Barroso, você não tem o que fazer não? — interrompeu Bituca. E me explicou ele próprio. — Saí com essa coisa aí ontem e mostrei pra ele uns troços. Agora vocês podem me deixar trabalhar em paz?

Barroso retornou à sua mesa. Sentei-me numa velha poltrona de couro e esperei pacientemente até Bituca acabar todo o seu trabalho, sem sair de perto dele. Meu amigo emanava uma lembrança boa, um cheiro bom, evocava o calor de olivais num filme de Buñuel, ou as casinhas caiadas de Taormina, assim como eu as vira outro dia em *Plein Soleil*, de René Clément.

Finalmente o expediente chegou ao fim. Bituca fechou a Remington com uma capa de plástico, virou-se para mim e ordenou mais do que propôs:

— Vamos ao Bigodoaldo's. Sem o Barroso.

Aceitei. Era um bar na varanda de um prédio no outro lado da Praça Sete, que Bituca e Barroso frequentavam. Pedimos duas batidas de limão. Sem dizer palavra, Bituca tirou do bolso duas folhas de caderno dobradas em quatro e me entregou. As duas folhas continham dois textos manuscritos na letra redonda, pequena e caprichosa de Bituca. O primeiro chamava-se "E a gente sonhando". Era uma espécie de poema. Reconheci nos versos a mesma centelha de originalidade que caracterizava a música, as tiradas de humor e as facetas da personalidade do meu amigo trespontano.

"Vinte e um anos!", pensei. "Ele tem vinte e um anos profundos como mil. Atrás desse jacu tem coisa..."

— Fiz para você — disse Bituca. — "E a gente sonhando."
— Hein?
— Fiz para você essa.

Reli as duas folhas em silêncio. Senti vontade de chorar. Dei um abraço demorado em Bituca. Ficamos assim um tempo, indiferentes ao resto do mundo. Aí propus, saindo do abraço:

— Vamos tomar mais uma.

"Fez para mim", pensava. O outro texto também era uma espécie de poema e chamava-se "Canção do Sal". Bem que podia ser a letra de uma *work song*.

— Isto é uma *work song* — comentei então.
— Uma o quê? — Bituca arregalou os olhos daquela sua maneira.
— Uma *work song*, canção do trabalho.
— Eu sei o que quer dizer *work song*, Herr Das Baixínhans — Bituca acentuou a palavra "eu" de um jeito realmente incisivo. — Só não entendi essa sua pronúncia de meia-tigela. — E pronunciou caprichando exageradamente: wooorrrK Song!
— Por que você não mete uma música nisso, Bituca?
— Lá vem você.
— Só falta música pra ser uma *work song* igual às da Odetta.
— Que mané Odetta. Nina Simone.
— Mama Cass.
— Sassie.

Silêncios. Batidas de limão. Quando vimos, já estávamos bêbados de tanta batida de limão. Levantamos, pagamos e saímos, trôpegos por mérito. Éramos jovens, sadios, felizes e nos sentíamos abençoados por aquela amizade que, de tão intensa, adquiria para nós um caráter sobrenatural e premonitório.

Quanto à "Canção do Sal", no dia seguinte Bituca "tocou-a" para mim no teclado de sua Remington enquanto trauteava a melodia: (téc--téc-tec-tec-tec). "Trabalhando o sal/(tec-tec-tec) amor é o suor que me sai..." Marilton tinha razão ("é doido esse Bituca").

* * *

Gostávamos de andar à noite pela cidade. Era quando encontrávamos mais clima para conversar, trocar ideias e criar projetos. Éramos peripatéticos. A rua Rio de Janeiro, indo para os lados do bairro de Lourdes, era a nossa predileta.

Numa dessas noites, bêbados e sentimentais, eu e Bituca encontramos a árvore de nossa vida. Apesar de parecer uma árvore como qualquer outra, aquela velha senhora não era uma árvore como qualquer outra. Tão logo a vimos, destacou-se para nós sua misteriosa qualidade especial. Aquilo que a fazia tão sensivelmente diferente das outras, apesar de aparentemente igual, tornou-se de imediato manifesto como uma velhice única, uma textura inimitável, uma complacência vegetal de receptáculo amigável ou templo vivo; também uma imperiosa ordem para nos sentarmos debaixo dela, exata parada. Tão forte e veemente foi aquele apelo que Bituca se abraçou à árvore, como se entendesse o que acontecia dentro daquele corpo vivo em folhas, daquela mente fotossintética. Eu também, movido por estranha religiosidade, fiz o mesmo. A árvore gostou de nosso abraço. Estava ali, era veneranda e eu diria: quase humana. Passamos a visitá-la como quem visita uma velha parente, uma avó que mora há anos no mesmo lugar. Bituca chegou a escrever um conto para ela. Um poema de amor à mulher amada.

* * *

No dia de ver *Jules et Jim*, estávamos felizes como dois meninos em férias deliciosas. Felizes porque fazia uma bela tarde ensolarada, éramos jovens e fortes e, apesar da ditadura, íamos ver um filme genial. Caminhávamos a passo acelerado. Pela enésima vez, eu repassava as emoções que sentira na pré-estreia:

— ... genial a sequência de Thérèze, *la locomotive*, Marie Dubois é linda, tão genial como Jeanne Moreau... Quando Jules vira estudioso de insetos na Floresta Negra, então, rapaz, que tristeza, que emoção! Você vai ver... quando entra a música do Georges Delerue, é inesquecível, você vai ver... É o maior tributo à amizade que eu já vi, *Jules et Jim, avec un D devant, à l'anglaise*...

Quando olhei para o lado e tomei fôlego para continuar minhas loas, cadê Bituca? Há quanto tempo eu estaria a falar sozinho que nem um idiota? Onde se meteu esse cara, como me faz uma dessas? Ainda agora estávamos caminhando juntos.

— Bituuccaa!! — chamei em voz alta.

Nada.

Entrei na loja de discos em frente, quem sabe?... Nada. Na lanchonete. Nada. Comecei a ficar nervoso, puxa! Ver *Jules et Jim* sem Bituca ia perder a metade da graça. Cadê esse cara? Comecei a gritar, sem me dar conta de que estava no meio da rua, centro da cidade, segunda-feira, duas da tarde:

— Bituucaaa!!! Biiiituuucaaaa!!!!

As pessoas olhavam espantadas para mim, nervoso, gritando assim na rua.

Então, sem mais nem menos, Bituca ressurgiu em minha frente. Pela posição em que apareceu, deduzi que estivera o tempo todo escondido atrás de um Oldsmobile vermelho estacionado a poucos metros dali. Com a cara mais séria deste mundo, ele reapareceu:

— Para de gritar, bicho. Tá parecendo louco.

— Você!... Você é um cretino! — Eu tinha ficado realmente irritado, mas estava achando graça, de modo que falei isso meio rindo.

— Cretino — repetiu Bituca. — Você é o primeiro cara na minha vida que me chama de cretino.

Começou a dar aquelas suas gargalhadas escandalosas. Aquilo virou um acesso incontrolável. Alguns passantes paravam por alguns segundos, olhavam, meneavam a cabeça em desaprovação e seguiam seu caminho. Fui contagiado pelo acesso de riso de meu amigo. Explodi em gargalhadas convulsas que se transformaram em tosse paroxística. Rimos até doerem os músculos da face e o ar faltar aos pulmões, rimos até endurecer os músculos da barriga, até faltar força para rirmos mais. Sabíamos que um riso assim destinava-se a selar definitivamente uma grande cumplicidade.

Calamo-nos ao mesmo tempo, perfeitamente sincronizados.

Recomeçamos a caminhar em silêncio. Subitamente, como que ligados a um mesmo impulso, a um mesmo *insight* poderoso e inexorável, como se alguma força misteriosa e terrível nos houvera lançado em inesperado cântico jogral, ambos dissemos na mesma entonação e precisamente ao mesmo tempo:

— Coleman Hawkins!

Entreolhamo-nos, espantados e incrédulos.

— Bicho! Quê isso! — exclamou Bituca.
— Sei lá, cara. Incrível! Em que você estava pensando antes?
— Em nada, acho.
— Será que foi algum som?
— Sei lá, bicho. Se ainda fosse Miles Davis, mas Coleman Hawkins!... Eu, hein...
— Na loja de discos. Não, não vi...
— Incrível...

Viramos uma esquina. Amazonas com Tamoios. Havia uma banca de jornais. Parei para ler as manchetes. Esse meu hábito irritava Bituca sobremaneira.

— Ora, vamos, Das Baixínhans — disse com impaciência.

O tom da minha resposta fez Bituca parar também e sentir o mesmo arrepio:

— Olha isso aqui, bicho. Num acredito de jeito maneira.

Apontei para um canto da primeira página de um jornal carioca. Bituca leu e não quis acreditar:

— Isso não existe, bicho.
— Não é impressionante?

Num canto modesto da primeira página, uma pequena manchete abria a notícia que não passava de um parágrafo: MORRE O SAXOFONISTA COLEMAN HAWKINS.

* * *

Entramos no Cine Tupi às duas horas da tarde ou pouco mais. Achamos assento bem na frente.

— Você vai ver que genial — antecipei.
— Nada pode ser tão genial assim — Bituca censurou. — Vê se para de falar.

O filme logo começou. Nos primeiros dez minutos, silêncio entre nós dois. Aos poucos, Bituca reconhecia uma cena qualquer que eu lhe narrara previamente. Nesse momento, me apertava o braço ou me dava uma cotovelada. A emoção crescia à medida que o drama narrado no filme tomava corpo. *Qu'est-ce que vous pensez de notre ami Thomas?*, Jim perguntava a Jules numa cena onde Jeanne Moreau estava vestida de homem, tinha um pequeno bigode preto pintado sobre o lábio, atravessava correndo um pontilhão de ferro, estava alegre e era maravilhosa; não especialmente bela, nem inteligente, nem sincera, mas uma verdadeira mulher; era a ela que todos os homens desejavam, era a ela que Jules e Jim amavam, a Catherine. A música sublinhava cada emoção. Nossas lágrimas furtivas eram lindas, iluminavam um universo novo que se descortinava à nossa frente, revelando a plenitude, a possibilidade de comunhão daquele amor único por toda a espécie humana, sentimento poderoso compartilhado ali entre dois seres que o destino há tão pouco tempo colocara frente a frente naquela Babel que era o Levy e já os transformara, sim, sem dúvida, nos dois mais intensos, harmônicos e especiais amigos que aquela cidade ou qualquer outra já vira. O filme tornou isso uma certeza entre nós dois.

Terminada a sessão, olhos ainda cheios de lágrimas, Bituca disse:

— Puxa vida, bicho! É genial assim, sim. Nossa!

— Não te falei? Agora você já sabe — comentei com voz embargada.

— E a música, bicho, o quê que é isso! As quintas! — E Bituca solfejou com precisão um trecho da música do filme. Olhou para mim e nenhum dos dois arredou pé dali. Continuamos sentados, tomados pela emoção. Começou a segunda sessão, mais ou menos quatro horas da tarde. Novos detalhes então se incorporaram às primeiras sensações, pequenas sutilezas de um plano-sequência, o movimento elegante de uma câmera, a passagem de um figurante, o sentido exato de uma frase, as nuances de uma melodia. Mais lágrimas foram vertidas então, agora também acrescentadas de um entusiasmo ativo como uma catarse, a certeza de um destino em curso, tecido com aquele mesmo tipo de fatalidade exposto no filme.

Terminou a segunda sessão, seis horas da tarde. Eu e Bituca nos encontrávamos ligados por poderosíssimo contato telepático que tornou inútil qualquer consideração verbal a respeito da necessidade inevitável de vermos ainda uma vez mais — e gravar para todo o sempre — *Jules et Jim*.

— Só vou ali fumar um cigarro e já volto — eu disse.

— E eu vou beber água — ajuntou Bituca.

Dali a pouco ouvimos os acordes musicais da abertura da Art Films. Voltamos correndo para a sala escura, bem a tempo de ouvirmos pela terceira vez naquele dia a epígrafe do filme, uma voz de mulher recitando em francês, sobre tela negra, algo que poderia ser mais ou menos traduzido assim:

> *Tu me disseste eu te amo*
> *Eu te disse me espera*
> *Ia dizer-te conquista-me*
> *Tu me disseste vá embora.*

* * *

Quando pusemos de novo os pés na rua, o relógio da Igreja São José marcava oito horas da noite e não restava mais sinal do lindo dia ensolarado que fizera. Algo ainda maior do que aquela transformação do dia em noite se transformara dentro de nós dois e no sentido inverso, pois que ia do obscuro para o iluminado. Fomos direto para o Levy, direto para o "quarto dos homens". Sem delongas, Bituca pegou seu violão (que já tinha lugar cativo no quarto) e inventou um tema; melhor, destilou tudo aquilo, todas as emoções que andara sentindo nos últimos tempos, desde sua mudança para o Levy, culminando naquelas seis horas ininterruptas que passara concentrado na magia de uma linda história de amor escrita com luz e sombra, emoções que começam por determinadas predisposições estéticas mas que logo se transmutam em âncoras morais, em reservas éticas que propiciam então ao espírito criar, alçar voo numa cadeia de sons puros e naturais, como puras e naturais eram as próprias sensações inatingíveis por nomes e conceitos e, no entanto, ou talvez exatamente por isso, tão vivas e destacadas; destilou tudo aquilo como premência inevitável de dar testemunho da alegria e da grandeza de estar vivo naquele momento, vivo para presenciar a delícia de ser, delícia que só poderia estar provindo da própria alma, era mesmo a prova cabal da existência de uma. Por minha vez, eu rabiscava algumas palavras em torno do tema que descrevia a mim próprio como "Paz do amor que vem":

> *A vida vem de algum lugar*
> *para nos falar de alguma paz*
> *de um amor...*

Não que achasse isso bom, mas não conseguia escrever mais nada, nem estava achando realmente necessário interromper aquela viagem linda com meia dúzia de palavras mais ou menos vazias. De qualquer modo, cantamos aqueles versos singelos com fervor e gravidade, pois o momento assim o exigia. Bituca deixou-se levar — e me levou consigo — para muito, muito longe, para uma região de melodias intrincadas e misteriosas, entoadas em puro improviso de cristalinos falsetes, coisas que nem eu, nem ninguém, nem ele próprio, jamais escutáramos antes. Era como se estivéssemos na Floresta Negra, juntos a Jules, Jim, Catherine, e todos nos achássemos instalados ali, no "quarto dos homens", como ectoplasmas feitos de som. Tudo continuava naqueles acordes, François Truffaut, o Amor e Amizade, Raoul Coutard, o mago do nublado e do noturno, Jeanne Moreau, o Levy, tudo encadeado como átomos na cadeia dos cristais de pura música; tanto, que nos deu a certeza de que uma nova história começava a se escrever ali mesmo para nós, naquele instante, e que as eras poderiam se dividir, a partir desse fato consumado, em A.J.J. e D.J.J.; isto é, Antes de Jules e Jim e Depois de Jules e Jim.

Saíram três músicas nessa noite: "Paz do Amor que Vem" (Novena), "Gira-Girou" e "Crença".

* * *

Depois disso, as músicas continuaram saindo, uma após outra, rapidamente. Eu com lápis e papel na mão, Bituca sentado na cama com o violão. Essa cena passou a repetir-se com frequência. "Terra", "Das Tardes Mais Sós", "Maria Minha Fé", sobre sua grande amiga trespontana Maria Amélia Boechat — tudo sempre acabando devidamente comemorado por nós dois com muita batida de limão no Bigodoaldo's, nosso local sagrado, inseparáveis parceiros. O proprietário dizia que jamais tinha visto uma amizade assim tão bacana entre duas pessoas. Deixava-se ficar ao lado de nossa mesa, ouvindo os inéditos poemas, as recém-nascidas "filhas", como chamávamos as músicas que íamos criando. Muitas vezes as comemorações terminavam em choros emocionados, lágrimas inesquecíveis que marcariam a vida dos dois rapazes. A súbita capacidade de parir aos jorros tantas obras pessoais, originais, nos lançara como que para fora do mundo. A gente se isolava, refletia sobre as mazelas que tinha diante dos olhos, representadas sobejamente pela barra pesada, pela repressão da ditadura, e criava uma representação musical da ternura, do amor e da ira que tais reflexões suscitavam. Alguns amigos da turma do Levy não viam com bons olhos aquele nosso isolamento do resto da turma. Cássio James e Sérvulo Siqueira eram praticamente os únicos que tinham acesso mais ou menos livre aos tesouros ocultos que jaziam atrás daquela insólita amizade, do Quixote Preto e seu Sancho Branco. Nós, alheios ao bochicho, continuávamos compondo e amando nossas músicas como filhas.

— Nunca vamos fazer música sem ser um com o outro — prometíamo-nos, sem imaginar que as tranças do destino já estavam pondo a caminho um certo jovem Fernando Brant.

A turma do Clube da Esquina a bordo do lendário jipe Land Rover Manoel Audaz, fugindo de Belo Horizonte.

3
CAPÍTULO

Viagem a Três Pontas

A Belo Horizonte de 1964 apresentava — para citar apenas sua parte central — o tenor engolidor de espadas Iorga na Churrascaria Palácio, o guitarrista malabarista Nazário Cordeiro na Churrascaria Camponesa (ambas situadas no território dominado pela temida turma do Mexe-Mexe), o Adão, nos limites da zona de prostituição, famoso por seu feijão tropeiro servido madrugada adentro, entre putas e rufiões, os bares das imediações da Feira de Amostras, o Restaurante Scotellaro, na avenida Paraná, as boates da praça Raul Soares, o sofisticado Le Chat Noir, no alto da avenida Afonso Pena, de onde se via toda a cidade como de um belvedere, a boate Lanterna Azul, numa quebrada da Lagoinha, a boate Pampulha (também no território do Mexe-Mexe), o Montanhês, *dancing* vivendo o final de sua antiga glória, quando chegou a ser frequentado por figurões da política, sem falar no já citado edifício Maletta e nas dezenas de botequins infectos que se escondiam em esquinas insuspeitadas ou mesmo em becos escuros aparentemente abandonados, como era o caso do Mocó da Iaiá, a poucos metros da Praça Sete. Ou seja, a noite no centro era extensa e cheia de opções. Mas para curtir isso tudo era preciso ter dinheiro e isso era artigo pra lá de raro na turma do Levy. Por isso, certas noites transcorriam em mesmice e calor.

Numa dessas noites, um enxame de jequitiranaboias invadiu os apartamentos dos andares superiores, causando um princípio de pânico entre os moradores. Discutiu-se se aqueles monstrinhos alados teriam sido atraídos pelo enorme letreiro luminoso que exibia o nome de uma loja dos judeus no topo do edifício.

Noutra noite, Cássio James teve a ideia de subirmos ao telhado, perto do tal letreiro luminoso, para tentarmos ver as irmãs do 13º andar se despirem. A proposta me pareceu muito pouco cavalheiresca, mas finalmente Cássio James mostrava sua alma brasileira atrás da aparência de mini-gentleman perfeito, cujos olhos azuis evocavam, através das grossas lentes dos óculos, o Mar do Norte de seus pais ingleses. Em homenagem a esse súbito ataque de brasilidade, topei a aventura. Uma vez no local, constatamos que para se ver alguma coisa era necessário chegar muito perto da beira do vão central — dezoito andares. Perigoso demais para resultados visuais tão incertos e parcos, de modo que desistimos da empreitada e fomos tomar um *milk-shake* na Lanchonete Odeon.

Joãozinho, o garçom homossexual, mulato forte de quase dois metros de altura, fez um comentário de mau gosto, um trocadilho obsceno com o nome de Cássio James, e ficou por perto.

Sérvulo chegou e se aproximou da mesa onde estávamos:

— Alô, sibaritas. Como? Tomando Coca-Cola? Vieram se render à água negra do imperialismo? Pensaram que podiam se esconder de mim, hein?

Cássio James sorriu para mim com uma ponta de ironia e cumplicidade, como que dissesse: "Pronto! chegou ele!" Aí pediu uma *banana-split*; eu, um *milk-shake*; Sérvulo, um copo d'água. Deu um gole como se estivesse saboreando um néctar divinal, coçou o nariz num gesto típico e perguntou:

— Já foram ver *Os Inocentes*? Está aqui bem ao lado, no Cine Tamoio. Jack Clayton, baseado em Henry James, *A Outra Volta do Parafuso*.

Nesse momento chegou Marinho, o italiano:

— Como é que é, vagabundagem! — e para Joãozinho, o garçom, que ainda estava por ali. — Se tem duas coisas que detesto é negro e veado. E você é justamente os dois!

— Também sou grande e brigo bem — lembrou-lhe Joãozinho com os trejeitos precisos.

Realmente, era muito forte e alto. Usava cabelo espichado a ferro.

— Traz uma *banana-split* rapidinho — comandou Marinho, sem responder à ameaça velada do garçom. — Só matando — falou em voz baixa. Depois mudou de assunto e me provocou: — Então, quer dizer que você agora só anda com negro?

Eu me enganara muito a respeito de Marinho, o italiano. Nele, o que parecia altivo era apenas arrogante, e sua beleza física era antipática, seu perfume, bom mas exagerado, suas roupas, finas e bem talhadas, mas sua índole, preguiçosa e preconceituosa. Seu pretenso ar de superioridade apenas acentuava a empáfia vulgar de seus gestos. Ou será que eu só achava isso por horror àquele preconceito contra negros que Marinho fazia tanta questão de exibir?

Levantei-me da mesa sem me despedir de ninguém, chamei Joãozinho ao lado e paguei minha despesa. Apenas olhei Marinho nos olhos e não me dignei a dar-lhe resposta. Na rua, entrei no Cine Tamoio, que ficava ao lado da lanchonete, bem a tempo de pegar a última sessão de *Os Inocentes*. Arrepiei-me na cadeira, subjugado por um suspense sutil e cheio de poesia. Deborah Kerr estava linda como a preceptora. As crianças, lindas e apavorantes. Mark Lester, Bituca precisava ver esse menino. Que grande ator! Ainda bem que existia o cinema para preencher de emoções em certas noites provincianas cheias de tédio. Ainda bem que existiam Godard, Truffaut, Orson Welles, John Ford, a *nouvelle-vague* e o cinema americano, Misoguchi e Satiajit Ray, *Cahiers du Cinéma* e Humberto Mauro, e Nelson Pereira e Roberto Santos. Ainda bem que eu já vira *Deus e o Diabo*. Ainda bem que estava ali vendo outro lindo filme e não preso nos porões da ditadura. Havia boatos terríveis circulando a esse respeito.

* * *

Cinco horas da tarde, Bituca largava o serviço e íamos para o Ponto dos Músicos; isto é, uma calçada da avenida Afonso Pena onde os profissionais do ramo se encontravam para fechar contratos de bailes, arregimentar instrumentistas ou simplesmente confraternizar.

Por minha vez, continuava um jovem com pretensões a cineasta que Bituca puxava cada vez mais para o ambiente da música. Lembrava-me da indiferença com que via as matinês do Clube dos 50, em Santa Tereza, muitos anos antes, quando não passava de um menino e já achava ridículos todos aqueles garotos em blusões de couro e cabelos gomalinados que iam todos os domingos concorrer a prêmios pífios dublando Johnny Restivo, Paul Anka e Pat Boone, já que muito poucos tinham o molejo suficiente para a dublagem mais ridícula de todas, a de Elvis Presley. A onda Beatle só chegaria muitos anos depois desse tempo ingênuo das dublagens no Clube dos 50, invadindo a periferia com franjinhas, terninhos e botinhas. O sonho erótico dos adolescentes belorizontinos era frequentar o Montanhês Danças e picotar umas damas, ou entrar na casa da Nena, na rua Manoel Macedo, no 32, na Zezé, mitológicos lugares de pecado e música. Música de orquestras, música de vitrolas, música de rádio e de *juke boxes*, a antimúsica do vozerio de homens e mulheres da noite, soando através de corredores apinhados, em inexaurível entra-e-sai, até que chegava a manhã, trazendo seus carregadores de caminhões, atacadistas de gêneros alimentícios e seu comércio pesado, próspero e legal. Os músicos iam comer um tropeiro no Adão antes de voltar para casa, com o sol já queimando.

    A cidade admitia até mesmo um ídolo radiofônico chamado Aldair Pinto, comandante de um programa de auditório diário na Rádio Guarani, uma das propriedades de Assis Chateaubriand na cidade. O *Roteiro das Duas* eletrizava as jovens das classes baixas e todas as tardes levava centenas de mocinhas à porta da rádio, com direito a gritinhos, desmaios e cenas de histeria, provocadas principalmente por um certo Paulo César, ou por Isnard Simone, cantor de rumbas e boleros, por Nilza Olímpia, pela jovem e iniciante Clara Nunes, tecelã da fábrica da Renascença, ou o torneiro mecânico Agnaldo Timóteo, um certo Don Valdrico, e alguns outros que, absolutamente desconhecidos do resto do país, faziam estrondoso sucesso no centro da cidade, entre as classes humildes. As orquestras de Serrinha, Túlio Silva, Gilberto Santana, o Blue Star, o conjunto Lancaster e agora também o novo conjunto Gemini 7 distribuíam entre si o mercado de bailes na capital e no interior do estado.

    Os instrumentistas olhavam os cantores com superioridade e desconfiança:

    — Hi... mais um "canário" na praça, não sei não... qualquer bicão--de-luz já é logo "canário"...

Dentre dezenas de músicos que frequentaram o Ponto dos Músicos, Chiquito Braga e Valtinho Batera eram os que, no dizer do jovem saxofonista Nivaldo Ornellas, "detinham a informação", eram *the best*. Chiquito, guitarrista, ensinou alguns dos melhores músicos que saíram do Ponto. Toninho Horta vinha escutar Chiquito tocar desde pequeno, trazido por seu irmão contrabaixista, Paulo Horta, para ver como é que devia ser.

Os dois papas tocavam no Rei dos Sanduíches. O lugar era esquisito, mas os iniciantes como Bituca vinham prestar-lhes as reverências, aprendendo modernidade e bomgosto, dinâmica e sentido harmônico. A dupla fazia a gente sentir-se em Nova Iorque, ouvindo Max Roach e Django Reinhardt.

Num plano paralelo, estava Figo Seco, marido da cantora Helena Ribeiro, a qual Bituca admirava muito. Figo Seco era um trompetista que rodara o mundo inteiro tocando em navios e trazia para o Ponto dos Músicos, aquela calçada no meio de uma cidade encravada nas montanhas, um ar cosmopolita de portos, luzes e aventuras além-mar.

No Ponto dos Músicos, eu e Bituca conhecemos algumas das pessoas que mais influência exerceram em nossas vidas, naqueles dias. Como num extenso crédito daqueles de superprodução hollywoodiana, vou nomeando os artistas pelos quais passei a sentir gratidão, atribuindo-lhes o dom de terem dado novas cores à minha vida até então desconhecedora dos atrativos que a rotina aventureira e viajante dos músicos poderia oferecer, até então desconhecedora do prazer de tocar um instrumento e das verdadeiras profundezas e mistérios que envolvem atos aparentemente tão banais como improvisar notas ao saxofone ou manter uma nota qualquer indefinidamente rolando na garganta, como já fazia com maestria o jovem Bituca. E vou lembrando nomes: Helvius Vilela, pianista; Dino do Trumpete, Celinho do Pisto, Figo Seco, pistom, Waltinho Batera (mestre de Boscão, Rubinho, Pascoal Meirelles e Paulinho Braga), Violão Batera (o que batucava nas paredes), Maluf e Cha-Cha-Cha, ritmistas, Marilton Borges, Márcio José, Márcio Lott e Bituca, *crooners*, Getúlio do Sax, Nivaldo Ornellas, sax, Vaz, ritmista, Wagner Tiso, pianista e arranjador, Gileno Tiso, pianista, Joãozinho Veiga (Das Vêigans ou Brechó, como dizia Bituca), sax, Hugo Luís, violonista,

Pedro Mateus, negro e cego, violonista e compositor genial que muito cedo morreu, Ildeu Lino Soares, contrabaixo.

Aliás, Ildeu, além de tocar contrabaixo era dado à oratória e um pouco à bebida, tendências que conjugadas tinham um potencial imprevisível. No Festival do Milho de Patos de Minas, por exemplo, Ildeu pediu a palavra logo depois da entrega da faixa de Rainha do Milho a uma vistosa moça local. A intenção era prestar também sua homenagem à simpática festa, em nome dos músicos da orquestra. Ildeu, provavelmente, vinha de uma exaustiva sequência de bailes por Poços de Caldas, Pará de Minas e talvez muitas outras cidades, de modo que se confundiu, levando a orquestra a gargalhadas constrangedoras mas inevitáveis:

— Caro povo de Poços de Patos; digo, Patos de Caldas; Caldas de Minas, Poços.... caro povo amistoso desta linda cidade...

E alguém da orquestra, num sussurro audível em todo o enorme salão:

— Patos de Minas!

E Ildeu:

— ... pois é, a orquestra quer trazer sua saudação ao povo de Patos de Minas e à sua Miss Milho.

Miss Milho? Tóoiimm! Ante o olhar atônito das autoridades municipais, a orquestra atacou logo um "Begin the Beguine" mesmo sem contrabaixista, antes que as coisas piorassem.

Enfim, o Ponto dos Músicos era um mundo cheio de emoções baratas, um ponto de encontro de homens e mulheres talentosos e dedicados cujo destino de músicos num lugar como aquele os levava quase sempre a uma existência rotineira de pobreza e sacrifícios, longe dos seus, rodando o estado em intermináveis viagens, apinhados em ônibus velhos por estradas poeirentas, quando muito numa kombi, ao encontro de um baile.

Eles eram muitos e meu crédito continua: Tibério, contrabaixista, Bijoca, Tiãozinho Batera, Marcos de Castro (irmão do cantor Luís Cláudio, da voz de veludo), Pacífico Mascarenhas (o "Mestre". Era amigo do pessoal da Bossa Nova do Rio, tinha músicas gravadas e um método prático de ensino de violão que era vendido nas bancas e livrarias. Pacífico deu muita força para Bituca e o incentivou na carreira musical. A primeira vez que Bituca entrou num estúdio foi para gravar "Barulho de Trem". A segunda foi para gravar como vocalista num disco de Pacífico Mascarenhas), Pepeto Sax (para Bituca, Das Pepêtans), Aécio Flávio, vibrafone e chefe-de-orquestra, Nilza Meneses, cantora, Miltinho Batera, Washington, piano, Don Roberto Blasco, bandoneón, Nelsinho, piano, Batatinha, bateria, Amador Batera, Moacir-Mão-Amarga, pianista, Paulo Modesto, cantor, Valter Gonçalves, *one-man-show*, Luther Gonçalves, bateria, Sílvio, contrabaixo, Lúcio Libânio, maestro e pianista, Léo Rodrigues, *crooner*, Lourival Bocão, *crooner*, Paulo Horta (irmão de Toninho Horta), contrabaixo, Teleco, bateria, Jésus, guitarra, Nazário Cordeiro, guitarra, Sílvio Aleixo, cantor, Eduardo Prates "Pituca", piano, Maurílio, bateria, Toninho Costa, guitarrista, Toninho do Carmo, guitarrista, Sérgio Mineiro, contrabaixo, Necésio, ritmista, Rogério Lacerda, bateria, Padinha, sax, Marquinho Quelotti, vibrafone, Célio Balona, chefe-de--orquestra e vibrafone, as irmãs de Célio, Ana e Malu Balona, cantoras, Rubinho Batera e seu irmão Marquinho, vibrafone... e provavelmente ainda me esqueci de alguém...

Bituca era apenas um no meio de tantos, mas eu sabia que com meu melhor amigo, com meu parceiro, seria diferente... e comigo próprio também... faria filmes, Bituca comporia os temas, seríamos famosos, o mundo falaria de nós... poderíamos influir no destino dos seres humanos, uma verdadeira revolução aconteceria no planeta, conduzida pela juventude e pelo movimento estudantil, voltariam as emoções de 1917 na Rússia... tudo estava por acontecer, aquela ditadura desmoralizante, que tentava transformar uma grande nação numa republiqueta de bananas, estava com os dias contados...

Foi no Ponto dos Músicos que certa tarde propus a Bituca:

— Quero conhecer Três Pontas. Conhecer o Zino e a Lília... (Eram seus pais adotivos.)

— E os Bucha, os Boechat, o Dida, os Cabral, o Jaca e os Jaquinhas, os Brito Campos, e os Silva Campos, a Tereza... a Tereza você não vai acreditar... não, você vai acreditar — disse Bituca e continuou: — Vai conhecer Maria Minha Fé. Maméia querida. Ela vai gostar de te conhecer, Das Baixínhans.

Bituca gostava muito de Três Pontas e tinha todos os sintomas do imigrante nostálgico, mas dizia sempre: — De Três Pontas não. Eu gosto de alguns elementos de Três Pontas. E do *footing* no Largo que é o maior colosso que já vi — completava enrolando os erres.

* * *

Assim, viajamos certo dia, asfalto até Boa Esperança, depois terra. Enquanto o ônibus ia sacolejando e levantando poeira, um rádio de pilha acolá tocava "Jambalaya", Brenda Lee, na maior altura. O ônibus, que partira da capital apenas lotado, já estava mais do que superlotado, pois a cada quilômetro encostava para a entrada de mais e mais capiaus e suas tralhas, a se amontoarem pelo estreito corredor. Eu ia sentado sobre a minha mala e me revezava com Bituca no uso da única poltrona que tínhamos conseguido. O rádio de pilha já tinha tocado Românticos de Cuba, Gilbert Bécaud, Nico Fidenco, Lawrence Welk, Ray Coniff, Ferranti & Teicher, Liberace, Johnny Mathis, Frank Sinatra, João Gilberto, Maísa... e agora só pegava um chiado irritante, até que foi desligado.

Bituca reconhecia ao mesmo tempo todas as músicas do radinho de pilha e todos os clubes das cidadezinhas por onde o sacolejante ônibus ia passando.

"Tem uma eternidade em horas-baile", pensei.

— Você vai conhecer minha coleção de Yma Sumac — disse Bituca. — Sabia que a Lília foi aluna de Villa-Lobos no Rio?, na Tijuca, onde nasci... Foi ela que me deu a minha primeira sanfona... Vai conhecer o povo dos W's Boys, ouvir a rádio Clube de Três Pontas, onde o locutor que vos fala colocou tantos Henri Mancinis e Joões Gilbertos no ar que acabou demitido por justa causa! — E Bituca executava uma série daquelas suas terríveis gargalhadas.

O velho ônibus foi vencendo intrepidamente a estradinha coleante que subia e descia morros, atravessava riachos e ribeirões em pontes precárias... e cafezais sem fim. Ao escurecer, chegou em Três Pontas. A viagem durara umas dez horas.

Na pequena estação rodoviária, situada numa pracinha secundária na parte alta da cidade, Bituca foi recebido por vários amigos que o esperavam em grande algazarra. Pela recepção, aferi que era muito querido na sua cidade. Bituca me apresentou genericamente à turma como Das Baixínhans, seu melhor amigo da capital. O único negro além de Bituca chamava-se Dida.

Descemos por uma rua estreita de calçamento de pedras, passamos pela praça principal, com a Igreja Matriz, o Hotel e Cine Ouro Verde — o largo Cônego Vitor, ou simplesmente "o largo", como diziam enrolando o erre. Caminhamos juntos umas quatro quadras, rua José Bonifácio. Os amigos de Bituca manifestando afeição e bom humor. Chegamos a uma bifurcação em forma de V, com o vértice ocupado por um mimoso jardim.

Ali estava a casa de Bituca. Era um solar sólido e antigo, de paredes grossas, com varanda de pé direito muito alto, um pequeno jardim acima do nível da rua e janelas retangulares que davam direto para a calçada. Um perfume de dama-da-noite adocicava o ar. Luzes se acenderam dentro da casa. Uma das janelas abriu rangendo seus ferros e um homem grisalho, de aparência severa, pôs seu rosto magro para fora:

— Ô, malta barulhenta, vão querer chamar atenção da cidade inteira? — mas, firmando melhor a vista, reconheceu: — Ora, é o Bituca! — E virando o rosto para dentro de casa: — Ô Lília, o Bituca chegou.

Aquele era seu Josino, pai adotivo de Bituca. Abriu um simpático sorriso:

— Quantos vão entrar? Todo mundo não cabe...

Bituca deu uma risada:

— Você não sabe quem que é este — e apontou para mim. — É o famoso Márcio Hilton Borges, aquela coisa que eu te falei. — E para mim: — Isso aí é o seu Zino. Já viu, né?

Assim, entramos em casa, os amigos de Bituca se despediram de nós com um até já; daqui a pouco iríamos nos encontrar no Tonel Bar. Todos pronunciavam Tonel Bar de uma forma muito engraçada. Soava como Tonerbáurl, ou algo parecido.

* * *

A casa de Bituca era ampla e acolhedora. Tinha uma cozinha enorme, antiga, com um fogão de lenha no centro e um odor agradável, levemente defumado. A primeira impressão que tive daquela casa, impressão que depois se confirmaria, foi de que ali se exercia uma forma especial de amor, diferente do praticado em minha própria casa. Numa, eram todos irmãos consanguíneos. Na casa de Bituca, Zino e

Lília haviam adotado, além de Bituca, Fernando, dezoito anos, branco, e Beth, sete anos, branca. Por si só, esse fato me fez olhá-los com admiração. Os três filhos sentiam-se filhos mesmo, irmãos mesmo — e a grande fraternidade entre os homens de todos os credos, cantos e raças estava ali provada em minha frente, realmente posta em prática naquele microcosmo que era aquela casa de Três Pontas, Minas Gerais. Para mim aquilo enchia o universo inteiro de novas esperanças. Dona Lília, pequena, ligeiramente surda, muito amável, tratou o filho com doçura e demonstrou muita alegria por revê-lo. Perguntou sobre um curso de contabilidade que Bituca deveria estar fazendo em Belo Horizonte e não manifestou desagrado quando este lhe falou sobre o Ponto dos Músicos. Ao contrário, incentivou-o a fazer sempre o que lhe alegrasse o coração. O casal recebeu-me muito bem, e com sorrisos e meneios de aprovação.

— Quer dizer que você é o Borges tão falado... O Bituca fala muito na sua família. — Seu Zino tinha um sorriso nos lábios.

— Lá em casa ele é igual irmão. É o irmão número doze.

— O Nico é o caçula — confirmou Bituca. — Tem três anos e é meu afilhado.

— Já vem você com afilhados — atalhou dona Lília. — Aqui em Três Pontas você já tem não sei quantos afilhados...

— Quer agradar aos pais, trate bem os filhos — sentenciou seu Zino. — Nesta casa você será sempre bem-vindo.

Depois dona Lília preparou o quarto de Bituca para nós dois, providenciou água quente e toalhas limpas. De banho tomado, bebemos café quentinho à beira do fogão de lenha e saímos para a noite trespontana. Direto para o Tonel Bar.

* * *

Bebemos e conversamos muito. Música, cinema, casos da Tereza (que não comparecera), histórias pessoais. Nada de política ou futebol. O primeiro porque de certo tempo para cá todos tinham medo de falar nesse assunto, primeiros indícios de um terror que levaria às piores autocensuras. O segundo porque Bituca detestava futebol e era mesmo muito ruim de bola. Misturamos pinga, cerveja, vodca. Bituca estava alegre e à vontade entre seus conterrâneos. Dida, o outro negro, era engraçadíssimo e contava um caso a respeito da "reserva hídrica do camelo" que era hilariante, pois incluía uma imitação muito bem feita da expressão idiota daquele animal. Dida era o protótipo do que se convencionou chamar um "bom copo", e passou boa parte do tempo bebendo pinga pura e caçoando de Bituca, a quem achava excessivamente tímido e bobo porque não fez aquilo, deixou de fazer aquiloutro... A certo momento, Alfredo Boechat, os irmãos Jaca, os irmãos Bucha, Marco Antônio e Regina, Celinho Cabral, Mané Gato, enfim, os amigos trespontanos, haviam desaparecido do bar e restávamos, bastante embriagados, eu, Bituca e Dida, no olho da rua, pois o Tonel já havia fechado, como, de resto, todos os bares de bem, ou seja, os situados em torno do Largo. Restava tentar a zona.

Subimos em direção à parte pobre da cidade, onde funcionava o meretrício, bem além dos casebres dos trabalhadores dos cafezais. Àquela hora da madrugada até os bares da zona estavam fechados, com exceção de um, pequeno, infecto, de chão batido e um ar congestionado de moscas. Servia. Entramos, fomos servidos, bebemos ainda mais e ouvimos alguns discos arranhados de Nelson Gonçalves. Bituca interpretava junto, cantando com voz idêntica:

Cansado de tanto amar
Eu quis um dia criar
Na minha imaginação...

Na parte final, que diz "tinha diante de mim/você, só você, meu amor", apontava para a meretriz mais velha, feia e desdentada que pudesse haver no recinto.

Rimos e conversamos com todas elas. Num dado momento, estávamos de novo na rua. Foi nessa hora, quando o famoso anjo da guarda dos bêbados já nos estava colocando de novo no rumo de casa, que teve início o episódio que ficou conhecido na nossa mitologia particular como "o caso do delegado".

* * *

De repente, dobrando a esquina a uns cinquenta metros dos três bêbados, um fusquinha 62 apareceu. Veio em baixa velocidade em nossa direção. Nós estávamos no meio de um quarteirão bastante extenso, num trecho de calçada ocupado apenas por um muro muito longo e alto, que cercava o estádio de futebol da cidade.

Havia apenas um ocupante no fusquinha. Sob a fraca luz dos postes Dida o reconheceu quando o carro estava a poucos metros. Para nosso espanto, gritou melodiosa e compassadamente, alongando cada vogal, como só os bêbados de caricatura conseguem fazer:

— San-ta-na! Vea-a-do! De-le-ga-di-nho de merda!!!

O ocupante do fusquinha 62 era o delegado da cidade. Sua reação foi instantânea e irracional. Acelerou em nossa direção, obviamente não contando com a retirada estratégica que Dida comandou de forma irretocável. Ao invés de correr do carro, Dida correu para o carro. No que foi seguido, digamos, celeremente, por mim e por Bituca. Passamos correndo pelo carro, antes que o delegado tivesse tempo de esboçar qualquer reação. Dobramos a esquina por onde o fusquinha 62 havia surgido e alcançamos uma avenida larga. Paramos. O muro alto continuava até o meio do quarteirão, onde era interrompido apenas na extensão do largo portão principal do estádio. Dida, no canto da esquina, no vértice do muro, pôs apenas a cabeça para fora e, olhando em direção à rua de onde tínhamos vindo, reportou o que via:

— Está manobrando. Está virando. Acho que vem atrás de nós... puxa, que falta de jogo desse carrinho... pronto, virou. — Colocando todo o seu corpo à mostra, pulou no meio da calçada e começou a gritar de novo:

— Ô veado! oia nóis aqui! delegadinho de merda!

E voltou correndo para trás do muro, para perto de mim e de Bituca. O fusquinha 62, tendo manobrado na rua estreita, surgiu, dobrou a esquina e entrou na avenida acelerado. De novo nós três tornamos a entrar correndo pela rua de muro alto e longo. Paramos exatamente no meio do quarteirão, onde tudo começara.

— Não acredito que pode ser tão burro... — Bituca ria. Nenhum dos três acreditava que o fusquinha pudesse estar manobrando de novo, depois de cair no mesmo truque duas vezes em seguida. Mas estava, pois eis que, pela segunda vez naquela noite, dobrando a esquina em frente, a uns cinquenta metros de nós, o fusquinha 62 surgiu.

Só que agora estava sendo esperado... ou não? Quem acreditaria que um delegado pudesse ser paspalho até aquele ponto? Aquele era.

Já nem estávamos mais tão bêbados assim, pois aquela correria estava despejando bastante adrenalina em nossos cérebros. E veio a volúpia do desafio ao perigo, da recompensa que significava uma boa gargalhada e, principalmente, a perspectiva do verdadeiro prazer de tudo aquilo, que seria contar aquela aventura aos amigos. Mas nada disso passou conscientemente pela minha cabeça quando simplesmente pulei para o meio da rua e acenando com as duas mãos levantadas, gritei:

— Ô idiota! Delegadinho de araque! Olé, toro! — e sacudi uma capa fictícia, à maneira dos toureiros. Esperei o fusquinha 62 acelerar ao máximo. Vi meus dois companheiros escapulirem em carreira, de volta à zona boêmia. Bituca, já bem longe, olhou para trás sem parar de correr:

— Corre, baixinho. Ele vai te pegar.

Esperei só mais um pouco. O suficiente para ver, iluminada pela luz amarela de um poste, uma expressão colérica estampada na carranca do delegado atrás do volante.

Então corri. Se alguém ali tivesse um cronômetro, teria cronometrado um recorde. Eu era leve, ágil, e possuía, aos dezoito anos, excelentes pulmões — mesmo assim ninguém nunca me vira correr daquela maneira. Foi um vento — um cisco —, e já estava dobrando a esquina oposta, de volta à zona boêmia, quase ao mesmo tempo que meus dois companheiros de farra. Na mesma "bandeirada", um cronista de automobilismo poderia dizer.

Dessa vez nenhum dos três parou na esquina, pois decerto ninguém, nem mesmo um delegado idiota, iria cair naquele truque fajuto três vezes consecutivas. Portanto, continuamos a correr, atravessamos a zona, descemos em direção a uma várzea quase desabitada, logo depois embicamos por uma série de vielas estreitas e, dessa forma, ziguezagueando por um labirinto de casebres, chegamos ao centro da cidade, o Largo.

"Nada mal para o primeiro dia", pensei, o coração batendo na boca de tão cansado. Sentamos os três no meio-fio e tivemos um ataque de gargalhadas.

* * *

No segundo dia, curado do porre e consciente da aventura da madrugada, senti medo, principalmente quando soube que os pais de Dida tinham sido convocados à delegacia de polícia. De modo que arranjei umas desculpas e não arredei pé dos domínios do casarão de seu Zino e dona Lília. Aprendi com o dono da casa uma porção de coisas sobre radioamadorismo.

* * *

No terceiro dia, compreendi que mesmo em plena ditadura, Três Pontas continuava sendo uma pacata cidadezinha daquelas onde a máxima autoridade armada, no caso, o delegado, era Fulano que tinha sido aluno da dona Sicrana, irmã de Beltrano e, boa alma que era, nunca dera um tiro na vida e, pensando bem, nem se lembrava mais por que escolhera fazer o curso de direito nem por que acabara delegado, quando desejava mesmo era ser sanfoneiro e cantor de boleros.

Eu estava tão alegre naquela manhã que tirei dona Lília para dançar. Decerto ela não entendeu nada, pois estava em meio à preparação do café da manhã, às voltas com o fogão de lenha. Apartei-a tão abruptamente do coador que ela não teve outra saída senão acompanhar meus valsejados rodopios, aderindo sua voz a meu solo de "O Danúbio Azul". Estávamos a dançar à larga quando seu Zino e Bituca entraram na cozinha. Perdi o rebolado, afastei dona Lília, sem graça.

— O que vem a ser isso? — seu Zino me interpelou mui sério. Mas emendou em seguida: — Também quero.

E dessa vez foi ele quem me tirou para dançar.

Naturalmente, aceitei. Saímos os dois a rodopiar pela cozinha: "Danúbio azul, tchã-tchã! tchã-tchã!..."

* * *

O carro de seu Zino era um fusquinha 62 azul e tinha sido apelidado por Bituca de Antônio. No Antônio, dirigido por Bituca, conheci os arredores de Três Pontas, os locais de banho de rio, os pesqueiros modestíssimos, que ali não era região de peixes, mas de café, de cafezais sem fim. Portanto, qualquer lambari com mais de seis centímetros era celebrado como troféu. Bituca dava pulos de alegria a cada vez que retirava d'água um minúsculo peixinho desses. Fritos em grande quantidade tinham um sabor que lembrava peixe, ligeiramente. As "pescarias" de Bituca só não eram completamente ridículas porque tinham a óbvia intenção de me fazer rir, e eram só um pretexto para nos sentirmos próximos, livres e alegres, soltos no meio do mato.

* * *

Maria Amélia, Maria Minha Fé, era tudo o que Bituca dizia a respeito dela. A amizade entre os dois resplandecia. Adivinhei o intenso afeto que os unia. Eram amigos desde os tempos da mais tenra infância e Maria Amélia mostrou-se mesmo muito alegre por revê-lo. Passaram longos períodos conversando a sós, colocando os assuntos em dia. Em tais momentos, não querendo atrapalhar, eu ia ou conversar com dona Lília ou observar Beth, a irmãzinha de Bituca, brincar com sua amiguinha da casa em frente, a Anjinha, de olhos enormes e cabelos pretos. Dona Lília tinha ideias muito próprias a respeito da cidade em que viera morar quando mocinha, acompanhando o marido Zino, ideias que expunha a mim com clareza e aguda inteligência urbana, bem carioca, bem diferente de qualquer clichê da velha mãe mineira do interior. Afinal, tinha sido aluna de Heitor Villa-Lobos, do qual contava histórias muito interessantes.

Dona Lília mostrava saber muito bem em que tipo de sociedade vivia e, se por um lado havia a calma, os dias pachorrentos, a vida silenciosa e rotineira, a segurança e a tranquilidade que pode proporcionar uma cidadezinha limpa, relativamente rica para os padrões do interior mineiro, por outro lado, mais obscuro e secreto, havia, como sempre, aliás, a hipocrisia e o preconceito. Ela sofria por Bituca.

Quanto a Maria Amélia, tinha uma irmã chamada Heloísa que me impressionou bastante pela expressão vigorosa do rosto, o sorriso espalhado e cativante, o jeito de irmã mais nova — ou amiga velha — com que me recebeu e conheceu. Tornamo-nos imediatamente amigos.

* * *

Casos que o jovem Bituca gostava de contar, sentados à beira do fogão, tomando leite quente e comendo biscoitinhos de nata: na procissão de Semana Santa de Três Pontas, minutos antes da encenação da Paixão, o Cristo e o Judas eram vistos em certo bar (que era aberto escondido do vigário), tomando umas pingas. Depois, durante a procissão, algum amigo gaiato resolve caçoar do Cristo, que lá vai carregando a cruz:

— Ô Tião, tá bêbado que nem gambá, não vai cair antes da hora!

E o Tião, na *via-crucis*, curvado sob o madeiro, mas totalmente esquecido da própria investidura naquele sacro momento:

— Bêbado é a... — e disparava uma série cabeludíssima de impropérios.

Ou então o maestro da banda local que, esquecido do percurso previamente traçado para a parada de 7 de Setembro, segue marchando solenemente, vibrando a batuta com vigor — mas sozinho, de costas para a banda, que dobrou a primeira à esquerda uns cinco acordes atrás.

Bituca era alegre, jovial, bem-humorado, extrovertido, naqueles dias de Três Pontas. Havia intimidade e eu estava ali, íntimo.

* * *

Foram poucos dias, mas quando voltamos para a capital trouxe comigo lembranças boas dos biscoitinhos de nata comidos no casarão aconchegante, dos bolos e quitutes feitos no fogão a lenha pela caprichosa dona Lília. Finalmente havia conhecido Tereza, uma senhora negra e magra de idade indefinível.

Bituca me dizia:

— Com quinze anos já era doida. Imagine que andava com umas folhas de limão na bolsa, gostava de mascar as folhas. Uma noite, ela vai ao cinema, e paga o ingresso com uma folha. Claro que estava mascando o ingresso, né...

A primeira coisa que reparei é que Tereza tinha uma boca pesada. Falava palavrões com uma naturalidade espetacular, pois tal despudor era antes a exigência de um texto elaboradíssimo e muito inteligente e não a falta de recursos vocabulares. Isso também a fazia digna de nota. Por isso Bituca me dissera: "Você não vai acreditar; não, você vai acreditar"... Tereza era chegada a uma noitada de farra com os jovens que ela tratava como filhos moleques. E isso me incluía ou qualquer outro que caísse em suas teias de finos comentários, sorriso sapeca e sabedoria secular... Lembranças boas das conversas na oficina de radioamador do seu Zino, eu ajudando Bituca a aguar as fruteiras do quintal, a pitangueira vista da janela do quarto de Bituca, alguns retratos na sala de sancas azuis: Bituca com um ano de idade, vestido de marinheiro, Bituca aos seis anos, com uma sanfona no colo, Bituca recebendo o diploma todo engomadinho, de calças curtas; também o jovem Josino e a jovem Lília, bela garota da Tijuca de antanho, ele guapo mancebo mineiro; lembranças boas do piano. O acordeão. A coleção de Yma Sumac, que existia de fato. O Cine Ouro Verde e as palhaçadas da plateia, enxotando o pássaro da Condor Filmes, peidando, rindo, gritando o nome um do outro, *quel-que chose*... Os irmãos de Bituca, o rapaz Fernando e garotinha Beth, tão diferentes fisicamente entre si e tão irmãos verdadeiros, todos filhos adotivos. A única filha biológica viria somente alguns anos depois, a Jaceline... Os passeios na Sapolândia, que era um brejo seco e ermo de onde se descortinavam as luzes de Três Pontas, aventuras do Antônio...

Trouxe também uma lembrança grave.

Certa tarde, na arquibancada da praça-de-esportes, subitamente Bituca ficou sério, olhou para baixo, sem mais nem menos. Naquele momento estávamos sós, apenas eu e ele.

— No *Réveillon* passado não me deixaram entrar no clube.

Adivinhei:

— Porque você é negro...

Bituca confirmou:

— Fiquei tocando meu acordeão do lado de fora, sentado no meio-fio.

Eu me condoí até às lágrimas.

— Pois então vamos lá quebrar tudo.

Saímos foi para um bar. No tal clube nunca pisei.

Eumir Deodato faz pose com acordeom.

CAPÍTULO 4

Festival da Fome

Os antecedentes do Festival da Fome remontam aos tempos em que Marilton, Bituca, Wagner Tiso e outros foram gravar o compacto *Barulho de Trem* em São Paulo. Gravariam ainda "Noite Triste" e um bolero qualquer. Por essa época Bituca e Gileno Tiso viviam cantando uma musiquinha que haviam feito de gozação, para encarnar no primo Berto. Bituca trocadilhava, cantando de forma empostada, artificial:

> *Si mi sinto frio en el alma*
> *Vou-si mi dormir co' o Berto"..*

Naquela viagem, Wagner Tiso reclamou do calor insuportável que fazia dentro do ônibus:
— Pô, vou abrir essa janela... — e abriu. Levou uma lufada de ar gelado que fez seu rosto se retorcer como se fosse feito de cera e tivesse sido exposto ao fogo. Do jeito que se retorceu, assim ficou. Wagner voltou ao Levy com um esgar entre cínico e caricato, que não conseguia tirar da cara. Era simultaneamente hilariante, penoso e constrangedor encontrá-lo no elevador, dia após dia, com aquele extravagante sorriso pregado ao rosto. Depois, passou.

Para Bituca, tempos duros. Para mim, volta às aulas. A revolução, como todos agora chamavam o golpe, já ia fazer aniversário, contra minhas mais otimistas — para não dizer ingênuas — expectativas. No Colégio Anchieta, os professores mais tacanhos e de mentalidade mais subserviente eram os que exibiam agora mais poder e autoridade. Até o chefe de disciplina assumiu ares ainda mais fascistas e bem que tentou baixar certas leis autoritárias e absurdas que acabaram não surtindo efeito algum; pelo contrário, expuseram-no ao ridículo diante da estudantada enfurecida. Bituca, longe de sua casa, apesar de bem acolhido pelos Borges, sentia-se triste e sem perspectiva. Considerava mesmo a hipótese de voltar ao curso de contabilidade, apesar de nunca abandonar os bailes e as viagens. Ciente do tempo de apuração por que passava nosso amigo, Marilton revezou alguns bailes com ele e além disso franquiou-lhe o "quarto dos homens" — as roupas, o prato de comida, tudo o que pudesse ajudar a ultrapassar aqueles maus pedaços de *cash* e crédito sem abandonar os bailes nem a singularidade de seu som. De noite, em casa, já deitados em nossos respectivos beliches no "quarto dos homens", Marilton comentava comigo no escuro, em voz baixa para não acordar os outros meninos:

— Aquele jeito de dedilhar, de puxar as cordas do violão que o Bituca tem, aquilo ninguém mais faz. Não é nem "bem" tocado, quem toca bem é o Hugo Luiz, e daí? É outro lance. O Bituca é doido... — dizia, querendo significar: "O Bituca é gênio".

Eu observava:

— E nossas músicas? Você já ouviu direito?

— Vocês estão fazendo um troço que ninguém ainda fez. Mas você está escrevendo uns troços muito intelectuais, aquilo ninguém vai entender... — E diante de um silêncio por demais prolongado, consertava: — Tô brincando, bobo. Tá genial!

— Você tem razão; meu negócio é cinema, imagem, *mise-en-scène*, montagem, específico fílmico, revolução soviética, Einsenstein, Dziga-Vertov. Música popular é rasteiro, emoções primárias, amor com flor, meu bem, yê yê yê... Não sei como você aguenta. Estava melhor na Belgo-Mineira. Agora, o Evolussamba era genial, não sei por que vocês pararam.

— E a gente ia ganhar a vida tocando nas escadarias do Levy?

— Gosto de minhas músicas com Bituca. São nossas filhas neste mundo.

— O Bituca é que nem uma flor que a gente tem de cuidar, senão... Ele é diferente demais... E é fraco pra bebida.

Marilton estava falando sério.

* * *

Bituca andava muito carente. Às vezes parecia levar minha amizade como um assunto de vida ou morte.

Numa noite em que bebíamos num dos bares do Maletta, um lá do fundo, nas galerias mais escuras, Bituca retirou Sérvulo da mesa:

— Vamos dar uma volta no quarteirão. Preciso conversar com você em particular. — Era uma de nossas manias mais instituídas. Depois de horas pregados às mesas dos botecos, costumávamos sair para tomar ar fresco e dar um pequeno intervalo na bebedeira, desde que mantivéssemos sempre algum guardião a postos, zelando pela mesa, pelas garrafas e copos. No caso, ficamos eu e Cecília, a irmã de Sérvulo.

Na rua Espírito Santo, o assunto dos dois foi minha pessoa, segundo me relataram minutos depois. Bituca lamuriou:

— O Marcinho é mais amigo seu do que meu...

— Você acha, Bituca?

— Muito mais, nem se compara. Vocês se entendem.

— É por isso que você está tão triste?

— Ele não gosta de mim.

— Quê isso, Bituca. Ele adora você. O Marcinho é muito mais seu amigo do que meu.

— Ele te disse isso?

— Claro que disse. Vocês andam juntos o tempo inteiro, compõem juntos, vão ao cinema juntos, nem se compara.

— É mesmo?

— Puxa, você está carente, hein. Deve ser por isso que compõe tanto...

De fato, nos últimos dias eu andava fugindo de Bituca. Às vezes marcava um encontro com ele lá em casa e dava o cano ou combinava uma rodada no Bigodoaldo's e não aparecia; queria dar um tempo naquela relação xifópaga e não tinha coragem de falar, por isso desaparecia.

Bituca então se encontrava com Boscão, o baterista, no Ponto dos Músicos e saíam de perto dos outros.

— O que deu no Bituca hoje? — alguém perguntava.

— Sei lá, ele estava chorando...

Boscão era quem sabia, como confidente daquelas horas amargas que fiz meu amigo passar. Até mamãe tomou as dores de Bituca. Quando o via triste, me esperando, dizia:

— Larga mão desse Marcinho. Esse meu filho é um cavalo.

* * *

O programa das noites de sábado era encontrar o pessoal do CEC na sessão das oito e dali sair para o Malleta. Centro de Estudos Cinematográficos de Minas Gerais era praticamente isto: sábados à noite com Abel Gance, Griffith e Hitchcock, Jean Cocteau, Marcel Carné, Renoir e Bresson, Fellini, Antonioni, Visconti, cinema japonês, os grandes *westerns*, os grandes musicais, *nouvelle-vague*, neorrealismo. Se havia uma coisa que funcionava exemplarmente na cidade, essa coisa era o CEC. Não se devia estar vendo, discutindo e estudando coisas muito diferentes na cinemateca de Paris ou no Centro Experimentale de Roma. Por exemplo: o jornalista e cinéfilo Geraldo Magalhães havia sido colega de classe de Bernardo Bertollucci no Centro (pronunciado à italiana pela rapaziada: "tchêntro"), estava recém-chegado de volta à terra, e isso envolvia alguns cinéfilos da cidade, os mais sugestionáveis, num magnífico halo de glória. Por outros motivos que não esse, eu me imaginava na Rússia de 1917; a verdadeira revolução estava para acontecer. Mais do que tudo, vivia fascinado pela profusão de possibilidades, pela efervescência de excitações que tais ideias de mudança radical, violenta e súbita produziam. Num ambiente assim, coisas, ideias, obras e até pessoas podiam tornar-se obsoletas de uma hora para outra. Os chefes militares, por exemplo. Ou os filmes de Stanley Kramer. Os de René Clair. Ou mesmo meu amigo Dickson, ali ao lado, parecendo encenar um ultrapassado modelo existencialista para a ninfeta Marisa que, por sua vez, tentava assumir um ar *femme fatale* que o rosto de menina teimava em desmentir. Para aumentar o ridículo daquele número, alguém na poltrona ao lado cantava para o meigo Flávio Márcio, jovem ator e dramaturgo que também dava aulas de história do cinema no CEC:

I can't stop lovin' you
I've said you've made up my mind...

A sessão havia terminado, mas ninguém saía do lugar. Os da frente se viravam para conversar com os de trás. Era praxe. Levantei e fui até Dickson e Marisa.

— Olá, como vão? Estão na fossa? Pelo menos estão com a maior cara de fossa...

Marisa parou de cochichar com Dickson.

— Oi — sorriu para mim.

— Godard! — cumprimentou Dickson apagando um cigarro na sola do sapato. — Você estava aí?

— Claro — respondi. — Vi esse filme chato.

Dickson sorriu:

— Você achou chato?

— Rapaz...

— Você está de gozação, Godard.

— Puxa! será que é sacrilégio falar que Antonioni é chato? Pois é chato e meio. Que se dane a crise existencial da burguesia. Não tenho nada com isso.

Ao ouvir isso, Marisa explodiu numa gargalhada curta e seca:

— Ah! Até que enfim ouço um cequiano dizendo o que pensa de verdade. — Ela concordou tão abundantemente que só faltou aplaudir. — Grande, Godard. Aliás, posso te chamar de Godard também? Falou e disse. Antonioni faz os filmes mais chatos da cinematografia mundial.

— Godard, o seu negócio agora é música, você anda perdendo o senso crítico, só pode ser. — Dickson acendeu outro cigarro.

Realmente, eu não achava exatamente aquilo que dizia, mas saquei que aquela linha estava impressionando Marisa, por isso continuei:

— O melhor filme que vi na vida foi *Simbad, o Marujo*, com Sabu. Depois vem *Trapézio*. Depois *O maior espetáculo da terra* — Eu sabia muito bem que uma certa perspectiva *Cahiers* mandava preferir John Ford a Cecil B. de Mille mas, além de tudo, vinha de Santa Tereza, Baixo Mandiocal, terra de turma brava e gostava mesmo daquilo.

— Vinte vezes eu vi aquele trem descarrilhar e vinte vezes chorei naquela sequência.

Quando eu disse isso, Marisa sorriu e tocou de leve no meu braço:

— Viva os filmes de circo! Abaixo os filmes de autor!

Dei uma estridente gargalhada que chamou a atenção dos que estavam mais próximos. Dickson tentou não desafinar:

— Eu também gosto muito de filmes B. Gosto bastante de Richard Fleischer, Delmer Daves, quer dizer, são artesãos competentes. *Os Vikings*, com Kirk Douglas, Tony Curtis...

— É genial — concordei. — Aquelas trompas!

Imediatamente Dickson cantarolou com voz grossa o *leitmotiv* da trilha musical de *Os Vikings*. Na versão original, um solo pungente de trompas nórdicas feitas de enormes cornos, como só um maestro de Hollywood poderia imaginar algo tão majestoso. Na versão de Dickson, qualquer coisa desafinada e rouca.

Daí para frente, foi um vale-tudo:

— A chanchada é genial.

— Oscarito é genial.

— William Willer é genial.

— William Willer não dá. É macota demais. William Castle é genial.

— Mas *Da Terra Nascem os Homens* é genial. O título pelo menos é.

— Guaraci Rodrigues é genial.

— José Nava. Flávio Márcio ali na frente.

Conclusão: todos os párias eram geniais. Os bêbados do Maletta eram geniais. Degois era genial. Tinha tapetes expostos nos melhores museus de Nova Iorque e não saía dali, todas as noites, cercado de *midnight cowboys*. O artista plástico Téo, a quem um touro de *delirium tremens* perseguia pelos corredores do grande edifício da boemia belorizontina. Bituca era genial, insistia eu. Sua música era uma coisa que desenrolava e se desenvolvia, um carro de boi, uma balada. Era cinematográfica, música que andava, música câmera-olho, que ia da panorâmica ao close, do plano-sequência aos *short cuts*.

— Mas aí você está viajando demais, Godard. — Dickson estava com ciúme. (Foi o que pensei.) Mas Marisa estava encantada com o rumo que a conversa tinha tomado:

— Você é que é genial — disse para mim. — Desculpe aquele dia no Bucheco. Aquela noite... hoje eu estava mesmo na fossa e você me tirou dela, me fez ficar alegre.

— Aquela noite você estava era bem bêbada — o comentário de Dickson interrompeu um certo clima.

— Você ainda não me viu bêbada.

A sessão já terminara havia uns dez minutos e nenhum dos cinéfilos ainda se dignara a deixar o pequeno auditório. Aquilo se chamava — ou passaria dentro em breve a se chamar — na linguagem da turma do CEC, "dar anjo exterminador", numa referência ao filme de Buñuel.

— Deu anjo exterminador em todo mundo.

— De minha parte, quero uma vodca urgente — Dickson comentou, abrindo um sorriso charmoso, que deixava à mostra os dentes fortes e separados, amarelados de nicotina. Empurrou os óculos para cima, usando o indicador apontado contra a base do nariz. Esse era um gesto tipicamente dicksoniano. A própria existência do termo "dicksoniano" provava que ele tinha estilo. Era frequentemente empregado pelos seus inúmeros amigos e amigas, em especial pelas meninas declaradamente apaixonadas por ele, como Marisa e outras frequentadoras da biblioteca do Parque.

— Vodca para dois — eu disse.

— Para três — completou Marisa.

Saímos do pequeno auditório. Na rua Tupis, Dickson fez algo inesperado. Destacou-se, abordou um passante, um senhor de aparência austera, e conversou com ele sussurrando, quase ao ouvido, algo que nem eu nem Marisa escutamos. O homem meneou a cabeça em negativa e seguiu em frente. Dickson abordou um outro, de terno; e fez a mesma coisa. Eu e Marisa já estávamos suficientemente próximos para ouvir o resto de uma rápida conversa que terminava com "... meus irmãos pra casa..." O segundo homem meteu a mão no bolso e estendeu uma nota a Dickson. Este agradeceu e retomou o passo conosco.

— Agora podemos comprar uma garrafa de vodca em vez de irmos torrar grana no Maletta — determinou de forma muito lógica, muito séria, como um pai ensinando economia doméstica aos filhos perdulários.

— Uma noitada dicksoniana... — anteviu Marisa.

— Exato — ele confirmou. — Beber na rua é melhor.

Pois bem! Eu não agiria ali como naquela noite no Bucheco. Não bateria em retirada. Ficaria e jogaria minha cartada. Sem pensar duas vezes, abordei um homem de guarda-chuva:

– Por favor... — e desfiei uma longa mentira. O homem estendeu-me uma nota e uma recomendação de bom senso:

— Mas vá direto pra casa, está bem?
Voltei aos amigos:
— Uma noitada marciana...
Dickson contabilizou rapidamente:
— Agora dá pra comprar uma Orloff. Melhorou.

Compramos uma garrafa de vodca num bar e andamos em direção ao bairro de Lourdes, numa região de ruas arborizadas e calmas que cortam umas colinas mais ou menos íngremes. No trecho em que resolvemos parar, a inclinação da rua era de uns setenta graus, impossível mesmo ao trânsito de automóveis. Era pavimentada com pedras regulares e ladeada por largas escadarias que davam acesso a portões de ferro batido e casas de fachadas sóbrias e antigas. Também ali a dama-da-noite exalava seus odores açucarados. Ótimo lugar para se sentar num daqueles degraus que mais pareciam arquibancadas... e tomar vodca no gargalo. Dickson deu uma longa mamada no bico de plástico da garrafa, depois de tê-lo rompido com os dentes. Em silêncio, me passou a garrafa. Repeti o ato e, limpando a boca com as costas da mão, a ofereci a Marisa. Ela sorveu com força demais e tossiu, cuspindo parte da dose:
— Argh! Credo!

A ladeira estava deserta e ali apenas a fraca luz do poste iluminava o muro de tijolos amarelos ao pé do qual nos achávamos sentados. O assunto que surgiu na cabeça de Dickson foi música:
— Nada é mais genial do que música. Cinema... tem música. Teatro... tem música. Balé... tem música. Não é à toa que Vinicius abandonou a diplomacia e a poesia literária pra fazer música popular. Edu Lobo é genial, não acha não, Godard?
— Claro, genial.
— O negócio é fazer poesia para ser cantada, que nem Vinicius.
— Vinicius faz letra de música.
— Lá vem você. E você faz o que com o Pituca?
— Primeiro, não é Pituca, é Bituca. Segundo, eu faço letra de música. Letra de música — repeti.
— Queria ouvir uma música de vocês — disse Marisa.
— Não sei cantar — esquivei-me. — E também não temos violão.
— Tomei a garrafa da mão de um deles, dei outra mamada e tornei a passá-la. — Mas Bituca é genial. Podem acreditar. É diferente.

— Genial como Satchmo? Genial como John Lewis? Genial como Miles Davis? Genial como Nino Rota? — Dickson quis tripudiar.
— Vou te contar, Dickson: ele é simplesmente genial. Genial como ele mesmo. *Western* com cheiro de Espanha. Épico.
— Épico, com aquela cara macota, calça pega-frango, paletozinho curto, meia branca, sapatinho Vulcabrás? — A dúvida de Dickson podia até ser honesta, mas ele estava a fim de gozação. Rimos. Eu disse:
— Queria que vocês ouvissem ele cantando nossas coisas.
Marisa pôs a mão no meu braço e exerceu uma pressão:
— Que bom ser sua amiga. Você é legal demais da conta.
— "Quem mói no asp'ro num fantaseia..." — citei, sem ser percebido. Marisa continuou:
— Demais da conta.
"Mas continua apaixonada por Dickson", pensei, um adulto perto de mim próprio. Para garotas de dezesseis anos, isso contava muito, a idade mais madura, era o que diziam os meninos.
— Você é muito bonita — falei sem pensar. Por ter acentuado o "muito" talvez longamente demais, envergonhei-me e não pude sustentar: — Quer dizer, pessoa bonita, né, assim no sentido da...
Dickson deu uma risada insolente e interrompeu:
— Nada disso, Godard. Marisa é linda mesmo, em carne e osso, muito mais carne do que osso. É a coisa mais linda que já vi passar. É sal, é sol, é sul, é mar se descobrindo em tanto azul, por isso é que... — e tentou beijá-la, como na tal noite do Bucheco. Mas dessa vez, Marisa escapuliu, esquivando-se com um gesto leve de pescoço. Deu uma longa mamada na garrafa, que já estava na metade, e começou a rir. Depois, tentou ficar séria e disse de forma meio enrolada:
— Nelsinho. Nelson Ângelo. Meu amigo que faz música. Godard, você precisa conhecer. Nelsinho Ângelo!
— Legal, quero sim.
— Hoje. Vamos achar ele hoje. Agora. — E Marisa foi se levantando, mas já estava embriagada e tornou a desabar sentada. — Bom, amanhã, topa?
— Amanhã eu bem que queria, mas não vai dar. Tenho um almoço na casa do Boscão Batera. Eu e o Bituca.

Dickson arremedou:

— Eu e o Bituca! Tudo agora é eu e o Bituca!... Não te falei que o Godard mudou de turma? Agora ele é músico... — Dickson falou ao mesmo tempo em que tentou passar um braço por cima do ombro de Marisa, que deu imediatamente uma sacudidela tipo "tira esse braço daqui".

Dickson não insistiu, mas olhou para mim e teve certeza de que eu vira a cena. Sem que eu esperasse, Marisa enfiou uma das mãos sob o meu braço, ficando assim, enquanto a outra mão segurava a garrafa na altura do rosto de Dickson, para quem olhava em silêncio, numa atitude quase de desafio. Lentamente Dickson levantou a mão, pegou a garrafa e levou-a à boca para uma demorada mamada. Depois, pôs-se de pé. Eu continuava sentado, de braço dado com Marisa:

— Vocês se divirtam que eu já estou indo embora. Tchau. — Entregou-me a garrafa.

Foi mesmo embora, escadaria abaixo. Marisa, surpresa, ainda tentou:

— Dickson...

Este apenas olhou para trás, sem se deter. Apertei o braço de Marisa com força. E ela, para Dickson:

— Nada não... — e, para mim: — Essa atitude dele é tão tipicamente dicksoniana...

Esperei que ele desaparecesse totalmente de vista e então beijei Marisa ávida e longamente. Ela correspondeu com bem menos entusiasmo, como que apenas me concedendo uma prenda sem valor. Suficiente para que eu soubesse que o coração daquela linda garota de cabelos curtos como os de um rapaz estava ausente: tinha descido ladeira abaixo atrás de Dickson.

* * *

Daquela extensa lista de talentos que frequentavam o Ponto dos Músicos — sem contar Marilton e Wagner Tiso, que eram de casa — os músicos que eu e Bituca mais visitávamos eram aqueles que nos garantiam boa comida e boa música, ou seja, Nivaldo Ornellas, Pascoal Meireles, Hélvius Vilela, Márcio José, Boscão, Aécio Flávio. Em casa de cada um desses fomos comensais de almoços inesquecíveis, seguidos quase sempre de ensaios igualmente memoráveis. Uma coisa muito significativa estava acontecendo naquele período. Os músicos já não apenas se reuniam para ensaiar *standards* para os bailes, mas começavam a se juntar em trios, quartetos, septetos e tocar números próprios, sem nenhuma finalidade dançante. Os palcos eram as boates de jazz, como a Berimbau, já mencionada, ou os pequenos festivais locais, realizados em locais modestos e sem muitos recursos. Os modelos eram Tamba Trio, Zimbo Trio, o septeto de Sérgio Mendes, os trios do Beco das Garrafas, Os Cariocas (imitados pelo Evolussamba), Coltrane, Modern Jazz Quartet, o *jazz set* internacional. A tais ensaios eu já não faltava. Nova Suíça, Calafate, Lagoinha, Caiçara, Renascença, Eldorado...

 Juntos, Bituca e eu andamos Belo Horizonte inteira, sempre no objetivo de um bom prato caseiro: um lombinho com farofa da dona Cici, macarronada, sardinha, caol, feijoada... e uma boa *jam-session*. Filar boia e tocar na casa dos amigos era o programa invariável daqueles dias. Tentávamos viver e realizar em nossas imaginações juvenis o sonho da amizade perfeita — Jules e Jim na capital das Alterosas. Éramos sempre vistos juntos. Juntos íamos ao cinema, juntos compúnhamos músicas, juntos varávamos a cidade em ônibus desconfortáveis atrás de comida e música boa, cada qual desejando e oferecendo para o outro o que tivesse de melhor em matéria de sentimentos e afeição e de quase tudo o que ensejasse demonstrar dedicação e apreço mútuos, salvo na nervosa questão da comida propriamente em si, pois nesse caso cada qual defendia para seu próprio prato o melhor pedaço do que quer que fosse comestível e nos aparecesse à frente.

 — É meu! — urrava Bituca com voz tonitroante, de assustadora gravidade, valendo-se da vantagem moral que uma extensão vocal de três ou quatro oitavas lhe conferia. Então, manejando o garfo com agilidade, espetava e catava para seu prato o melhor pedaço de bife.

 Apesar de toda aquela comilança, apesar de tantos magníficos ensaios e de toda a criatividade que nos havia levado a compor em curto tempo umas tantas boas canções, a culminância daquele tipo provinciano de vida se deu num evento que foi batizado pelos próprios protagonistas como O Festival da Fome (assim, com maiúsculas). Depois do Festival da Fome as coisas começaram a mudar — e rápido. Ninguém mesmo passaria impunemente por uma experiência daquelas. Como numa premonição às avessas, como um oráculo a ser lido de trás para frente, tudo saiu conforme o absolutamente inesperado.

* * *

O Festival começou com minuciosos ensaios em casa de Aécio Flávio, vibrafonista, chefe-de-orquestra. Morava num bairro chamado Renascença, de aspecto árido, ao lado das instalações de uma indústria têxtil. Eu, como sempre, acompanhava Bituca aos ensaios, especialmente a esses, relativos ao 1º Festival de Música Popular de Minas Gerais, apresentação única a ser realizada no Rio de Janeiro, no próximo domingo, às vinte horas, auditório do Clube dos Cadetes da Aeronáutica, ao lado do aeroporto Santos Dumont. Os participantes bem que estavam achando o local do evento um tanto esquisito, mas o promotor garantia que estava tudo OK e o *show* ia ser um sucesso. Os ensaios foram animados e promissores. Os trios estavam afinadíssimos, os quartetos no ponto, os septetos ótimos. Num dos encontros mais animados, durante uma sessão de gargalhadas, o queixo do pianista Hélvius Vilela literalmente caiu, ou seja, a mandíbula desprendeu-se de seu encaixe e despencou, deixando-lhe a bocarra escancarada e dolorida:

— Ai, ai! — gemia, pedindo: — Marilton, me dá um soco no queixo, é sério, me dá um soco no queixo...

Atendido com um relutante soco no queixo, mas tudo recolocado em seus devidos lugares, Hélvius, imprudentemente, caiu de novo nas gargalhadas. Pronto! Seu queixo despencou de novo e teve que ser recolocado com um novo soco, dessa vez dado por Marilton com indisfarçável prazer.

Bituca iria atuar como contrabaixista e cantor, além de compositor de várias músicas do espetáculo. Ao todo, uns trinta músicos mineiros lotaram um ônibus da Cometa em Belo Horizonte, naquela manhã de domingo. O ônibus chegaria ao Rio por volta das dezessete horas, o que daria aos músicos tempo de irem ao alojamento do Estádio do Maracanã, onde a maioria ficaria hospedada, para estarem por volta das dezenove horas passando o som no local do *show*. Não era muito tempo, mas o que tínhamos era suficiente. Aproveitamos o percurso para dormir, apesar de a viagem ser diurna.

Pouco antes das dezesseis horas o ônibus da Cometa se aproximava de Petrópolis, bom indício de que chegaria ao destino pontualmente, restando, portanto, pouco mais de uma hora de viagem. Seguia trafegando

a oitenta quilômetros por hora pelo trecho sinuoso da Estrada União-
-Indústria, escavado no meio da rocha, cercado de paredões e precipícios.
No fundo, à direita, serpenteava a corredeira de um rio em seu leito de
pedras. Apenas uma estreita amurada de concreto separava a estrada do
precipício em cujo fundo corria o rio. Tudo aconteceu em poucos segundos e quase ninguém dentro do ônibus entendeu de imediato. Apenas
eu e Tibério Baixo estávamos nas janelas propícias — ou olhamos no
momento exato. O fato é que vimos o acidente: numa curva, surgiram
dois homens caminhando equilibrados sobre a estreita amurada de concreto. O que estava na frente trazia na mão direita uma vara curta. Tentou
dar uma porrada no ônibus que passou ventando, rente à amurada.
Desastradamente, perdeu o equilíbrio e despencou precipício abaixo. O
segundo homem deu um grito de terror. Tibério Baixo pulou da cadeira
e correu em direção ao motorista do ônibus:

— Para esse ônibus! Para esse ônibus! Você jogou um homem
lá embaixo.

O motorista, que depois confessou ter "ouvido um barulho de
pancada", não parou de imediato, mas sim quando foi possível, pois
não havia acostamento seguro naquele trecho.

Tibério Baixo nem era bombeiro, e apenas filho de um, mas isso
bastou para o qualificar como chefe autointitulado da operação-
-resgate. Autointitulado e inquestionado.

— Uma corda! — comandou. — Vou precisar de uma corda!

— Vai precisar de uma corda! — Bituca não acreditava no que via.
— Será quem ele pensa que é? O Batman?

Os passageiros desceram do ônibus e cada um tentou ajudar como
era possível. Uns cuidaram de improvisar sinalizações com galhos
cortados aos arbustos que cresciam pelas encostas rochosas. Outros
providenciaram uma corda que, por sorte, estava depositava no porta-
-malas e pertencia a algum passageiro. Alguns saíram em busca de
algum telefone próximo. A maioria, porém, se restringiu a andar ao
longo da amurada e a gritar:

— "Alá" ele! Está ali, ó!

De fato, engastado numas pedras e ramos a meio da escarpa, um
corpo de bruços, desfalecido, equilibrava-se precariamente, quase a
desabar de vez. O segundo homem, sentado, não, agarrado à amurada

onde poucos minutos antes tão afoitamente desfilara, transido de medo e vertigem, chorava desconsolado. Devia estar bêbado, pois rescendia a cachaça.

— Meu corôo!... Mataram meu corôo!... — choramingava entre soluços.

Tibério Baixo iniciou a descida do íngreme paredão primeiro com certa destreza, tendo uma extremidade da corda atada à cintura e a outra segura por dezenas de mãos masculinas, como num "cabo-de-guerra". Depois, ciente do perigo, menos afoito, seus movimentos tornaram-se menos harmônicos e seus olhos olhavam para cima com medo:

— Segura isso aí direito! Cadê o homem?

— Ali naquela moita, bem debaixo de você, olha!

Tarde demais! No seguinte arranco que deu, distanciando seu corpo alguns centímetros do paredão, Tibério Baixo pousou num ponto um metro abaixo, direto em cima da moita que tão provisoriamente equilibrava o homem despencado. Pior. A bunda de Tibério Baixo bateu de encontro ao corpo do desfalecido, que só teve que rolar mais uns dez metros pedreira abaixo para, finalmente, pranchar dentro d'água. O corpo desceu rapidamente rio abaixo, para desespero dos passageiros que, lá de cima, viam tudo e gritavam de forma desconexa. Parou num remanso que se formava à margem. Tibério, com muita dificuldade, esgueirou-se por entre as pedras do rio, enlaçou o corpo inerte, colocou-o sobre o ombro e iniciou a escalada rumo à estrada. Quando acabou de ser içado, o contrabaixista-bombeiro foi aplaudido. O chofer foi de grupo em grupo tentando arregimentar depoimentos favoráveis, pois dentro de poucos minutos, de fato, chegou a Polícia Rodoviária. O despencado, deitado na estrada, ainda respirava e, apesar daquele enxague continuado a que involuntariamente se submetera na corredeira, o cheiro de cachaça ainda era forte e quase se igualava ao do filho, sentado agora no banco de trás da viatura da Polícia Rodoviária e ainda a choramingar:

— Meu corôo! Mataram meu corôo! — e, apontando para Tibério Baixo: — Aquele ali empurrou meu corôo!...

A viatura abriu as sirenes e arrancou levando o afogado e seu filho. Um policial subiu no ônibus. Até ali o atraso teria sido de apenas vinte a trinta minutos, mas uma ida à delegacia certamente colocaria em

risco o estrito esquema de horários a que estava submetida a *troupe* naquele domingo. Bituca objetou:
— Seu guarda, nós temos um compromisso no Rio.
— Seu guarda, não — encrencou o policial. — Seu guarda, não. Tenente. E eu também tenho um compromisso que é levar este ônibus e seus passageiros para a delegacia. — E, para o chofer: — O senhor pode tocar.
E lá foi o ônibus lotado para a delegacia, em Petrópolis, 16h40min.

* * *

O delegado não estava. Era domingo e havia feito bastante sol. Já era para o ônibus estar entrando na avenida Brasil; era para estarmos sentindo aquele cheiro peculiar de avenida Brasil que acaba impregnando a memória de todo mineiro que um dia entrou, vindo das montanhas, no Rio de Janeiro. Mas ainda estávamos ali, em pleno ar puro da montanha. Desesperador. Tudo dependia de o delegado chegar, tomar alguns depoimentos — Tibério Baixo estava sendo absurdamente acusado pelo filho do despencado de ter "empurrado meu corôo". O motorista não vira nada, não ouvira nada: "Ah" — diria pressionado alguns angustiantes minutos depois —, "parece que ouvi um barulho de pancada. Eu tava de olho na curva". Precisaríamos também esperar o laudo médico, o exame de corpo de delito, coisas de praxe porém absolutamente indispensáveis. Além disso, o escrivão não podia fazer nada enquanto o delegado — que já fora mandado chamar — não chegasse. Que todos tivessem paciência, eles também não podiam fazer nada, os policiais subalternos. De dentro das celas, no interior da enorme casa que era a delegacia, e invisíveis daquele ponto do *hall* de entrada, os presos fizeram coro, com impropérios e risadas cruéis, à balbúrdia que de repente estalou num vozerio de reclamações simultâneas dirigidas a esmo por trinta e tantos músicos enfurecidos e cheios de razão (para não dizer das cervejas tomadas durante as paradas para lanche).

Bituca invocava seus direitos de forma intrépida, mas extremamente perigosa, considerando-se que um dos lados estava em seu próprio território, armado e com moral alto, pois ganhava cada vez maiores poderes de repressão — e não era o lado de Bituca. Eu, tido pelos músicos como loquaz e temerário, mas talvez surpreendido pela atuação agressiva do Bonga, conservei-me de propósito o mais calado que consegui, concordando no geral, e apenas de forma genérica, com os argumentos coletivos de revolta e reivindicação de direitos. O fator tempo era de extraordinária importância nesse caso, mas todos pareciam fazer as coisas deliberadamente do modo mais lento. Bituca queria enlouquecer de irritação, ansiedade e, por que não dizer, ódio mortal.

Eram pouco mais de dezoito horas quando o delegado chegou, tisnado de sol e expressão de superioridade estampada nos mínimos gestos. Ignorou os passageiros. Depois dos protestos em vão, havíamos nos dispersado em pequenos grupos, mais ou menos conformados com o infeliz destino que ia se desenhando e tirando de todos as mais tênues esperanças de que ainda fosse possível cumprir um horário, qualquer que fosse.

Ninguém precisou anunciá-lo, um homenzinho que noutro lugar não despertaria nenhuma atenção, tal a vulgaridade geral de seus traços obesos, apesar, ou talvez mais exatamente por causa do espetacular correntão de ouro que ostentava ao pescoço, vulgaridade esta que naquelas circunstâncias especiais tornava por demais evidente, explícito como uma placa de *neon* pregada à testa, o fato de que só podia tratar-se dele, do delegado em pessoa. À sua entrada, pois, todos os pequenos grupos imediatamente se reaglomeraram e se fundiram num único bloco que tornou a entrar na delegacia atrás do poderoso homenzinho do correntão de ouro.

Este começou os depoimentos ouvindo o motorista e, em seguida, Tibério Baixo.

Eram 18h30min quando a viatura que levara o despencado e seu filho para o hospital apareceu na delegacia. Um subtenente trouxe a notícia de que o homem havia resistido aos ferimentos — na hora da queda, estava amortecido pelo álcool (ou protegido pelo famoso anjo da guarda dos bêbados, pensei na mesma hora) — e se encontrava fora de perigo, segundo informava o laudo médico anexo, datado e assinado pelo dr. Fulano de Tal.

Isso significou, finalmente, a rápida liberação do ônibus e seus passageiros. Eram 18h40min quando, entre urras! e vivas! retomamos nossos assentos, o motorista engrenou uma marcha e o ônibus prosseguiu viagem.

* * *

Inspirado pelos odores da avenida Brasil, alguém, provavelmente Bituca, convenceu o motorista e os poucos passageiros que não eram músicos a seguirmos direto para o local da exibição, auditório do Clube dos Cadetes da Aeronáutica, ao lado do Aeroporto Santos Dumont.

Eram 19h40min, faltando portanto vinte minutos para o início previsto do 1º Festival de Música Popular de Minas Gerais no Rio de Janeiro. O motorista, apesar de tudo, sentia-se grato, pois fora veementemente defendido pelos passageiros na delegacia. Assim convencido, tocou direto para o Aeroporto Santos Dumont, onde despejou mais de trinta músicos mineiros e suas tralhas, augurando-nos o merecido sucesso, muito obrigado por tudo, até a vista.

O Clube em questão era ali mesmo, bem em frente, mas como não havia nenhum sinal, nem mesmo um simples letreiro — e o local estava deserto —, alguns músicos ficaram na dúvida:

— Será que é aqui mesmo? Puxa! erramos de endereço!

Era ali mesmo. Vinte horas e até agora, como nos informava a simpática senhora atrás de uma bilheteria improvisada, no fundo de um corredor lateral, fora da vista de quem passasse na rua, até agora nada! Nenhum ingresso vendido! Nenhum movimento. Aquele trecho do centro estava tão deserto quanto costumava ficar aos domingos, especialmente àquela hora da noite.

O auditório do Clube era amplo, com pé-direito muito alto. Tinha capacidade para uns quinhentos espectadores.

— Tudo certo! O Carnegie Hall também foi um fracasso — tentou algum músico otimista: — O povo aqui no Rio está acostumado com *show* às nove horas.

Às vinte e uma horas, porém, aquele trecho do centro parecia ainda mais deserto do que nunca.

O palco era bastante comprido, mas estreito na profundidade. Nos vestiários, os músicos tomaram banho às pressas e vestiram *smokings* amarrotados. Outros ainda estavam no palco, checando o som. O

iluminador e o técnico de som eram cariocas da gema, muito prestativos, de atitudes profissionais, e nem um pouco irônicos quanto ao ligeiro detalhe da ausência de público. Para eles era como se aquilo fosse um ensaio, e tratavam de realizá-lo com empenho profissional digno de nota. Tal atitude contagiou alguns participantes:
— Pois vamos fazer um *show* pra bicão de luz nenhum botar defeito.
— Nem defeito nem qualidade... Antes tivesse uns bicões de luz pra botar defeito...
Evidentemente o entusiasmo não foi unânime e havia os que ainda gostariam de esganar o promotor daquele fracasso retumbante, recorde insuperável de falta de público. Eu me incluí no primeiro grupo, o dos entusiastas do "heroico-*show*-perfeito-para-provarmos-a-nós--mesmos-que-somos-foda". Bituca fechou com o grupo "deixa-que--eu-degolo". O consenso foi obtido assim: faríamos o *show* desde que houvesse ao menos alguns espectadores, não importando como consegui-los. Assim, eu e vários outros vasculhamos o clube à procura de gente. Na cantina, encontramos alguns cadetes uniformizados, que se preparavam para ir embora.
— Não querem ver um *show* ali no auditório não? É música boa, bandas geniais, não paga nada.
— É só chegar mais e prestigiar a rapaziada. Nós somos mineiros. Vocês já estão no clube mesmo...
Os cadetes se entreolhavam, meio desconfiados.
— Música?
— Eu não posso, já estou de saída.
— De graça?
Ao todo, foram arregimentados uns vinte cadetes, que ocuparam as cadeiras mais à frente do palco e foram testemunhas históricas do 1º Festival de Música Popular Mineira no Rio de Janeiro, aliás, o Festival da Fome.
O restante do imenso espaço vazio ficou imerso na escuridão, e às vinte e duas horas o espetáculo teve início.
Os números musicais foram se sucedendo. Os músicos que não estavam em cena misturavam-se aos cadetes para aumentar a plateia. Os cadetes estavam gostando de verdade, e isso era, mais do que um consolo, verdadeiramente animador.

Certo número de solo de trumpete, por exemplo, pareceu levar o instrumentista Dino às lágrimas. Pareceu, não. Ele chorava de fato, como todos da platéia podiam ver. Estava chorando e sendo levado a paroxismos que o faziam mesmo gemer sob a voz metálica do instrumento: "Ahh! Aaahh!", seguindo-se um estremecimento de ombros, como se tivesse o corpo inteiro percorrido por calafrios. Eu nunca tinha visto tanto sentimento assim numa interpretação. Porém, soube depois que a fonte real de tantos "aahh!" e estremecimentos e calafrios e gemidos estava situada bem abaixo do coração do trumpetista, e os sentimentos que Dino experimentara naquela hora não tinham sido nada sublimes; se reparássemos melhor veríamos que seu piston não tocava; urrava. Acontece que há vários dias ele amargava um doloroso panarício no dedão do pé esquerdo, e viajara com aquela extremidade vermelha, inchada, sensível, tanto que, apesar do elegante *smoking*, Dino colocara num dos pés um fino sapato de cromo italiano mas, no doente, apenas uma leve sandália havaiana. Por precaução, escolhera um canto do palco onde pudesse enfiar o dedão inchado por debaixo da cortina preta que demarcava o fundo de cena. Assim havia feito no início daquele lindo solo. Ora, atrás da tal cortina formava-se um estreito corredor por onde os músicos que não estavam em cena circulavam. Inadvertidamente, o baterista Pascoal Meireles, possuidor de alto grau de miopia, havia pisado bem no dedão machucado do Dino. Diante de tão lancinante dor — e como o espetáculo não podia parar — lá estava então, o instrumentista: "aahh!!" — se entregando ao solo e aos calafrios: — "ahh!!"

— Que sentimento! — admirou-se um cadete ao meu lado. E o outro: — Nunca vi nada igual. O homem até chora. Vou recomendar este Festival pra meus amigos. Que dia que começa de verdade?

* * *

Festa acabada, músico a pé — o ditado. A maioria foi para os alojamentos do Maracanã. Bituca foi para a Tijuca, casa do primo Berto. Eu fui para o Leblon, casa de minha tia Alfa. Ao fim e ao cabo, tudo muito melancólico.

* * *

Enquanto isso, no edifício Levy, Beto Guedes, quatorze, e Lô Borges, doze, brigavam por causa de uma troca desonesta, segundo um, honestíssima segundo o outro, de uma patinete seminova, sem o pneu da roda traseira, por uma coleção de moedas antigas. Beto era franzino, tinha os dentes em mau estado, não era morador do Levy, mas de um prédio vizinho, na rua Tupis. E sentia-se lesado naquele momento.

* * *

De volta a Belo Horizonte, a vida seguiu seu curso agitado. Por toda parte os estudantes se organizavam. Diretórios ferviam. Camburões se multiplicavam nas ruas. Soldados montados em cavalos moviam-se por entre os ônibus. Caminhões verde-oliva estacionados nos cruzamentos. E, às vezes, noites estranhamente calmas e paradas.

Apenas eu, Marinho, o italiano, e Carlinhos Lopes estávamos na galeria do Levy às vinte horas daquele domingo. Estávamos na entrada da avenida Amazonas, sentados à porta de uma loja fechada.

— Ouvi dizer que Fulana de Tal é amante de um diretor da TV Itacolomi — falei sem pensar. Fulana de Tal era uma cantora mineira bastante conhecida na cidade, desde antes do advento da televisão, fato, aliás, recente de poucos anos. Na televisão tudo era rápido demais e poucos anos significavam uma eternidade em mudanças, ampliações, conquistas técnicas. Inclusive possuir um aparelho de televisão já não era coisa tão rara como no início, nos tempos em que assistir aos primeiros teleteatros encenados ao vivo e colocados no ar em tempo real, com Wilma Henriques, Ubaldino Guimarães, Thales Pena, Ana Lúcia e Antônio Katah, Bernardo Grimberg, Antonio Naddeo, Mauro Gonçalves ("Fala, Caticó"), aliás, o Zacarias, e outros pioneiros, tornava o afortunado proprietário do aparelho um anfitrião muito frequentado e a todos os demais, agradecidos "televizinhos". De toda forma, Fulana de Tal tinha *status* de estrela local.

A resposta de Marinho, o italiano, não teve a ver com nada disso:

— Fulana de Tal é minha prima — proclamou em tom ultrajado.

— Foda-se — replicou Carlinhos Lopes de primeira. E deu uma gargalhada.

— Então você está perdendo tempo se ainda não é um galã da televisão — zombei.

Carlinhos Lopes riu ainda mais.

Marinho, o italiano, levou a mão à cintura e sentiu o volume sob sua roupa. O cabo de madeira, a lâmina fria de encontro ao corpo: sua faca. Seu estimado objeto, que não mostrava nunca a ninguém — e que o fazia sentir-se tão seguro. Não. Sua coragem o fazia sentir-se tão seguro! Quando falou, foi com firmeza, apesar da pronúncia ligeiramente ciciada, com os "esses" um pouco presos (ainda bem que nunca haviam ousado pôr-lhe o vergonhoso apelido de "linguinha"):

— Essa foi a segunda. Não vai ter uma terceira.

— Que terceira? — respondi. — Não sei nem da primeira, xará.

— A primeira foi quando você me disse que não deviam deixar um babaca como eu abrir a boca. Eu não esqueço fácil. — Era "linguinha". Quando nervoso, então, como agora, a língua de Marinho, o italiano, teimava em sair de seu comando e ir prender-se entre os dentes da frente na hora de pronunciar os "esses".

— Puxa, eu nunca tinha notado que você era tão "linguinha" — falei. E selei minha sentença.

— Bah! Linguinha! — Carlinhos Lopes deu uma risadinha mofina. — Vocês dois estão demais pra mim esta noite. Vocês me dão licença — levantou-se e saiu em direção à outra entrada da galeria.

Marinho vacilou uns segundos, depois saiu atrás de Carlinhos Lopes em passos apressados.

Disposto a subir para casa, também segui galeria adentro, só que andando bem devagar em relação aos dois, que já tinham sumido de meu ângulo de visão. A portaria ficava exatamente no meio da galeria, onde esta formava um ângulo aberto e mudava de direção.

Quando cheguei à altura da portaria, vi a insólita cena: Carlinhos Lopes estava caído no chão, com a camisa branca rasgada em tiras. Marinho, o italiano, estava montado sobre ele, com olhos duros e cabelos desgrenhados. A faca estava empunhada na mão direita erguida, pronta para desferir o golpe.

Só que ao me ver aparecer em sua vista, Marinho, o italiano, paralisou o gesto, com a faca levantada... e rapidamente mudou de ideia. Desmontou de cima de Carlinhos Lopes e correu em minha direção. Era a mim que ele queria. O que se seguiu durou poucos segundos.

Num reflexo, coloquei os braços cruzados em frente da barriga, quando senti que a estocada era inevitável. A faca penetrou arranhando os ossos do pulso esquerdo, cortando o que apareceu pela frente: artéria, veias, tendões, nervos. O sangue demorou a aparecer alguns segundos. Segundos em que Marinho, o italiano, congelando o gesto da agressão, ficou imóvel, segurando o cabo da faca cuja lâmina fora como que engolida para dentro do meu braço.

— Meu Deus! Eu te matei! Eu te matei! O quê que eu fiz! — Marinho, o italiano, retirou então a faca de um só puxão e saiu correndo em direção à entrada da rua Curitiba, para desvencilhar-se da arma do crime. O sangue esguichou do meu braço como um gêiser quente e vermelho escuro, manchando o teto quatro metros acima.

Tudo aquilo se revelou de uma fugacidade impressionante. Como um balão de ar subitamente despressurizado, meu corpo cambaleou para a frente. Os gritos de Carlinhos Lopes chamaram seu João, o porteiro de dois metros de altura. Antes de desmaiar, ouvi seu João pedir-me calma, enfeixando com a impressionante manopla meu pulso inteiro, fazendo com isso um poderoso e dolorosíssimo torniquete. A consciência fugia para longe, mas no interior de um táxi, eu notava com pavor a pele do braço inflar para além dos dedões enormes da mão de seu João. Inflar, inflar, esticar-se de uma forma incongruente — os braços de Popeye — sob a pressão do sangue que se acumulava debaixo.

Uma dor insuportável, que terminava de repente num torpor, num vazio. Mais depois ainda, Marinho, o italiano, ainda estava a meu lado, dentro do táxi, e chorava. O torniquete-manopla doía muito e novamente escuridão e uma eternidade depois estávamos na entrada do Pronto-Socorro, onde deu entrada um jovem esfaqueado, quase morto, com hemorragia aguda, conduzido diretamente para a mesa de cirurgia, na qual foi amarrado, sedado, transfundido, costurado e salvo.

* * *

A primeira pessoa que vi ao sair da sala de cirurgia, algumas horas depois, foi meu pai Salomão, meu ídolo. Meu totem. A pessoa que me ensinara tudo, companheiro de horas noturnas, quando chegava do trabalho e ia conversar com os filhos. Salomão era a única unanimidade viva que eu conhecia. Perguntassem a seus onze filhos, perguntassem a Bituca, a seus colegas de redação. Era músico, poeta, jornalista, romancista, cronista, filósofo e, principalmente, um estupendo e dedicado iluminador de consciências. Eu não tinha sentimentos religiosos na acepção do termo, mas, invariavelmente, meu caminho até Deus passava por papai. Retrocedo até meus tempos de menino e me vejo na copa de minha casa, tomando café quente com farinha de milho e generosos nacos de queijo Minas — eu, meu pai e Deus. Conversávamos sobre a vida e sobre a morte. Naquelas conversas, Salomão me ensinava a não temer nenhuma das duas. Essas imagens me acompanhavam e consolidavam o sentido de minha existência. Política, futebol, música, sexo, não importa o assunto, meu pai sempre arranjava um jeito de enxergar ali os invisíveis fios da trama divina e de torná-los cristalinos para o interlocutor, ou ouvinte, ou leitor.

Um homem raro, do qual eu muito me orgulhava e de quem seguia naturalmente os passos.

Salomão estava acompanhado de dona Maricota. Os dois conversavam em voz baixa com Marinho, o italiano. Marinho, o agressor de seu filho. Quando me viram chegar, Marinho ficou pálido como cera, dona Maricota começou a chorar. Salomão disse:

— Meu filho querido, eu vi seu sangue... eu vi seu sangue.

Marinho não tinha contado a verdade aos dois. Inventara uma história de ferimento acidental, durante uma brincadeira mais dura, comum entre dois rapazes cheios de saúde e energia. Não o desmenti na hora. Aninhei-me nos braços do meu pai e apenas chorei por tudo aquilo: por Marisa, pelo fracasso dos amigos no Rio, pela agressão que sofrera, por Marinho, o italiano, pelos dias de trevas que ameaçavam chegar com aquela ditadura que podava tantos sonhos.

CAPÍTULO 5

O Vendedor de Sonhos

Fernando Brant não conheceu Bituca por acaso. Também estudava no Colégio Estadual e era da sala de Sérvulo.
    Naquela tarde, Bituca e Sérvulo andavam juntos pelo centro da cidade. Tinham ido beber, ou voltavam de um cinema, talvez tivessem ido fazer ambas as coisas. O fato é que entraram num ônibus e lá estava Fernando Brant sentado no banco de trás, entre outros colegas de colégio. Sérvulo promoveu as apresentações formais:
— Fernando, este é o Bituca... E este é o Fernando, da minha sala.
— Prazer.
— Prazer. Vamos tomar uma cerveja?
— Legal.
— Eu não posso — falou Sérvulo. — Tenho de chegar em casa.
— Mas eu topo — disse Bituca.
Houve uma empatia imediata entre os dois, cada qual se dispondo a sair do próprio rumo para prosseguir com a conversa que logo se tornara muito agradável. Sérvulo seguiu viagem até seu ponto. Bituca e Fernando desceram em frente ao Maletta, dispostos a inaugurar aquela amizade do melhor jeito que se conhecia: bebendo. Atravessaram a rua e entraram num bar em frente. Bituca ficou sabendo que aquele rapaz magro, de bastos cabelos castanhos, era estudante e pertencia a uma família quase tão grande quanto a minha. Fernando tinha nove irmãos, um a menos do que eu.
    Contaram e recontaram seus parcos trocados. Davam para duas cervejas e um ovo cozido. Bastante. Em torno dessas duas cervejas e do

ovo cozido, dividido irmãmente por Bituca (extraordinário!), os dois conversaram a tarde inteira e fizeram amizade. Fernando gostava de poesia, sabia de cor versos inteiros de Garcia Lorca, Fernando Pessoa. Era sorridente e bem-humorado. Estava gostando muito de conhecer um músico, um compositor. Antes de se levantarem, Bituca perguntou:

— E você escreve?
— Escrever o quê? Contos, essas coisas?
— Você escreve poemas como os que acabou de recitar?
— Eu nunca escrevi nada.
— Então vai ter que escrever.

Assim, combinaram de se encontrar outro dia para tentar realizar a tal empreitada. Nenhum dos dois sequer poderia imaginar as estupendas consequências daquele encontro casual, que fizera cruzar as linhas de suas vidas.

* * *

Durante semanas eu vinha convalescendo. Horas e horas de fisioterapia tornaram-me apto a assinar novamente meu próprio nome debaixo dos roteiros, sinopses, contos e poemas que voltava a rabiscar com minha mão ferida, a esquerda. Havia um problema: meus dedos não obedeciam corretamente o comando do cérebro. Era aflitivo.

Nos primeiros dias, Dickson me visitou com frequência. Trazia-me livros e chegou mesmo a copiar em caligrafia miúda, perfeitamente alinhada e regular, qual um monge de uma abadia medieval, o roteiro completo do filme *Hiroshima, Mon Amour*, de Alain Resnais (Marguerite Duras), presenteando-me com esse manuscrito.

"*Tu n'as rien vu à Hiroshima.../ le gens se promènent pensifs à travers les photographies...*
... les photographies, faute d'autre chose..."

Doente, não descia mais à galeria. Meus amigos vinham me visitar, e os que não vinham, eu os imaginava revezando-se todas as noites na entrada da Amazonas, fazendo fama e glória do Edifício Levy: Tibi Dias, Leonardo Vasconcelos, Sérgio Maldonado, os Serginhos, Edgard e suas irmãs Lurdinha e Vânia, Carlinhos Lopes, José Alfredo Borges, o Bequinho, Tasso Gomide, Cássio e Roberto James (e mais raramente Ronaldo James), Marco Antônio Gonçalves, o Cantôin, Marcelo Ferrari, Martinha Figueiredo Cunha (e sua mãe dona Ruth, que era tão jovial e boa-praça que também era considerada da turma. Martinha, "O Queijinho de Minas" da Jovem Guarda, descoberta por Roberto Carlos durante um intervalo de *show* em Belo Horizonte), Genita Edna Corrêa, Ida, Jefferson, Maria Elisa, Suzana e Sérgio Carvalhais, Maria José, a Meise, Orion, Walkíria Manequim, Walkíria e Cecília Siqueira, Sérvulo Siqueira, o Sibarita, Gonçalo e Gilberto Abreu (depois artista plástico), Joãozinho Veiga, o Brechó, Wagner e Gileno Tiso, Áuneo Brito, The Famous Gambous!, Carlinho Flex, Maximino e seu primo Zeca, Ricardo e irmãs Eneida, Enilda, Eliane e as primas Solange e Dione Vanelli, Mauro, Reinaldo, os meninos Jacó, Reginaldo James, Fernando e Flamínio Fantini, Tulinho, irmão de Orion, Fausto e Gislene Ferret Fróis, Lô Borges, Yé Borges, Beto Guedes, Mará, Cleber Cachoeira (cachoeira por causa do topete enorme), Paulinho Vilara, o Lagoa. Todos de uma só vez, entretanto, só nas festas, que aliás não eram raras. As irmãs Gilda e Concessa, do 2º andar, jamais paravam na galeria e sob nenhum pretexto dirigiam palavra àquela turba ignara. Saíam do elevador direto para dentro do enorme Impala 63 de seu pai, a galeria sendo para elas apenas um incômodo e inevitável itinerário que perfaziam de nariz empinado.

Naquela noite, eu me sentia bem melhor. Não precisava mais apoiar o braço na tipoia e, não fosse pelos dedos da mão esquerda arreganhados em garra, quase imobilizados em estranha e feroz posição, ninguém diria que o atentado que eu tinha sofrido fora grave. Com os dedos emperrados daquele jeito não dava para colocar a mão no bolso — todos os que me vissem começariam a fazer perguntas cujas respostas eu estava ansioso por esquecer de vez. Mesmo assim, resolvi sair. Fazia uma noite agradável, com uma brisa fresca batendo e arrefecendo o ar morno do verão.

Curioso: ninguém na galeria. Fui à Cantina Tirol, onde a turma costumava se reunir em dias mais abonados. Ninguém. Fui à Lanchonete Odeon. Joãozinho, o enorme garçom homossexual, informou-me que nenhum da turma havia aparecido. Andei até a Churrascaria Palácio, ali perto. Yorga, o tenor engolidor de espada, se exibia para barulhentos devoradores de filés, picanhas e maminhas. Entre poderosos graves e agudos retinidos, o cantor enfiava uma comprida espada de aço goela abaixo:

"*O Sole mio...*"

Com efeito, as notas saíam truncadas e engasgadas, tornando-se pouco mais que gemidos; também, exigir qualquer afinação do tenor naquelas circunstâncias adversas (e admiráveis!) já seria querer demais.

Nenhum conhecido. Resolvi esticar a caminhada. Ali era território da turma da Tupis, mas o braço machucado me fez sentir seguro. Quem agrediria alguém já tão agredido?

Ao chegar ao Maletta, dirigi-me à Cantina do Lucas e me acomodei numa mesa do lado de fora. A Cantina do Lucas era o bar-restaurante dos cinéfilos, assim como o bar Lua Nova era o ponto do pessoal de jornal (os amantes da música iam para a sobreloja, território das boates: Oxalá, Sagarana, Berimbau...)

— Seu Olímpio, um chope na pressão. — Enquanto esperava, observei o ambiente. Nenhum conhecido. Tinha noites que era assim. Bebi o chope devagar, chamei seu Olímpio no fim e pedi a conta.

— Já vai? Eu nunca vi você tomar só um! — disse seu Olímpio com aquela cara de Brandão Filho.

Dei uma desculpa vaga, paguei e saí. Na calçada da avenida Augusto de Lima, alguém me alcançou por trás, me puxando pela manga da camisa:

— Aonde Das Baixínhans vai com tanta pressa? — era Bituca.

— Ô sumido! O que houve que você desapareceu?

— E como vai esse braço?

— Está quase bom. Por que você sumiu?

— Tenho de te contar uma história. Vamos sentar aqui.

Estávamos em frente ao bar Pelicano, que tinha mesas na rua. Bituca apontou uma mesa bem perto. Sentamo-nos e pedimos uma cerveja.

— Bicho, você tem que conhecer um cara! — começou Bituca. Então me narrou seu encontro com Fernando Brant, o ovo cozido, e tudo o que se seguiu. — Com você foi tão diferente... eu precisei de um tempo pra ir com sua cara... — Bituca lembrou.

— Fala mais desse Fernando — demandei.
— Tem nove irmãos: é que nem lá em sua casa. Mora na Serra, rua Grão-Pará.
— Você esteve lá?
— Eu dormi lá.
— E era essa a história que você tinha para me contar? O Sérvulo te apresentou um cara dentro do ônibus e você foi dormir na casa dele...
— Bicho... — O rosto de Bituca assumiu aquela expressão contrita. Pedi mais uma cerveja ao garçom que chegava perto cada vez que uma garrafa era esvaziada. Olhei para Bituca e esperei. — Bicho... — repetiu Bituca, e eu compreendi que a história, qualquer que fosse, ainda não tinha nem começado. — Bicho, eu tenho de te dizer uma coisa.
— Então diz logo.
— Sabe aquela nossa promessa? — Bituca estava sério. Compreendi imediatamente. A promessa de só fazermos música um com o outro. Estava rompida. Era isso. Nossas filhas.
— Você fez alguma música com esse Fernando?
— Não, mas vou fazer.
Senti uma pontada de ciúme, mas me mantive sob controle.
— Tudo bem, bicho, numa boa... E aí? — tentei pôr um ar animado na conversa.
— Vamos pedir mais uma cerveja. E um tira-gosto também.
— Pra mim uma pinga — falei.
— E uma vodca pra mim. — Bituca chamou o garçom e fez os pedidos. Dali a pouco estávamos comendo uma porção de salsichas fincadas de palito e bebendo nossos destilados em silêncio. Entre nós erguia-se agora uma mesa cheia de garrafas vazias de cerveja, copos, bisnaga de ketchup, bisnaga de mostarda, além do pratinho com salsichas em rodelas, fincadas de palitinhos...
— Tome mais um pouco.
Servi o copo de Bituca segurando a garrafa de cerveja com a mão errada, já que a esquerda, a oficial, ainda estava avariada. Ao recuar a mão, meu cotovelo esbarrou no gargalo de uma das garrafas vazias. Esta caiu tilintando sobre outras duas e juntas rolaram em efeito boliche até o copo que eu acabara de encher, o qual derramou inteirinho no colo de Bituca, que apenas olhava, incrédulo. Num reflexo tardio,

à la Inspetor Clouseau, tentei segurar a garrafa que caíra primeiro, no que pressionei involuntariamente o cotovelo esquerdo na bisnaga de ketchup. Sob pressão, a tampa da bisnaga ejetou-se inteira e o molho vermelho esguichou direto para o peito de Bituca, que continuou imóvel, apenas olhando, incrédulo. Num segundo reflexo ainda mais tardio e desastrado que o primeiro, à la robô que deu curto-circuito, tentei levantar a bisnaga de ketchup e foi aí que derramei também a bisnaga de mostarda. Então, num gesto de desânimo, larguei tudo ao sabor da gravidade e desisti. Bituca apenas olhava, incrédulo. As garrafas rolaram da mesa e se espatifaram na calçada, uma a uma, assim como o pratinho de salsicha a palito. Dois copos foram junto. Quando tudo terminou, Bituca estava molhado de cerveja e ketchup do peito aos joelhos, em meio a centenas de cacos de vidro. Balançava a cabeça de um lado para outro, em lenta negativa.

— Não acredito... eu não acredito... — meu irmão número doze começou a verter lágrimas sem expressão.

* * *

Eu e Fernando nos tornamos amigos, tinha de ser assim. Ele nunca deixaria de ser o Din-din-lim, estudante, dezenove anos, ainda e sempre o menino bom de bola, escolhido por todos os times de rua nas memoráveis peladas da rua Cláudio Manoel contra os da avenida do Contorno, bairro da Serra, zona sul de Belo Horizonte. Poderia ter sido um bom jogador profissional se tivesse querido. Era belo, magro porém forte, de dentes grandes e sadios. Tinha uma namorada chamada Leise que trabalhava como secretária no Fórum Lafaiete, mesmo lugar em que trabalhava o juiz Moacir Pimenta Brant, pai dele.

Depois que Bituca fez as devidas apresentações, nós quatro adquirimos o costume de sair juntos. Às seis horas, Bituca, Fernando e eu nos encontrávamos com Leise na porta do Fórum, que era distante do Maletta uns poucos quarteirões, percorridos a pé, entre risadas. Fernando só bebia cerveja. Eu, Bituca e Leise íamos nos destilados. Depois, descobrimos um bar no Santo Agostinho que era o vagão de um trem adaptado, no meio de uma praça. Leise era quem pagava as contas.

Nos sentíamos ligados pela amizade e pelo zelo que nutríamos por Bituca. A médio prazo, o aparecimento de Fernando significou para mim a divisão de responsabilidades e tarefas. Bituca criaria um tema musical após outro, estimulado pela gente, pelos filmes que assistíamos juntos, *Les Dimanches de Ville d'Avray, A Balada de Cable Hogue, McCabe & Mrs. Miller, Da Terra Nascem os Homens*, certo filme com o garoto Mark Lester. Bituca preferia temas grandiosos que ilustravam os planos-de-conjunto das grandes pradarias, nos belos westerns. Criava estimulado pelas discussões sobre cultura, revolução, socialismo, temas obrigatórios dos papos daquela época; estimulado pelo clima geral que prenunciava grandes acontecimentos, os movimentos clandestinos crescendo, o movimento estudantil se organizando, a juventude tomando prontamente para si a responsabilidade de acelerar as transformações do planeta. Era um esquema ingênuo, muitas vezes suicida, mas havia jovens dispostos a pagar com a vida para colocá-lo em prática. Belo Horizonte, mais do que nunca, fazia parte integrante do mundo. Surgia pela primeira vez na província a consciência de pertencermos a uma civilização planetária. Parecia, por exemplo, que a *nouvelle-vague* era um fenômeno que acontecia ali todos os sábados, no auditório do CEC, e os estudantes de Nanterre, França, eram os mesmíssimos da Faculdade de Filosofia ali no bairro Santo Antônio, ou os de Berkeley, EUA.

Na cabeça de Bituca todas essas informações se processavam e eram misturadas de forma aleatória com as toadas e o congado que ouvia em criança, com o gemido do carro de boi, o som do vento andaluz raspando em areias escaldantes, Yma Sumac (e sua extensão de cinco oitavas!), Miles Davis, Coltrane, Miklos Rozsa, Dimitri Tionkim, os hollywoodianos grandiosos. Os temas lhe ocorriam numa velocidade superior à sua capacidade de terminá-los de forma lógica. Bituca pouco ligava para a lógica. Importava-se com interpretação e composição. Era nisso que ficava cada vez melhor. Os desenhos do violão, o dedilhado diferente, puxando as cordas, faziam parte integrante da estrutura de cada composição; temas, fragmentos, suítes que ele remontava sem cessar, num processo de criação intenso e elaborado. Não tinha nenhuma pressa em dar qualquer música como pronta.

— Pronta, nem depois de gravada — dizia.

— Obra aberta, *work-in-progress* — diria Sérvulo Siqueira. Nessa altura da vida, a família Siqueira, e isso incluía dona Ione, a mãe, já era fã incondicional das nossas composições. Cecília era a fã mais exagerada. Dona Ione várias vezes nos regalou com lautos almoços regados a vinho, com direito a entradas e aperitivos. Inclusive certa vez Bituca ousou fazer a farofa de ovos e esta ficou simplesmente divina, passando então farofa a ser a sua *pièce-de-résistence* ao longo da vida desde então.

Os Siqueiras já haviam se mudado do Levy para outro apartamento no centro e já estavam novamente de mudança para o São Lucas. Eu tinha mais paciência com Sérvulo do que Bituca, principalmente com seu defeito de querer a todo custo parecer mais culto do que realmente era. Afeiçoara-me àquele cara tão inteligente e tão estranho, cheio de tiques nervosos. Na boca, a qual repuxava, no nariz, o qual franzia, e nas mãos, as quais iam involuntariamente ao nariz para apalpá-lo com o polegar e o indicador, como que cheirando as pontas dos dedos. Efetivamente, não poderia ter lido tudo aquilo que citava — muito era fruto da leitura de orelhas dos livros certos —, mas isso não diminuía em nada a admiração que eu sentia por ele. Sérvulo me apresentara alguns dos melhores filmes que eu já vira, os melhores romances, as melhores sinopses do pensamento filosófico, dos pré-socráticos a Wittgenstein. Bituca implicava com ele porque o considerava pão-duro, esquecendo-se de como ele próprio, por exemplo, babujava propositalmente um picolé para demover quaisquer pedidos de pedacinho ou lambidinha, ajuntando a essa antiestética precaução o já citado e tonitroante: "É meu!!!" Para falar a verdade, nesse assunto tão delicado dava empate entre os dois. Mas depois Bituca melhorou.

* * *

Certa vez Fernando me deu de presente uns poemas pessoalmente selecionados e datilografados do *Romancero Gitano*, de Garcia Lorca. Eu, que ainda não conhecia, fiquei imediatamente encantado com o universo vigoroso do poeta espanhol — e também com o poeta da Serra, o Din-din-lim que sabia tantos e tão lindos versos de cor. Em vão tentei compor com Bituca algo que evocasse algumas daquelas imagens desconcertantes e sensuais, de trágico lirismo, que me marcaram com cicatrizes:

> *La luna vino a la frágua*
> *con su polizón de nardos*
> *el niño la mira mira*
> *el niño la está mirando.*

E noutro poema do Romancero:

> *... con sus dos pechos cortados*
> *puestos en una bandeja...*

Coisas assim.

Passamos a frequentar a casa de Leise na Cachoeirinha. Por coincidência (ou condições inevitáveis do provincianismo), logo na primeira visita encontrei lá um colega de sala do Colégio Ancheita. Era José Fernando, também amigo de Fernando e Leise.

Passei também a frequentar a casa da rua Grão-Pará, mas era Bituca quem tinha ali maior intimidade junto aos dez irmãos Brant: Roberto, Ronaldo, Maria Célia, Fernando, Lucy Maria, Beso, Paulo, Ana, Vina e Pedro. Fiquei mais amigo de Roberto e Lucy. Roberto tinha uma inteligência ímpar e um senso de observação muito peculiar. Devia ter a idade de Marilton. Dizia para mim:

— Você é a mistura do Cantinflas com a Romy Schneider!

Passou a cumprimentar-me sempre assim:

— Olá, Mario Moreno! (Mario Moreno era o nome do comediante mexicano Cantinflas.)

Lô Borges, Bituca e Beto Guedes na gravação do disco "Clube da Esquina".

6
CAPÍTULO

Outras Vozes

No decorrer de 1965, só um ermitão poderia estar alheio ao fenômeno Beatles. Não havia um jovem que não soubesse seus nomes e sua história. Liverpool e Hamburgo eram citadas como um católico citaria Fátima ou Lourdes. As revistas publicavam fotos nas capas — quatro cabeleiras escuras em formato de cuia — e sua fama não parava de crescer. Tornavam-se lenda viva. Eu via as fotos de garotas descabeladas e não conseguia compreender. O que quer que fosse, o som robusto e agitado dos Fabulosos 4 estimulara por toda parte uma reação em cadeia que os próprios ingleses descreviam como "beatlemania".

Mas ao contrário do planeta inteiro, essa tal beatlemania estava longe de atingir o edifício Levy, um mundo à parte, como já disse. As garotas, Genita, Martinha, etc., continuavam preferindo as orquestras dançantes, tipo Românticos de Cuba, ou "reis" como Chubby Checker, o do twist, puramente dançante, sem efeitos colaterais. Cássio e Roberto James não abriam mão de sua paixão pelos italianos Nico Fidenco, Sergio Endrigo, Domenico Modugno, além do maestro americano Henri Mancini. Sérgio Maldonado e Leonardo Vasconcelos permaneciam fiéis a Gilbert Bécaud, às grandes cantoras negras norte-americanas e aos clássicos; Marco Antônio Gonçalves ficava com Johnny Mathis. Tibi, sei lá. Marcelo Ferrari, Marilton Borges, Wagner Tiso, Bituca, Áuneo Brito, Gileno Tiso e Joãozinho Veiga, ou seja, os músicos do Levy, continuavam preferindo jazz e bossa-nova, Os Cariocas, Johnny Alf, Tito Madi, Tamba Trio, Claudete Soares. Uma certa Elis Regina também acabara de aparecer como um vulcão, em São Paulo, comandando um programa musical chamado *O Fino da Bossa*, na TV Excelsior. Bituca me chamara a atenção.

— Melhor que a Leni Eversong — concordei, de gozação.

Mas, na verdade, havia era acabado de comprar a trilha sonora de *Hatari*, filme de Howard Hawks estrelado por John Wayne e Elsa Martinelli. Segundo dona Maricota, eu ainda ia acabar furando o disco de tanto ouvi-lo. Henri Mancini teria ficado orgulhoso (em plena beatlemania)! Sérvulo escutara na casa de seu tio Cyro um trio chamado Jimi Hendrix Experience e só falava nisso desde então. Ninguém mais ouvira falar naquele "guitarrista genial", segundo as palavras do Sibarita. Os Beatles, um fenômeno artificial e passageiro, sem nenhuma importância — para os Levyanos.

* * *

Entretanto, alguém estava levando os Beatles muito a sério no edifício Levy: era Bituca.

Na estreia do primeiro filme do quarteto de Liverpool, *A Hard Day's Night*, que chegou em Belo Horizonte precedido de um vasto esquema publicitário que nos dava conta de desmaios de garotas e cenas de histeria coletiva, Bituca veio a mim e disse:

— Temos de levar os meninos para ver os Beatles. Aquilo é muito sério, bicho.

Os meninos eram Lô, doze, e Yé, onze, respectivamente meus irmãos de números seis e sete. Assim, no dia marcado, lá fomos nós quatro para o Cine Brasil, enfrentar fila e gritaria. O filme de Richard Lester tinha um ritmo frenético e empolgou a garotada. Yé, então, ficou verdadeiramente fanatizado. Tanto que tratou de convencer Lô e seu amigo Beto Guedes, quatorze, para ensaiarem imediatamente "I Want to Hold Your Hand", "Til There Was You", "Hold me Tight", "I Wanna Be Your Man" e "I Should Have Known Better", só para começar.

Beto, filho de Godofredo Guedes, tinha herdado do pai talento para trabalhos manuais e música. Na oficina de marcenaria do velho Godô, fazia suas patinetes de acabamento invejável, carrinhos idem, pequenas rabecas, esboços de violões. Em casa, estudava com o pai violão e clarinete. Na rua, formava com Lô, Yé e Mará Resende um quarteto de pestinhas da melhor (pior!) qualidade. Brincavam do que podem brincar pré-adolescentes residentes em pleno centro de uma cidade como Belo Horizonte: quebrar lâmpadas em postes nas esquinas, provocar brigas com outros pré-adolescentes de seu tamanho e força (ou menores, de preferência), bater pernas a esmo, dar o cano em lanchonetes, tocar violão para acalmar os nervos.

Lô e Yé já se consideravam bastante treinados musicalmente, uma vez que não haviam perdido a chance de escutar os ensaios do Evolussamba no "quarto dos homens", nem de ouvir com atenção as crises de criação que assolavam a mim e a Bituca periodicamente; períodos em que nos trancafiávamos no quarto e repetíamos o mesmo tema *ad nauseam*. De Bituca, os meninos não só conquistaram a confiança como, logo após, a permissão de usar seu instrumento, coisa que nem Marilton deixava. Restava um senão: Mará era desafinado e não se importava com música. Por outro lado, existia um certo Márcio Moreira, treze anos, que tinha uma bateria e morava no mesmo prédio que Mará, ou seja, em frente ao prédio de Beto Guedes — rua Tupis, entre São Paulo e Amazonas. Belo Horizonte tinha uma característica muito marcante nessa época: seus edifícios eram conhecidos pelo nome próprio, como em Nova Iorque. Não se precisava dizer, por exemplo, avenida Amazonas nº 718, mas simplesmente "o Levy". Assim, o Mariana, o Guimarães, o Acaiaca, o Dantês, o Nazaré, o Paraopeba, o Helena Passig, o Lavourinha, o Amazônia, o Maletta, o Balança, o São João, o Sulacap etc. Beto Guedes morava no Cesário Alvim.

Coube a Yé tomar a iniciativa de convidar o garoto da bateria para se juntar a eles e formarem um quarteto. Ensaiaram algumas canções dos Beatles nota por nota, compasso por compasso, acorde por acorde, vocalise por vocalise. Ao fim de algumas semanas estavam razoavelmente aptos a se apresentar em festinhas e horas-dançantes como The Beavers, Os Castores.

* * *

Bituca andava sumido, tinha viajado com Pacífico Mascarenhas para participar da gravação de um disco do *Quarteto Sambacana*, do "Mestre":

... por isso a canção só terá esta parte
a outra existirá na imaginação...

Me toquei de que devia tentar melhorar o nível de minhas letras. Até então não me preocupava muito com a forma (ou padrão de qualidade) — queria mais era me expressar, berrar minha indignação contra as injustiças e a prepotência, exprimir indagações nebulosas quanto ao futuro, quanto à essência da alma humana, os mistérios do bicho-homem, lobo do homem. Enfim, minhas letras eram "sujas". Mas Fernando me ensinara uma coisa, me iniciando em Garcia Lorca. Agora a poria em prática. O tema seria a pátria; ou melhor, uma mulher-pátria, porto seguro como útero, mas também oceano de marés traiçoeiras, os morros roliços sendo a carne, as curvas do corpo feminino, uma imensa mulher-pátria-mãe, mas também uma moça, uma simples mulher — "Vera Cruz"! Linda, mas perdida. Podia ser também o trem.

Contei essa ideia para Bituca e lembrei da anedota atribuída a Mallarmé: "Pena que um poema não se escreva com ideias, mas com palavras".

* * *

Afinal, o 1º Festival de Música Mineira no Rio de Janeiro, o Festival da Fome, acabara sendo um estimulante fracasso. Os mesmos músicos que não haviam conseguido um só pagante no Rio, agora lotavam o teatro Francisco Nunes, os auditórios da Secretaria de Saúde e do Instituto de Educação. Quase sempre Aécio Flávio e Nilza Menezes estavam à frente da organização daqueles eventos. O público belorizontino lá estava para prestigiar não só a rapaziada do Festival da Fome, como também uma nova geração de músicos e compositores que começou a aparecer em seguida, especialmente certa gente do Colégio Estadual: Nelson Ângelo, o cantor e compositor Arnaldo "Gongis Moon", o baterista, cantor e compositor Sirlan Antônio de Jesus e também os letristas Murilo Antunes, Luis Márcio Vianna e Valdimir Diniz. Além desses havia Tavinho Moura, estudante de um colégio da Floresta e ligado ao povo de cinema. A respeito de Tavinho corria uma lenda estudantil que, de tão fabulosa, me permite fugir do tema para contá-la:

Sete de Setembro pós-golpe militar. O diretor do colégio se posiciona no pátio interno, no púlpito apropriado. A seu lado estão os professores. Oito horas da manhã. Hora aprazada na véspera, depois de exaustivos e minuciosos ensaios durante a semana inteira, para a solenidade de hasteamento da bandeira, a saudação à pátria feita por aquela aluna loirinha, o perfilamento de todos, o canto do hino nacional. Só uma coisa seria surpresa: o discurso do diretor, preparado secretamente e com toda a pompa que a data exige. Mas algo estava saindo errado. Os professores encarapitados no púlpito se entreolhavam sem entender o que acontecia. Oito horas em ponto e o pátio ainda estava deserto. Para não dizer que não havia nenhum dos duzentos e tantos alunos, havia um. Um único e solitário aluno engalanado, cabelo penteado, sapato lustroso, a postos em seu lugar, num lado do pátio. Depois de esperar muitos minutos, todos cochichando entre si e olhando aquele único gato pingado, o diretor tomou a frente do púlpito e deu início à cerimônia, tintim por tintim. Procederam solenemente ao hasteamento da bandeira, cantaram o hino nacional (suprimiram a saudação à pátria devido à falta da aluna loirinha) e finalmente o diretor fez um belo discurso, emocionado, derramado, com lágrimas nos olhos, dando ainda mais ênfase a certos trechos do que se estivesse falando para seus duzentos alunos. Depois disso o gato-pingado foi dispensado. Era Tavinho Moura. O diretor recolheu-se a seu gabinete, teve um enfarte e morreu.

Voltando ao assunto.

Quanto à nova geração que iria substituir a do Ponto dos Músicos, havia ainda o garoto Toninho Horta, morador do Horto, irmão de Paulo Horta, contrabaixista, seu primo Lúcio Borrachinha, sua tia Júnia Horta, o *outsider* Ricky Delano, de Santa Tereza, com voz de Elvis Presley e canções de estilo medieval. (Um belo dia viramos parceiros.)

Flávio Venturini morava numa rua atrás do Grupo Escolar D. Pedro II, onde eu tinha estudado aos oito anos de idade. Ali se reunia com a novíssima geração de músicos da cidade: seu irmão Ganso, o pianista Vermelho, colega de CPOR, o precocemente calvo Hely, baterista, e a turminha do The Beavers — Lô, Yé, Beto e Márcio Aquino —, que alcançou o auge do sucesso certa tarde de domingo em bela apresentação no Jaraguá Country Club, pelos lados do aeroporto da Pampulha. O sucesso dos Beavers foi igual a certos verões de Londres, como se ouve dizer, que também às vezes, por sorte, caem num domingo.

* * *

Fiquei conhecendo Nelson Ângelo através de Marisa. Vimo-nos uma vez ou duas na cantina do Colégio Estadual e ficamos amigos. Passamos a nos encontrar, certas tardes, na pacata ladeira arborizada do bairro Santo Antônio, onde ele morava com os pais, seu Nelson e dona Lili. Enquanto fazíamos som no terraço da casa, dona Lili nos preparava lanches, com biscoitinhos, café, pão e leite quentes. Nelsinho tinha uns dezoito anos, era branco e usava cabelos cortados à Paul McCartney. Tocava violão como um virtuose. Nenhuma das músicas que eu e Nelson tentamos compor naqueles dias de entrega e labor resistiram ao tempo, ao contrário dos próprios dias em si mesmos, que prolongam até hoje aquela intensa vibração de harmonia e silêncio, apenas quebrado pelo pulsar dolente do violão, à sombra das mangueiras, vibração reforçada e multiplicada por uma suave rede de olores diáfanos, provenientes do forno assando bolo, do café coado em pano, na cozinha ladrilhada de azul, de um quê de alfazema em roupa de cama limpa, a emanar do corredor que nunca percorri, ao fundo da sala, o que levava aos quartos de dormir; dias cuja intensa pulsação de vida tornaria tão duradoura a amizade nascida ali, naquelas tardes plenas.

Bituca também se tornou amigo de Nelsinho Ângelo, vendo nele um pequeno gênio, com harmonias rebuscadas e surpreendentes. Passou a frequentar o Santo Antônio e Nelsinho passou a frequentar o Bigodoaldo's. Veladamente influenciados por aquele jovem de personalidade forte, eu e Bituca compusemos "Coragem", um canto de guerra de alma heroica e letra derramada:

sangue derramar
e coragem pra vencer
vai viver e lembrar
fogo nascendo neste seu olhar...

Através de Nelsinho, Bituca fortaleceu sua amizade com Marisa, e através de Marisa travou contato com Paulinho Saturnino, aliás, o Paulinho Muleta, aliás, o Paulinho-que-achava-ridículo-andar-de--carro. Esse rapaz era paraplégico, vizinho de Marisa, com quem crescera jogando bente-altas*, de muleta e tudo, na rua Boa Esperança. Bituca logo se interessou pela "peça", como dizia, por sua expontaneidade, seu verdadeiro amor à boemia e à vida desregrada, seu jeito absolutamente tranquilo de encarar o dia-a-dia complicado. Ficaram amicíssimos. Tanto que Bituca o convidou para visitar Três Pontas, o que era o máximo de prova de amizade que sempre poderia oferecer a um novo amigo. Conversando sobre carros, Paulinho teceu algumas considerações relativas ao ridículo de se estar sentado e se deslocando no espaço ao mesmo tempo:

— Faça abstração do carro e você vai ver como é ridículo correr sentado — Paulinho dizia.

Bituca fazia cara de quem estava realmente fazendo a abstração sugerida e, após alguns segundos de expressão fechada e alheia, de quem imagina, caía na gargalhada.

* * *

Fernando e Leise cada vez mais assiduamente frequentavam as noites de sábado no CEC. Fernando fez amizade com Dickson. Na verdade, grande parte da vida cultural da cidade girava em torno do Maletta e do CEC, e portanto, provincianamente, todos se conheciam ou acabavam se conhecendo num desses dois lugares.

Para inaugurar sua amizade, os dois foram ver Les *Parapluies de Cherbourg* no Cine Candelária. Depois da sessão, dicksonianamente, tomaram um baita porre num boteco da praça Raul Soares, Dickson cantando lastimavelmente as canções de Michel Legrand; Fernando, mais afinadinho.

---

* No início da década de 50, esse jogo de rua era muito apreciado pela garotada de Belo Horizonte. Era jogado com duas duplas e tinha regras semelhantes às do beisebol. (N. do E.)

* * *

Quanto a Bituca, progredia, apesar dos dias apertados. Andava viajando bastante e conhecendo muita gente importante na música, através de Pacífico Mascarenhas. Tínhamos agora um repertório próprio de umas dez músicas que causavam sensação entre os músicos. Nos bailes, atuava mais como contrabaixista, já que a maré continuava meio adversa aos "canários".

Quer dizer: *crooner* ele não era mesmo. *Crooner* tem que cantar "aquelas coisas" e isso Bituca não fazia. Só cantava o que queria. Sua teimosia exasperava os chefes-de-orquestra. Chegou mesmo a ser expulso do conjunto de Hélvius Vilela por causa disso. Bituca saiu rindo com aquele seu jeito atroz. O baterista Pascoal Meireles não resistiu e começou a rir junto com Bituca. Hélvius, irado, o expulsou também. Havia quinhentos bateristas e *crooners* querendo aquelas duas vagas, o que vocês pensam?

Marilton já estava tratando de aprender piano. O Evolussamba jazia. Eu e Bituca continuávamos esboçando canções, completando umas, lapidando outras, estimulando-nos mutuamente, tornando-nos mais versáteis. Bituca colocava sua voz mais límpida e arredondada, aumentava a extensão das oitavas, desenvolvia-se instintivamente. Já não tinha mais dúvida de que sua vida era a música.

Os dias de exímio datilógrafo (ou escriturário, como fazia tanta questão) tinham chegado ao fim.

CAPÍTULO 7

Cidade Vazia

No segundo semestre de 1965, o Colégio Anchieta continuava mais chato do que nunca... as mesmas tiradas de humor de Zé Fernando, as mesmas arguições chatérrimas do professor Hamilton, meu velho e mesmo mau humor. Bituca andava desaparecido, tentando articular sua vida profissional. Pensei na opção de entrar para a POLOP e sair daquele marasmo, mas...

Andara levando uns papos com Cláudio Galeno e sua namorada Dilma, na pensão de dona Odete, durante uns jogos de baralho que Carlinhos Flex e Dickson costumavam promover lá, em certas noites. Galeno era muito bom nas cartas; raciocínio rápido e destreza no manuseio. Era um dos tais jovens dispostos a pagar com a vida as chamadas causas revolucionárias ("A vida individual nada vale. O homem é um ser que se realiza no coletivo.") O projeto era todo muito inconsistente e eu, na hora, não pensei que houvesse gente disposta a arriscar a própria pele naquilo — o que apenas demonstra o quanto podia me enganar no julgamento das motivações humanas.

POLOP não; tinha reuniões, eu detestava reuniões. Além disso, amava minha família (desconfiava demais de tudo aquilo) para encarar o claustro da clandestinidade. Se isso era pequeno-burguês, eu não negava. Conservava intacta minha capacidade de indignação e mantinha afiado o senso de justiça, mas era um individualista.

Saí da aula quase à hora do almoço. Subi a Tamoios, entrei na Curitiba, passei em frente à Faculdade de Ciências Econômicas e cheguei à galeria do Levy. Vi por baixo da pintura nova as marcas de meu sangue no teto, apenas ligeiras sombras, quase imperceptíveis. Meu braço já recuperara oitenta por cento dos movimentos; talvez menos, mas os dedos já não se imobilizavam como garras ameaçadoras.

Coincidência! Chegando pela entrada oposta, o Béffrius.

— Das Baixínhans!

— Vituperatus!

Bigodoaldo's no ato. Há quanto tempo que não nos víamos! Bituca trazia boas notícias; boas não, ótimas. Havia sido chamado para concorrer como intérprete nas eliminatórias do festival de música da TV Excelsior. Caberia a ele defender uma canção do famoso violonista Baden Powell, "Cidade Vazia", na eliminatória que teria lugar em Porto Alegre. Voltara do Sul impressionado com um outro novato no meio das feras, um baiano, o mais talentoso dentre todos os candidatos, segundo Bituca, afora ele próprio, é claro. Mostrou-me uma canção que continha beleza e impacto de imagens, de poesia emocionante, que falava:

... lhe deram que de beber
numa caneca de ouro...

Nesse ponto, Bituca parava, dizendo:

— Olha que esperto! — E me fazia repetir bem as quebradas melódicas da frase: — "... que-de-beber..."

Exultantes, comemoramos como sempre: batida de limão. Até o garçom se enterneceu, vendo tratar-se de uma reviravolta do destino.

* * *

Marcamos encontro seis horas no Bucheco. Tanto eu quanto Bituca nos atrasamos uns dez minutos. Quando chegamos, o bar estava fechado. Fomos ao Maletta. Ali ficamos sabendo que o Bucheco tinha sido invadido por policiais do DOPS minutos antes. Todos os que estavam lá dentro tinham sido levados. Desapareceram — sumiram... até o garçom. Ainda não sabíamos, mas o Bucheco estava fechado para sempre.

* * *

Logo depois do fechamento do Bucheco, Bituca foi para Porto Alegre. Desapareceu de mim por uns tempos. Classificou "Cidade Vazia" para a finalíssima de São Paulo. Foi mesmo apontado como forte candidato ao título de melhor intérprete.

Em São Paulo conheceu José Wilson Pereira e escreveu-me uma longa carta contando tudo, descrevendo o novo amigo como elemento imperdível, assim como os irmãos Godói, músicos paulistas. Um deles, Hamilton, era pianista do Zimbo Trio. José Wilson me era apresentado como cinéfilo, o que dispensava outras qualificações.

* * *

Sérvulo Siqueira fazia planos otimistas, sentado à mesa da Cantina do Lucas, Maletta, reduto dos cinéfilos:

— O dezesseis milímetros é o cinema do futuro. Aliás, preciso entrar em contato com Ronaldo Brandão e Rubens Gomes Leite para criar uma sala de exibição permanente de dezesseis milímetros. — Levava o polegar e o indicador à ponta do nariz, ajeitava o cabelo, repuxava os cantos da boca.

Recatadamente, encarei o copo de chope alguns segundos. Depois concordei.

— Pra gente exibir todos os dezesseis que vamos fazer. Você viu o filme do Schubert?

— O Schubert é um macmahonista.

— *Aleluia* é o curta mais doido da cinematografia mundial. — Lembrei-me de uma cena específica do curta-metragem de Schubert Magalhães. Vira o filme outro dia mesmo. Ficara muito impressionado com a sequência em que uma garota de seus doze anos, de rosto anguloso e traços fortes de criança índia, com cabelos lisos e longos, chegava vestida de branco e apontava um revólver para a câmera. Então disparava contra um alvo: uma pomba branca. Na cena seguinte, um mendigo devorava uma ave que poderia ser uma pomba toscamente assada num braseiro.

— Quem é essa menina? — havia perguntado.

— É a irmãzinha da Marília — responderam os que sabiam.

Marília, todo cinéfilo de Beagá conhecia. Era a namorada do Schubert.

— E você, quando vai fazer o seu? — Sérvulo me perguntou depois de longa preleção a respeito da viabilidade econômica do filme de dezesseis milímetros e as relações disso com o veículo televisão.

— Já tenho a grana para uns plus-x rebobinados em rolinhos de cem pés que o Veloso sabe onde descolar no Rio. O negócio é que aluguel de câmera está caro demais. Nagra, então, nem se fala.

— Dá-se um jeito — Sérvulo falou. — Dispensa Nagra, corta os diálogos, inventa. Bota-se música... Pasme, tive uma ideia para uma ficção. Não fui muito estimulado, porém; o Guará diz que o funcionário público, o personagem, lembra *Viagem aos Seios de Duília*. É um sádico, o Guará.

— Eu também tenho um roteiro pronto: *Joãozinho e Maria*.

Sérvulo riu. Continuei:

— É sério.

— Joãozinho e Maria?

— Anhram... Joãozinho é débil mental, assassina Maria e é linchado.

— Você é louco.

— Com música do Bituca.

— Você é pra lá de louco.

Chegou Zezinho Sette, cinéfilo, estudante do Estadual, da tribo dos precocemente calvos. Devia ter uns vinte anos e o topo da cabeça completamente lustroso.

— Nagra não é mais problema — foi dizendo com seu sorriso escancarado. — O papai aqui vai botar a mão num — e especificou os prefixos técnicos de um gravador profissional que estava para ganhar brevemente.

O movimento dos cinéfilos crescia. Certo povo do CEC pensava em criar seu núcleo prático. Dizia-se até que José Haroldo Pereira finalmente filmaria *Os Namorados*, primeiro longa a ser realizado pela geração CEC. Todo mundo tinha um roteiro na gaveta. Só Dickson não preparava nada. Apenas via filmes, lia livros — e bebia. Seu niilismo assustava.

* * *

Quando Bituca retornou a Belo Horizonte foi para arrumar suas coisas e providenciar a mudança definitiva para São Paulo. As coisas, finalmente, tinham começado a acontecer em sua vida, depois de quase três anos fora de casa, longe de sua Três Pontas (a quem continuava amando como um exilado). Agora já não era apenas o Bituca, contrabaixista e *crooner* do Ponto dos Músicos, ex-datilógrafo (digo, escriturário) de escritório no centro de Belo Horizonte. A partir dali, começava a ser definitivamente Milton Nascimento (suprimindo o possessivo "do" e desistindo de "Wilson Bittencourt"), Prêmio de Melhor Intérprete na finalíssima do festival da Excelsior de 1965, defendendo "Cidade Vazia", de Baden Powell, classificada em terceiro lugar.

Sim, a ida a São Paulo fora um sucesso, sua grande vitória assistida por milhares de telespectadores. Mais: Elis Regina estava gravando a "Canção do Sal", a tal *work song* que motivara tantas batidas de limão no Bigodoaldo's. Além disso, Agostinho dos Santos, o famoso cantor, resolvera apadrinhá-lo.

— Você não vai acreditar. A baixinha é maravilhosa. E o Agostinho está a fim de conhecer você e o Fernando. É a maior peça, o salafrário.

Depois de um tempo, Bituca quitou suas contas na cidade, entregou seu quarto no Levy à proprietária da pensão, despediu-se dos amigos e finalmente embarcou num ônibus para São Paulo, levando mala de roupas, cadernos e violão.

Naquela noite, sozinho no beliche, abafando os soluços no travesseiro para meus irmãos não ouvirem, chorei para valer.

* * *

Primeiro tinham sido os Siqueiras, indo morar noutro bairro. Depois, a vez de Bituca, se mudando de vez para São Paulo. Na sequência, os James se mudaram para a rua Guarani, Genita e família voltaram para Goiânia, Martinha se mudou com a mãe e o tio China para um apartamento na Serra. Então, chegou a vez dos Borges se mudarem do Levy. Para mim, seria o fim de um ciclo, durante o qual transformara meu modo de ser e minha maneira de pensar além do que poderia ter imaginado ao sair de Santa Tereza três anos antes.

Bituca continuava mandando notícias de São Paulo. Morava numa pensão na Vila Mariana, numa casa amarela e velha conhecida na vizinhança como a Pensão do Bóris. Nos bastidores do teatro Cacilda

Becker ficara amigo de uma jovem produtora chamada Sílvia Góes, que passou a me escrever longas missivas, mesmo sem nunca me ter visto antes, nas quais manifestava uma suposta ansiedade em me conhecer, tais as maravilhas que Bituca dizia a meu respeito, segundo ela.

No Capri, conheci a vizinha Milene e logo começamos a sair juntos. Ela exibia o título e os dotes de ex-miss Nanuque, e era pelo menos oito centímetros mais alta do que eu. Logo nos tornamos alvo de comentários dos frequentadores do Maletta e do CEC. A ex-miss comparecia a esses lugares com evidente deslumbramento, pois em Nanuque, norte de Minas, divisa com Bahia, não tinha disso não. No início, o maior comentário que qualquer um conseguia obter dela era:

— Sei não, achei "peba"...

Depois se adaptou e, bonita como era, abriu suas próprias portas.

No mês de julho a família Borges saiu de viagem, para passar férias em Guarapari, exceto eu e Marilton, que nos recusamos a partir. Portanto, sozinhos no enorme apartamento, naquela certa noite cada qual resolveu fazer o que quis, mas um não comunicou ao outro. Marilton cedeu sua chave para o pianista Helvius Vilela e foi dormir noutro lugar. Helvius chegou de porre e pranchou num beliche superior no novo "quarto dos homens". Eu, depois de tomar umas e outras no Maletta, convenci a ex-miss a ir tomar a saideira lá em casa, cheio de segundas intenções. Depois de certas preliminares na sala de estar, fomos para o quarto, achando que estávamos sozinhos em casa. Acendi a luz e tomei um susto: lá estava Hélvius só de cueca, dormindo e roncando em meu beliche. Com a luz nos olhos, acordou e, por sua vez, tomou um susto muito maior. Só que também muito mais agradável, porque de imediato só viu Milene, aquela beleza, aquela miragem, aquele sonho bom, assim tão... ao vivo, tão... A prova de que o susto dele foi maior é que eu apenas tremi dos pés à cabeça, enquanto Hélvius tremeu dos pés à cabeça e caiu do beliche. Despencou lá de cima:

— Cadê meus óculos, cadê meus óculos... pera aí, não vai embora não...

Só então deu pela minha presença.

— Nossa! O quê que é isso, sai do meu sonho, praga!

Pelo menos para mim aquilo significou uma noitada frustrada. A ex-miss, muito assustada e temendo o pior, recompôs-se rapidamente e saiu correndo para sua própria casa, que ficava no mesmo 2º andar. Atravessou o corredor ventando e, pronto! Escapuliu para sempre.

Dali a alguns dias, a família Borges estava de volta e aquela oportunidade única de namorar uma miss jamais voltou a se repetir.

* * *

Outra noite chuvosa. Madrugada. Ouvi ruídos. Vinham da janela que dava para a rua da Bahia. Levantei-me do beliche e escutei melhor. Alguém jogava pedrinhas contra a vidraça. Caminhei no escuro até a janela e abri, a fim de ver quem — e por que — fazia aquilo.

Era Bituca, sozinho, molhado, sob a luz do poste. Sua cara triste foi iluminada por um sorriso de alívio, quando viu a janela se abrir. Pegou novamente a mala numa das mãos e a caixa de violão na outra:

— Como é, não vai abrir não?

Desci correndo os dois andares e abri a porta principal para meu amigo querido. Nos abraçamos demoradamente e subimos.

— O Salim é doido. Ou sonâmbulo — disse Bituca.

Salim era o apelido caseiro de meu pai.

— Por quê?

— Antes de você abrir a janela, ele abriu a do quarto dele, olhou para mim e disse: "Ah, é o Bituca" e tornou a fechar a janela... Meia hora depois ainda não tinha acontecido nada.

— Ele voltou a dormir — concluí. — Está lá dormindo que nem uma pedra...

Excitados pelo reencontro, falamos alto e acordamos a casa inteira. Papai Salomão foi para a cozinha fazer café. Bituca pôs roupas secas. Marilton fez um comentário engraçado, que provocou uma daquelas gargalhadas terríveis de Bituca, e voltou a dormir. Dona Maricota também saiu da cama, mas para recomendar que todos falassem baixo porque ainda era noite. Logo amanheceu e a casa dos Borges acordou mais alegre, pois o décimo segundo filho estava de volta. Por pouco tempo, mas estava de volta. Tinha sido roubado em São Paulo e viera tirar novos documentos. Rapidamente o coloquei a par do que estava acontecendo na cidade — festivais, filmes em cartaz, filmagens previstas. O mesmo fez Bituca, relatando sua vida em São Paulo. Estava trabalhando com um tal Mandrake, ritmista, e uma cantora baiana, Telma Soares. Frequentava a casa dos Godoy com José Wilson, que também era letrista, parceiro de um dos Godoy. A melhor notícia: Elis Regina gravara "Canção do Sal", cumprindo o que prometera. Outra notícia: precisávamos preparar novas canções porque estava para acontecer o Festival Berimbau de Ouro, da TV Record. Seria ótimo concorrer e mostrar "as filhas".

Os dias se passaram. O tempo de Bituca era pouco para rever todos os amigos que tinha deixado na cidade.

* * *

Anos depois ele diria a respeito disso: "Não me lembro mesmo. Pode até ser, do jeito que a gente bebia"... mas o fato é que em São Paulo Bituca chamou Sérvulo para colocar letra num lindo tema que acabara de compor. Certamente não por incompetência, por timidez talvez, ou excesso de autocrítica que às vezes o imobilizava, Sérvulo não conseguira se desincumbir da tarefa. Talvez não tivesse nem tentado...

Bituca, então, em Belo Horizonte, pegou o tema e o ofereceu para Fernando Brant, outro que nunca havia composto nenhuma música. Ao escrever a primeira letra de sua vida, em cima de um tema que já havia sido oferecido a outro, Fernando não podia imaginar que estivesse inaugurando ali uma comunhão de talentos destinada a fazer história e se consagrar como uma das mais belas e fecundas parcerias da música brasileira de todos os tempos.

Foi num bar do Maletta, onde bebíamos batida de limão, que Bituca sacou um papel amarfanhado do bolso e me mostrou o que Fernando havia escrito:

— Leia isso, bicho. A primeira coisa que o cara escreve na vida...

Na primeira linha estava escrito numa letra que eu não conhecia: O VENDEDOR DE SONHOS.

Logo abaixo, seguiam-se os versos, escritos em letra miúda e arredondada:

Quem quer comprar meus sonhos?
Quando você foi embora
fez-se noite em meu viver

*forte eu sou mas não tem jeito
hoje eu tenho que chorar
minha casa não é minha
e nem é meu este lugar
estou só mas não resisto
muito tenho pra falar*

*Solto a voz nas estradas
Já não posso parar
meu caminho é de pedra
como posso sonhar?
Sonho feito de brisa
vento vem terminar
vou fechar o meu pranto
vou querer me matar*

*Vou seguindo pela vida
me esquecendo de você
eu não quero mais a morte
tenho muito que viver
vou querer amar de novo
e se não der não vou sofrer
já não sonho hoje faço
com meu braço meu viver*

Quem quer comprar meu sonho?

— Só não gostei desse primeiro verso. Achei esquisito esse negócio de comprar sonhos...

Honestamente, ali estava um poeta de verdade, um letrista de verdade, não um cara como eu, que só fazia aquilo com e por Bituca, já que meu negócio era cinema, *mise-en-scène*. Mais do que apenas melhor do que tudo o que eu escrevera até aquela hora, aqueles versos indicavam um rumo certo e poderoso.

A reação de Sérvulo, porém foi um pouco diferente da minha. Ao ler a letra de Fernando, decepcionou-se:

— Ah, é? Isso eu também escrevia...

* * *

Papai Salomão chegou em casa trazendo um embrulho de pano contendo um estojo.

— Cadê o Marcinho?

Eu estava no "quarto dos homens". Papai entrou e me entregou o embrulho.

— Um rapaz lá no jornal estava precisando viajar e quis vender baratinho. Pensei em você.

Fui invadido pela mais bela, intensa e inacreditável sensação de posse que jamais voltou a me ocorrer, adivinhando as formas precisas do estojo por sob o pano, o peso discernível em minhas mãos, tudo configurando exatamente: uma câmera!

Abri o estojo: ali estava uma reluzente Paillard-Bolex dezesseis milímetros, corda de trinta polegadas, torre com três lentes, seminova, pronta para filmar meus geniais curtas — e o principal —, bem a tempo de correr como louco e aprontar um filme para o Festival JB-Mesbla.

* * *

A ânsia de filmar era tanta que participei como ator do filme de Luiz Otávio Madureira Horta, o Tatá, cujo título era *Ocorrência Policial*, depois encurtado para *Ocorrência*. Um detalhe constrangedor: Tiago Veloso, fotógrafo iniciante, não colocara o negativo da maneira correta dentro da câmera e o filme simplesmente não rodou. Tudo foi filmado... sem filme. Nossa decepção foi terrível, na hora de revelarmos os copiões, pois encontramos a bobina tão virgem quanto tinha saído da fábrica, depois de exaustivas e complicadas "filmagens"... Na refilmagem, a equipe já tinha perdido o "elã" e o filme infelizmente não saiu bom de todo.

* * *

Paulo César Vilara, o Paulinho Lagoa, quatorze anos, branco, magro, dentuço, filho único de mãe viúva, seria Joãozinho. Jussara, doze anos, moreninha de olhar brejeiro e ar desinibido, aluna dos Cursos Senhora de Fátima e de dona Maricota, seria Maria. Tiago Veloso, o fotógrafo; Zezinho Sette, som; Sérvulo Siqueira, um colaborador para tudo; Charles Veiga, o macota, seria o continuísta.

(Parêntese: Charles Veiga era um conhecidíssimo frequentador do CEC, mas não tinha entrado na história até agora porque era realmente muito macota. No fundo, era inteligente, irônico, mas na superfície fazia-se de bobo além da conta, fumava muito, a ponto de ter dois de seus compridos dedos pálidos marrons de tanta nicotina — quase sempre de cigarros filados. Além disso, era apaixonado pelo cinema tcheco e tinha noções muito questionáveis a respeito do que fosse um bom filme. No Maletta (novidade!) bebia muito e saía sem pagar. Gostava de se autodesprezar para agradar os amigos:

— Vocês são geniais. Eu sei que sou macota...

Foi o primeiro que ouvi falar em "doenças ideológicas ou sociológicas no meio revolucionário brasileiro..." Charles Veiga de Almeida! Onde quer que você se encontre, receba as vibrações de saudade e amor do autor; falou, macota?)

Em meio às preparações da filmagem de *Joãozinho e Maria,* me encontrei por acaso com Neville d'Almeida, no centro da cidade.

— Vamos lá em casa.

Desde que retornara dos EUA, onde ralara lavando pratos, Neville morava com sua mãe e a irmã caçula num apartamento à rua Espírito Santo. Lá, tomamos um cafezinho, enquanto Neville me expunha seus mais recentes planos, que consistiam em convencer-me a emprestar--lhe minha Paillard-Bolex juntamente com meu fotógrafo Tiago Veloso, para que filmasse seu curta *O Bem-Aventurado* em dois dias. Era só Sérgio Lara andando a esmo pelas ruas do centro, que nem um Michel Poiccard caipira; entrava no Pep's, grande magazine de variedades, roubava um revólver na vitrine, ia para a porta da Igreja São José e dava uma de franco-atirador. OK, Neville.

Assim foi feito. A filmagem no Pep's foi sensacional. A da Igreja São José também. O cinema era uma maravilha. Eu me sentia em estado de graça, vendo as coisas acontecerem, os filmes sendo rodados, a teoria posta em prática.

Logo depois das filmagens de Neville, fui ao Rio de Janeiro com Geraldo Veloso e Sérvulo, compramos os negativos rebobinados e voltamos para Belo Horizonte.

O Nagra de Zezinho, nada. Teríamos de arranjar outra solução. Só uma banda de trilha sonora, sem diálogos. A força do roteiro estava nas falas absurdas que eu tinha bolado para Joãozinho, nas letras das canções que agora Bituca não faria mais para o filme, pois não havia grana para estúdio e tudo teria de ser readaptado às precárias condições reais, mas, paciência...

Outro problema: a avó de Jussara só deixava a neta participar do filme se dona Maricota fosse junto. Pois bem. Dona Maricota seria aproveitada como contrarregra, o que fosse, mas o filme sairia de qualquer maneira. Nessa altura, toda a família Borges estava direta ou indiretamente engajada no projeto *Joãozinho e Maria*, de modo que não foi difícil convencer mamãe da absoluta necessidade de sua presença nas locações. (Diga-se de passagem, ela segurou as gambiarras carregadas de *photofloods* muito bem. Falo isso porque conheço umas pessoas que nem isso fariam direito.)

Bituca, ainda em Belo Horizonte à espera da segunda via de seus documentos, acompanhou as filmagens.

Primeiro dia, locação na casa dos irmãos Gomes Leite, no Santo Antônio. No porão, improvisamos um altar. Joãozinho maltrapilho celebra sua "missa" para a efígie de Einsenhower, Maria chega à porta e entra no porão etc. Tiago Veloso, o fotógrafo, mostra seu mau humor costumeiro, mas no fundo, é um perfeito cavalheiro.

Os *travellings* de rua foram gravados do Plymonth vermelho de José Fernando. Bituca estava dentro do carro.

Segundo dia, filmagem na casa de Paulinho Lagoa, na Cachoeirinha. Sua casa é um oásis de silêncio e contrição, aos fundos do tráfego pesado de ônibus e caminhões. Joãozinho devora um prato de comida como cachorro, debaixo da mesa.

Terceiro dia, filmagem no novo "quarto dos homens" no Capri: Joãozinho tem um pesadelo em que esgana um passarinho dentro da gaiola. Depois do almoço, filmagem na lagoa da Pampulha. *Travelling*, câmera dentro do carro acompanha Paulinho Lagoa correndo na pista da barragem.

Quarto dia, filmagem em Santa Tereza. Por algum motivo, Tiago não pôde se apresentar. Zezinho operaria a câmera. Estávamos a caminho da locação, dentro de um furgão dirigido pelo próprio. Ao passarmos pela praça Duque de Caxias, vimos um batalhão ensaiando para o desfile de 7 de Setembro. A tropa marchava bem em frente ao quartel do 5º BG da Polícia Militar. Mandei Zezinho parar imediatamente o carro.

— Vamos filmar — comandei. Zezinho parou o carro e assumiu a câmera. — Paulinho, você entra no meio dos meganhas e marcha com eles. Zezinho, vamos lá. Vai, Paulinho, agora.

Paulinho Lagoa, com figurino de mendigo, desceu correndo do furgão e se enfiou no meio dos soldados, pondo-se a marchar mui seriamente, em estilo prussiano, entre duas fileiras.

Se a equipe contava com alguns princípios de conhecimento da psicologia de tropas ou se meramente arriscou o couro de seu ator numa ideia insana, só o resto da sequência pôde revelar. De uma forma ou de outra, demos sorte.

Os soldados não conseguiram se decidir entre ter uma reação própria ou continuar obedecendo o comando "Marche!". Acostumados à obediência que só lhes permite reagir mediante ordens superiores, seguiram marchando constrangidos, uns reprimindo o riso, outros olhando com os cantos dos olhos, todos na expectativa de o sargento avistar o corpo estranho e dar suas ordens. Aí sim, poderiam estraçalhar aquele gaiato miserável.

O sargento, marchando à parte, primeiro viu o furgão. Depois, a câmera dentro do furgão. Então, olhou na direção para onde a objetiva da câmera apontava — e viu Paulinho marchando no meio de sua tropa. Gritei a plenos pulmões:

— Corta! Corta! Corre, Lagoa. Ele te viu!

— Você é doido! Genial! — disse Zezinho me entregando a câmera e reassumindo a direção do veículo. Paulinho veio correndo das hostes fardadas e entrou de qualquer jeito dentro do furgão, que arrancou cambaleando. O sargento coçou a cabeça, sem entender direito o que havia acontecido.

No quinto dia, no Parque Municipal, a equipe conheceu o grande personagem do filme: Altair Soledade Perpétuo.

Chegamos cedo no Parque Municipal. Bituca estava conosco. Debaixo de um enorme fícus, um mendigo, agachado, manipulava suas tralhas: uma caneca, uma caderneta ensebada, um pedaço de pau entalhado com sinais estranhos. Notei o tipo: mulato, de cabelos encarapinhados, grisalhos. Ordenei a Tiago:

— Tiago, enquadra e roda. O que sair, saiu.

Tiago, câmera na mão e olho no visor, se aproximou. O som do filme rodando nas grifas fez o mendigo olhar para trás. Ao ver Tiago apontando-lhe a câmera, de um pulo ficou em pé e fez uns estranhos sinais cabalísticos com as mãos:

— Vade retro! Ôpa, quê isso!

Era alto, embora de porte encurvado. Tinha olhos amarelos de expressão profunda e amedrontada como a de certos cães.

A corda acabou. Tiago baixou a câmera e rapidamente começou a dar mais corda.

— Continua, Tiago. Calma, senhor. É só uma filmagem.

— Uma filmagem. Não te dei o direito de roubar minha imagem. A lua é a mãe da terra e filha do sol, sabia disso? Vocês não sabem de nada.

Tiago tornou a apontar a câmera. O mendigo virou de costas.

— Não permito. Não permito que roubem minha imagem.

— É só um filme. Um filme de gente como o senhor. (Ah! que falta faz um Nagra, seu Zezinho!)

— O quê vocês sabem de gente como eu? Lunis Solis Preocupatis...

Falei para Tiago:

— Espera um pouco. — E para o mendigo: — Como o senhor se chama? Este aqui é o Tiago Veloso, Sérvulo Siqueira, ali é o Charles e este rapaz aqui é o Paulinho Lagoa.

Tiago parou de filmar e o mendigo ficou menos agitado. Insisti:

— Qual é o nome do senhor?

Ele me olhou bem dentro dos olhos, fez uns signos cabalísticos com a mão e respondeu:

— Altair Soledade Perpétuo. Lunis Solis Preocupatis.

Paulinho, envergando seu figurino de mendigo, se aproximou do mendigo de verdade e disse:

— Lunis Solis Preocupatis.

E eu:

— *Et cum spiritu tuum.*

O mendigo nos olhou alternadamente:

— Vocês também sabem latim?

Claro que ninguém sabia. Mas aquilo foi uma chave.
— O que vocês querem que eu faça? — perguntou Altair Soledade Perpétuo.
— Só andar por aí com Paulinho. Faz de conta que ele é seu filho.
Altair fez um gesto rude com as mãos:
— Bah! Vão pro inferno! — Juntou suas tralhas e se mandou. Paulinho saiu andando atrás dele e foi isso que filmamos. De vez em quando, se afastando cada vez mais da gente, Altair olhava pra trás e repetia o gesto de repulsa:
— Vão embora, vão pro inferno...
Que nem um Carlitos preto e irado indo embora na cena final. Toda a equipe sentiu estar em presença de um mistério. Pelas frestas da alma daquela personagem, ali exiguamente entreabertas, pudemos entrever a luz intensa de uma vida inteira, com toda a certeza mais rica em ódios, amores, aventuras — essência do cinema — do que todos os roteiros mais fantasiosos que pudéssemos um dia inventar. *Lunis Solis Preocupatis.*

* * *

A espera pelos copiões era um sacrifício, uma luta contra o tempo. Na última remessa, cerca de uns quatrocentos pés trouxeram uma surpresa desagradável. A lente grande angular estava com defeito de paralaxe. Tiago, desconhecendo isso, não retirara a teleobjetiva da torre da Paillard-Bolex, de forma que todos os planos filmados com a lente defeituosa apresentavam uma grande mancha semicircular no canto superior direito do quadro, consequência da interferência da teleobjetiva no campo de visão real.

Metalinguagem! Estética da Fome! Cinema-Lixo!... dessem o nome que quisessem; eu não jogaria a terça parte de meu filme no lixo, pois a opção era: ou usaria aqueles planos ou desistiria do filme, já que não havia mais nem negativo, nem dinheiro, nem prazo. Sérvulo só faltou chorar:

— Mas vai ficar muito esquisito, Márcio. Todo mundo vai ver que é defeito.

— Azeite.

O filme já estava todo truncado; eu roteirizara uma coisa e filmara outra; agora pouco me importava o resultado, eu só queria terminar, mesmo sem música do Bituca, mesmo sem som ambiente, mesmo sem Nagra. Eu só queria terminar.

Na casa de Zezinho Sette, na Barroca, escolhemos a trilha sonora: um trecho do *Navio Fantasma*, de Wagner e outra cantata manjada de Bach para as cenas de ligação. O tema de Maria era "England's Carroll", gravada pelo Modern Jazz Quartet. O tema de Joãozinho era um trecho dos Beatles:

... some are dead and some are livin'
in my life I love them all...

Seguido do solinho de cravo: "pom-pororém-pompêndom pom--pimpom..." etc., Joãozinho baleado, caindo em *slow motion*, a câmera sobe em grua gigantesca (era apenas uma roda-gigante que nunca se deixava revelar) corta Paulinho no chão, sobe grua, corta Paulinho no chão, sobe grua, corta, sobe grua, corta, sobe grua até o fim do rolo, fim do som *"I love them all..."*, sem THE END, sem nada. Avanguardíssimo.

Viajei para o Rio com uma porção de latas debaixo do braço. Tinha que correr se quisesse terminar o filme a tempo de inscrevê-lo no Festival JB-Mesbla.

* * *

Rua Miguel Lemos, Copacabana, casa da tia Alfa. A pré-montagem estava sendo feita sobre o joelho, nas coxas literalmente, sem sequer um visorzinho, quem diria uma moviola. Tudo com que eu contava para o serviço era uma cortadeira dezesseis milímetros e dois vidros de cola apropriada, altamente ácida. Tia Alfa me cedera um dos quartos das crianças para que me instalasse com aquela lataria e metesse mãos à obra, primeiro, porque não tinha dinheiro para pagar estúdio, e segundo porque, mesmo que tivesse, as moviolas dezesseis milímetros do Rio estavam todas ocupadas. Afinal, era tempo de festival de cinema amador.

Pensei que fosse enlouquecer com tantos retalhos de filmes espalhados sobre a cama, pelo chão, no armário, dentro das latas, enrola-dinhos em batoques, desenrolados e enrolados manualmente e a esmo, cortando fotogramas, procurando claquetes, consultando o roteiro e os mapas de filmagem. Pré-montagem na mão, "pera aí"!

Foi preciso apenas um mínimo descuido para desastradamente derramar o vidro de cola ácida sobre meu próprio joelho. Instantaneamente a calça se dissolveu num rombo e a dor que senti foi a de uma queimadura, uma ardência muito forte que me fez gritar. Tia Alfa entrou no quarto e eu lá, gritando de dor. Providenciou um curativo com unguentos e naquela tarde não pude mais trabalhar. Quatro labirínticos dias depois, consegui terminar a primeira limpada de material. Agora precisava de uma moviola. Saí à sua procura.

* * *

O ritmo de meus dias dali em diante seria louco demais para uma casa de família, e portanto, para o resto da produção, me hospedei num pequeno hotel na rua Senador Vergueiro, quase esquina de Paissandu, Flamengo. Ali estava ótimo: perto do Cine Paissandu, perto das moviolas. Vivi dias de monge, em solidão e com o estritamente necessário para a sobrevivência: grana para uma refeição diária no Oklahoma, uma viagem de ida e volta ao estúdio Cinevox, onde aguardava uma vaga na moviola, e uma sessão diária de cinema.

Assisti sozinho a *Alphaville* e fiquei dias com aquele som "*Libre... Ocupé... Libre... Ocupé...*" na minha cabeça. Revi *Vivre Sa Vie* e me lembrei do Dickson. Definitivamente, eu amava Godard e meu amigo tinha toda a razão em me apelidar assim. Quando vi *Pierrot, le Fou* tive certeza de estar diante de uma obra-prima, minhas lágrimas me diziam. Foi quase como *Jules et Jim*. Simplesmente não conseguia estar longe daquelas imagens, de modo que as revi dezenas de vezes, a ponto de saber de cor sequências e monólogos inteiros, desde a abertura, onde Jean-Paul Belmondo recita um trecho de Elie Faure sobre Velasquez, até a cena do bêbado no cais... "*Est-ce que vous m'aimez... elle m'a dit: non!...*", a sequência onde o diretor americano Samuel Fuller define o que é cinema, as invasões de grafismos. TOTAL C'EST UN FILME D'AVENTURES! O genial monólogo de Pierrot: "*Nous sommes faits de rêves, les rêves sont faits de nous...*" E pensei de novo, por instinto: "Puxa! Bituca tem que ver esse filme..."

Sérvulo também estava no Rio, hospedado em casa de uma tia em Santa Tereza, preocupadíssimo com o desfecho de *Joãozinho e Maria*. Junto com Geraldo Veloso, foi o responsável por eu não ter jogado tudo para o alto e desistido. Enfim, sem abdicar dos planos com mancha semicircular, terminamos a montagem em apenas dois dias, usando a moviola em certos intervalos que apareciam na produtora. À noite, íamos lá para os lados da avenida Brasil, em São Cristóvão, buscar os negativos de som. Transcrições de som num terceiro local, no Cosme Velho. Foi um verdadeiro milagre termos ultrapassado todas as penosas etapas da realização, até chegarmos à existência física de uma única cópia completa e final, a qual foi entregue no escritório central da Mesbla, às dezessete horas do último dia permitido para a inscrição.

Com recibo de inscrição no bolso, voltei para Belo Horizonte. Ficara uns vinte dias no Rio e nem tivera tempo de pegar uma praia; aliás, estava bem mais pálido do que quando saíra de casa. Sentia-me também muito cansado, mas o recibo no bolso já era recompensa mais do que suficiente.

* * *

Bituca, de documentos novos, voltou para São Paulo. Permaneci em Beagá, esperando notícias do JB-Mesbla. Estas chegaram, um dia, sob forma de passagem aérea BHZ-RIO-BHZ e reserva de um apartamento em meu nome no Hotel Castro Alves, na praça Serzedelo Correia, Copacabana, Rio.

Meu pai completou com algum dinheiro, pois o que eu ganhava como crítico de cinema era irrisório. Logo estaria de volta à Cidade Maravilhosa.

Quando desci do táxi e o *groom* do hotel veio me receber e tomar minha mala, lembrei-me de quando me hospedara ali pela primeira vez, em 1958, numa das férias coletivas da família Borges. Ali naquele mesmo *hall* de entrada mobiliado com poltronas e mesas sóbrias, de tons marrons, cercado de velhos de nariz vermelho a ler jornais, eu tinha ouvido Oduvaldo Cozzi narrar as maravilhas de Nilton Santos, Garrincha e Pelé na finalíssima que ganhamos de virada e goleada em cima da dona da festa, a Suécia.

Agora, ao entrar de novo naquele *hall*, justamente num ano em que o time brasileiro, depois da maravilha sueca e do sofrimento chileno, bicampeão, acabava de perder burramente uma Copa do Mundo, perdendo da Hungria e perdendo de Portugal, eu não trazia sobre o futebol senão a desagradável lembrança da tarde em que, dando ouvidos ao Sibarita, resolvera sair do hotelzinho do Flamengo para ir ouvir o jogo Brasil e Hungria na casa de certa tia de Carlos Alberto Correia, aliás, o Pesce Canni, tia esta moradora de um elegante edifício no Morro da Viúva, Praia do Flamengo. Mais precisamente, me lembrava do exato instante em que espatifara o caríssimo lustre de cristal da luxuosa sala de estar, durante a comemoração de um gol de Tostão, gol este invalidado pelo árbitro ainda em meio à chuva de cacos de cristal e penduricalhos sobre minha cabeça, eu assim ridiculamente imobilizado no gesto estúpido do soco no ar que deu errado, enquanto o goleiro adversário já bate o tiro de meta. Para maior rotundidade daquela derrota, o Pesce Canni não nos permite sequer ouvir o resto do jogo. Saímos imediatamente à caça de novos e inteiros pinduricalhos de cristal por todas as lojas de iluminação e vidraçarias das adjacências, primeiro do Flamengo, depois da Lapa e da área da Central do Brasil, tudo, aliás, obviamente deserto, em plena hora de jogo do Brasil em Copa do Mundo. Obstinado, o Pesce Canni não dava ouvidos aos apelos e considerações de Sérvulo a respeito da inutilidade daquelas buscas. Mandava o táxi seguir até uma possível vidraçaria que talvez estivesse aberta no Santo Cristo e quem sabe não teria os exatos pinduricalhos.

— Minha tia me mata — dizia muito aflito e dando sacudidelas de ombro, como se estivesse com febre alta.

E do Santo Cristo para a Zona Sul, onde talvez... até que eu, o tempo inteiro calado e muito vexado, julgando já ter purgado suficientemente a pena imposta ao crime de ter feito desabar o lustre da tia irascível do infeliz, durante a comemoração de um gol anulado que resultara em derrota do time brasileiro, mandei Pesce Canni e Sérvulo às favas e fui beber sozinho num bar bem longe deles.

Afastei essas lembranças recentes, porque dessa vez, o Hotel Castro Alves me reservava outro tipo de emoção, uma espécie de conquista da Copa da Maioridade. Lá estava eu de novo, tanto tempo depois, sozinho no quarto 507. Depois de desfazer a mala e tomar um banho, preparava-me para dormir quando olhei na direção da varanda do meu apartamento. Na varanda bem ao lado estavam dois jovens, só de cuecas.

— Êi! — chamou um deles.

Olhei. Era o mais baixo dos dois e tinha a cabeça grande e cabelos anelados. O outro era claro e alto, de cabelos lisos. Deviam ser da minha idade, dezenove ou vinte anos.

— Também veio para o festival? — perguntou o cabeça grande.

Eu me aproximei da varanda:

— Vocês também mexem com cinema?

— Espera aí — respondeu o cabeça grande. — Que apartamento é esse aí?

— É o 507 — respondi, esperando no máximo que os caras do apartamento em frente se vestissem e se preparassem para uma visita, ou pelo menos me convidassem para fazer-lhes uma. Em vez disso, o cabeça grande alçou-se perigosamente sobre o murinho da varanda e, de um pulo, alcançou a varanda do 507, assim como estava, de cueca. Estendeu-me a mão:

— Prazer! — e entrou no meu apartamento. — Vamos beber as garrafinhas. O Festival paga. As do 506 nós já bebemos todas — disse muito à vontade e foi logo abrindo uma garrafinha de uísque. Você bebe com gelo ou sem gelo?

Eu ia querer um sem gelo, mas antes que pudesse responder, olhei para a varanda bem a tempo de ver o cara alto e claro também saltar o murinho.

— Olá — cumprimentou. — O meu é sem gelo.

— Você é de Minas? — perguntou o cabeça grande, com sotaque do sul.

— Sou de Belo Horizonte.

— Qual é o teu filme?

— *Joãozinho e Maria*.

— Estão falando bem dele.

— Quem está falando do meu filme?

— Alex Vianny falou que é genial. Maurício Gomes Leite também.

Pensei: "Oba", mas disse apenas:

— E vocês?

— Nós também temos filme no festival — disse o claro e alto, com sotaque paulista.

O cabeça grande vasculhava a geladeirinha:

— Esse poeta condoreiro é uma merda.

Quando me lembrei do nome do hotel, lembrei-me também de certas aulas de literatura e dei uma risada.

— Poeta condoreiro, essa é boa.

(Por causa disso, nos dias que se seguiram, nós três passamos a nos referir ao hotel apenas como o "Poeta Condoreiro".)

Gostei daqueles dois. Eram inteligentes e engraçados. Tinham um gosto parecido com o nosso lá do CEC: Godard, Orson Welles, cinema B americano, Renoir, Buñuel. Contei-lhes o enredo de meu *Joãozinho e Maria,* falei das filmagens entre os soldados, narrei o episódio do mendigo, Lunis Solis Preocupatis. Falei do defeito de paralaxe, da meia-lua interferindo em um terço do filme.

— Genial! — exclamou o cabeça grande. — Doentio! É desvairado que nem Bellochio. Qual é mesmo teu nome?

— Márcio Borges. E o seu?

— Rogério Sganzerla — disse o cabeça grande. — Precisamos nos encontrar.

— Andrea Tonacci — disse o alto e claro.

Conversamos sobre nossos filmes e sobre nossas expectativas para o dia seguinte, abertura do Festival JB-Mesbla. Combinamos ir juntos e dividir a corrida do táxi.

Tudo armado, Rogério e Andrea se despediram de mim e voltaram por onde vieram.

* * *

A porta do Cine Paissandu estava congestionada de gente, jovens em sua maioria. Movimento estudantil, esquerda e cineastas. Ao lado, o Oklahoma fervilhava. Lá dentro, o cinema já estava superlotado. O alvoroço das vozes emitia um rugido contínuo que ecoava pelo ar enfumaçado.

As luzes se apagaram e o vozerio diminuiu, mas não terminou de todo. Eu estava ao lado de Sganzerla, Tonacci, Sérvulo e Geraldo Veloso.

Começou a exibição de curtas-metragens vindos de várias partes do Brasil. Alguns eram aplaudidos freneticamente, outros causavam gargalhadas de deboche, outros ainda eram vaiados com selvageria. Em nenhum caso a plateia deixava de se manifestar de forma ruidosa e veemente. Eu, ao mesmo tempo em que reagia como todos, aplaudindo, gargalhando ou vaiando, por dentro tremia de excitação e medo da reação que meu pobre filmeco (e, ai, sua meia-lua!) pudesse provocar naquela gente impiedosa. Intimamente, preferia antes que vaiassem do que rissem. Provocar risadas sem querer é desmoralizante.

Nos intervalos entre um filme e outro as luzes se acendiam e eu podia reconhecer as pessoas famosas do cinema nacional. Lá estavam o produtor L.C. Barreto, o cineasta Glauber Rocha, o crítico Alex Vianny, Paulo César Sarraceni, Isabel Ribeiro, Adriana Prieto, Helena Ignez, mas o grosso da massa era composto de jovens anônimos, estudantes e *drop-outs*.

Os filmes de Sganzerla e Tonacci foram muito bem recebidos. Montagem de Sganzerla em ambos. Em todos os dois, temática urbana, ruas de São Paulo, poesia do asfalto, influências de Godard. O de Tonacci, mais linear. O de Sganzerla, mais doidão.

Joãozinho e Maria seria exibido apenas no dia seguinte, para aumentar meu suspense.

Finalmente rompido um longo ciclo de "anjo exterminador" que ainda prendeu todo mundo na porta do Paissandu durante horas, terminadas as exibições daquela noite, eu, Sganzerla e Tonacci retornamos ao Poeta Condoreiro dividindo o preço do táxi, conforme havíamos combinado. Sganzerla olhou para mim e perguntou:

— Mas e o Testôr?

Eu me lembrei e comecei a rir. Não era Testôr, mas Textor, e ele se referia a outro jovem concorrente da noite, que mostrara um filminho muito singelo, dos que involuntariamente causaram risada.

— O Testôr é uma parada — considerou filosoficamente.

Caí na gargalhada. Até o chofer do táxi riu, sem saber do que se tratava. O Barroco, o cabeça grande, continuou:

— O Testôr é um gênio.

Aí eu tive de apelar, roxo de rir e sem fôlego:

— Para... para...

Por alguns momentos havia me esquecido do suspense que me esperava no dia seguinte, na exibição de *Joãozinho e Maria*. Quando me lembrei, parei de rir na hora. Sganzerla mesmo não ria, só falava:
— Mas o Testôr...

Seu próprio curta, *Documentário*, não agradara a todo mundo, embora eu, particularmente, tivesse achado genial.

De volta à cama do 507, custei a pegar no sono. Minha cabeça doía e nos meus olhos fechados rodopiavam cenas de curtas, trilhas, aplausos ululantes, vaias feéricas.

* * *

Hora de *Joãozinho e Maria*. Ao lado de Paulinho Lagoa, tremi na cadeira. O Cine Paissandu estava ainda mais superlotado do que na véspera, a plateia igualmente ruidosa.

Primeiros cinco minutos: bem, pelo menos não estavam vaiando ainda. Dez minutos: a plateia não reagia; apenas prestava atenção. Nenhum riso. Lá vêm os planos com meia-lua. Algum zum-zum-zum. Meu coração na boca. Quinze minutos: silêncio. Acho que vou desmaiar de tensão. Sequência final, Beatles: *"Some are dead and some are livin', in all my life I love them all..."*, Joãozinho morto no chão, sobe grua corta. Joãozinho sobe grua corta sobe grua... as luzes do Paissandu se acenderam. Afundei na cadeira esperando a vaia... que não veio. O aplauso também não. Apenas um incômodo sussurro, como se estivessem achando que o filme tinha arrebatado no meio da projeção, como se esperassem a continuação, como se quisessem mais... As pessoas simplesmente não sabiam o que achar daquele filme maluco, que não era político, não era poético, não era estético, só era incômodo, Joãozinho comendo que nem cachorro, estrangulando um passarinho, marchando em meio a soldados de verdade, celebrando um "culto" a Eisenhower, desfilando com um mendigo de expressão impressionante...

Até que um homem se levantou ao fundo e gritou:
— É genial! — E começou a aplaudir de pé, sozinho.

Aí o alarido cresceu um pouco, mas foi logo interrompido porque já começava o próximo curta. Na saída me disseram que o homem que havia gritado "É genial" era L.C. Barreto, mas isso nunca pude confirmar.

— Pelo menos não foi vaiado — disse Sérvulo.

Eu apenas sentia alívio por tudo ter terminado. Mesmo vaias teriam sido melhores do que a expectativa e a tensão que sentira.

— Marco Bellochio! — Sganzerla apertou meu braço e disse isso como comentário: — Doentio! — Ao final, na porta do Paissandu, me perguntou: — Onde você arranjou uma grua daquele tamanho?

— Aquilo é uma roda-gigante. — E expliquei-lhe como filmara, com Tiago montado na cadeira ao contrário, sem apoio nas costas e cheio de vertigens etc.

* * *

A última noite do Festival de Cinema Amador JB-Mesbla foi dedicada à entrega dos prêmios. Sganzerla levou o prêmio de melhor montagem, tanto por seu próprio filme quanto por *Bangue-Bangue* de Tonacci. *Joãozinho e Maria* levou o prêmio de Melhor Inventiva Formal, o que quer que isso quisesse dizer. Paulinho Lagoa, um dos favoritos para o prêmio de melhor ator, não levou nada. Minha premiação consistia num diploma de couro e um contrato a ser assinado com a Mapa Filmes, como assistente de direção de sua próxima produção. Esta seria *Menino de Engenho*, com direção de Walter Lima Jr. Conversei com Zelito Viana e Glauber Rocha. Este último foi muito hostil comigo, principalmente quando lhe contei que era amigo de Schubert Magalhães e de Luís Paulino. Parece que tinham uma bronca antiga por causa de *Barravento*, sei lá. O fato é que, muito tímido, não me senti à vontade entre aquela gente. Depois, conversei pessoalmente com Walter Lima Jr., num apartamento de parentes seus em Belo Horizonte, e minha impressão se confirmou. De modo que deixei aquela premiação pra lá e segui minha vida.

* * *

Bituca também era apaixonado por cinema, embora não fosse um cinéfilo na acepção da palavra. Ele estava no Rio e tínhamos acabado de ver *Alphavile* no Paissandu.

— Esse Godard, não sei não... — reticenciou.
— Não gostou não?
— Muito intelectualóide pro meu gosto.
Melhor mudar de assunto:
— E São Paulo?
— Tá lá. Aquela coisa.
— E a Silvinha?
— Colosso.
— E o Zé Wilson, como vai o Zé Wilson?
— Aquele elemento... Você e o Fernando abram o olho, que ele quer ser meu parceiro, vive cheio de ideias.
— E Beagá? Voltamos amanhã?
— Vamos levar um presente pros meninos. — (Os meninos eram The Beavers.) — Vamos levar *Revolver;* você já ouviu?
— Revolver?
— O último disco dos Beatles. Acabou de sair.
— Até tu, Bitúcus?
— Esse disco é um barato.
— E daí? Vai comprar só porque é barato.
— Eu não disse que é barato. Eu disse que é um barato. Tá por fora, hein, Das Baixínhans.
— Uai, não conheço essa gíria.
— Grilo, barato e bode. Já ouviu?
— Nunca ouvi esse trem. — (Em Beagá, Bequinho, da turma do Levy, me explicaria: "Barato eu já ouvi. É o barato do jogo, o que você pinga pra jogar..." Eu continuaria na mesma por um bom tempo.)
— Voltando ao assunto, *Revolver* é um disco muito bom, um barato — disse Bituca.

Atravessamos a rua e entramos numa loja de discos próxima, onde compramos o último disco dos Beatles e mandamos embrulhar para presente.

* * *

Em Belo Horizonte, Lô, Beto, Márcio Aquino e Yé — The Beavers — gostaram muito do presente. Não demorou nem um dia e eles já estavam incorporando aquelas novas canções ao seu repertório *cover*. Dos quatro, era Lô quem mais impressionava Bituca. Comentava comigo:

— Esses teus irmãos são um caso muito sério.

Como irmão coruja, me sentia lisonjeado com a admiração de Bituca. Desde muito pequenino meu irmão era muito compenetrado e concentrado, possuidor de humor bastante refinado para sua pouca idade. Normalmente isso encantava os adultos, mas Bituca queria significar muito mais. Sabia ver sinais de musicalidade pura onde eu próprio só via dois irmãos pequenos brincando de Beatles.

* * *

Sérvulo Siqueira e família haviam se mudado para o Bom Retiro, São Paulo. No início isso serviu de apoio moral para Bituca, que tinha em Cecília uma amiga muito fiel e dedicada e em Sérvulo um admirador contumaz. Além disso, dona Ione cozinhava muito bem e era generosa nos aperitivos. Acontece que todos andavam bebendo muito e com o tempo (e as bebedeiras) o excesso de convivência fez a amizade estiolar. De qualquer forma, Bituca ainda tinha seu quarto na Pensão do Bóris, na Vila Mariana.

Quando cheguei na capital paulista, fazia um frio de 10 ºC. Pensei: "Bom motivo para beber uns conhaques com meu parceiro".

Nosso encontro já era esperado. Bituca apresentou-me o dono da pensão, o Bóris. Era gordo e bonachão. No quarto que Bituca ocupava compusemos "Irmão de Fé", a partir de uma levada de violão sensacional que meu parceiro produzira ali na hora. A letra falava:

> *Meu irmão fala da vida*
> *eu, irmão, sei que viver é bom*
> *mas pra ter mundo que quero*
> *eu vou fechar corpo na solidão*
> *vou fazer faca de prata*
> *e vou lutar até morrer*
> *mas vivendo sei de verdade*
> *minha gente vai me amar...*

O próprio Bóris gostou muito da música, gostou muito de mim, mas saiu cantando a título de advertência contra possíveis excessos sonoros:

*Batuque na cozinha sinhá num qué
por causa do batuque eu quebrei
meu pé...*

Bituca já havia descoberto uma versão do Bigodoaldo's em Vila Mariana, de maneira que pudemos comemorar o nascimento de mais uma "filha" da maneira ritual: batida de limão.

No dia seguinte, fomos visitar Silvinha Góis, a tal amiga dele que me escrevia longas cartas sem nunca me ter visto na vida. Ao encontrá-la pela primeira vez, lembrou-me Lisa Minelli, de leve. Passamos a tarde juntos, em seu apartamento à rua Craveiro Lopes, no centro, conversando, escutando Bituca desfiar nossas canções. À noite, fomos assistir a última apresentação de um espetáculo de teatro que havia feito muito sucesso e do qual eu ouvira falar muito em Beagá: *Morte e Vida Severina*, montagem original. Fiquei impressionado.

Conheci Zé Wilson e fizemos camaradagem. Conheci também Jacaré (um outro Jacaré, não Helson Romero, o Jaca), um mulato de rosto bexiguento e voz pastosa, ator de teatro. (Aonde andará esse segundo Jacaré? Me pergunto sempre.) Com Bituca e Zé Wilson, fomos à casa dos irmãos Godoy. Hamilton, como pianista do Zimbo Trio, era famoso entre os aficcionados de música. O segundo irmão também era pianista, o Adylson. Naquela tarde, me mostrou um tema de piano e me convidou para colocar uma letra. Meio constrangido, rabisquei uns versinhos e lhe entreguei. O terceiro irmão, Amylson, também era pianista, e ainda tinha, se não me engano, o Sérgio. Todo mundo ali tinha mandado música para o Festival Berimbau de Ouro, que era o grande bochicho no momento. Bituca inscreveu "Irmão de Fé". Nutríamos grandes esperanças porque todos elogiavam rasgadamente a música e Bituca já não era um completo desconhecido.

Quem mais nos animava era a baiana Telma Soares, que cantava com Bituca num *show* de boate. Quase nos matava de rir com seu palavreado desbocado e atrevido. Era também carinhosa e sensual:

— Vem cá, minha sãnãnansa...

Quando caía a noite, íamos beber no Sandchurra's, na Galeria Metrópole. Numa dessas vezes, estávamos eu, Bituca e Sérvulo quando vi Sganzerla entrar.
— Ô Rogério! — chamei.
Assim que me viu, Rogério me cumprimentou calorosamente:
— E aí, Bellochio! Como vai o cinema doentio? *Joãozinho e Maria!* Genial! O que você está fazendo em São Paulo? Eu vou começar *O Bandido*... — Sentou-se à nossa mesa e a conversa ficou mais animada por suas observações tanto mais engraçadas quanto mais álcool íamos ingerindo. Bituca começou com aquelas suas gargalhadas. Fomos bebendo até que num dado momento era de manhã e restávamos, completamente bêbados, só eu e Sérvulo, em plena avenida Ipiranga, cinco horas da manhã. O movimento da cidade já era considerável. Sérvulo parou um táxi. Lembrei-me de que não tinha mais dinheiro; tinha bebido tudo. Mas não me lembrava mais em que momento da noitada fora deixado para trás. Ah! Bituca tinha ido trabalhar. Aliás, para isso saíramos de casa.
— Posso dormir na sua casa? — perguntei a Sérvulo, que embarcou ao lado do motorista. Sentei-me no banco de trás.
— Vamos rachar o táxi — disse Sérvulo.
O motorista arrancou:
— Para onde vai?
— Vamos para o Bom Retiro — Sérvulo comandou.
— Eu não tenho dinheiro — falei em seguida.
Sérvulo olhou para trás:
— Como não tem dinheiro? — O táxi rodando.
— Bebi tudo.
Sérvulo ficou furioso:
— Você é um irresponsável.
Fiquei calado, o sangue começando a ferver. "Se ele disser mais uma coisa, meto-lhe a mão", pensei.
— Explorador — ele disse.
Num ímpeto, cumpri minha estúpida promessa: dei um violento tapa na cara do Sérvulo, que revidou imediatamente e nós dois, bêbados, começamos a brigar dentro do táxi. O motorista, aos berros, encostou e enxotou os dois para fora, arrancando sem receber a corrida.

Estávamos em frente à Estação da Luz, onde a feia briga continuou, até que Sérvulo, desvencilhando-se de mim, com a camisa rasgada, saiu correndo pelo meio da avenida, parou um táxi e num piscar de olhos embarcou e desapareceu no trânsito.

Mesmo bêbado, ou talvez por isso mesmo, examinei calmamente a situação. Estava bêbado, sujo, rasgado, sozinho, sem um tostão no bolso, no meio de uma cidade gigantesca, dentro da qual era um completo estrangeiro. Tudo bem: quem tem boca vai a Roma.

— Por favor, pode me informar onde fica a rua Consolação?

Sabia que a rua de Silvinha Góis ficava perto da rua Consolação, porque afinal eu não era tão jacu assim e minha experiência pregressa como estafeta me fizera desenvolver uma espécie de senso de orientação razoavelmente apurado. Então, afinal, depois de perambular um tempo interminável, que desmentia tudo o que eu achara até então a respeito de meu senso de orientação razoavelmente apurado, avistei o enorme edifício onde morava Silvinha. Cheguei no portãozão de ferro batido, com florões e arabescos. Não tinha porteiro. Pior! Não conseguia me lembrar do número de seu apartamento. Não conseguia lembrar nem o andar. Bêbado. E o sono cada vez mais insuportável.

Dei meia-volta. Havia uma pracinha em frente, muito simpática, com flores... e bancos. Num deles, enrolado a um jornal, um mendigo ainda dormia, apesar do sol tão claro. Estava melhor do que eu, que nem jornal tinha. Deitei-me num banco mais afastado e cedi ao apelo irrevogável do corpo. Apaguei, enquanto São Paulo acordava e o centro começava a ferviolhar de gente.

* * *

O saldo daqueles tempos de São Paulo não foi muito bom nem para mim nem para Bituca. "Irmão de Fé" foi desclassificada do festival logo na primeira eliminatória. Foi uma grande decepção. Chorei de frustração e raiva, como choraria um torcedor fanático que visse seu time perder uma partida decisiva, justamente quando era favorito... Além disso, perdera também a amizade de Sérvulo.

Bituca, premido pelas dificuldades financeiras ("as conjumerências", segundo nomeava), num discurso dadaísta que terminava invariavelmente com: "... o abade empírico do após-eu" teve de abandonar a pensão do Bóris e se mudar para um quartinho deprimente situado à rua Marquês de Itu, 185, ou seja, dentro da Boca do Lixo.

De volta a Belo Horizonte, recebi uma carta aflita de Silvinha: "... o Milton mudou de pensão e não avisou ninguém onde está morando agora. É um doido aquele Bituca..." Com certeza, era vergonha de falar onde andava cafofado no momento.

Após a experiência de "Irmão de Fé", Bituca prometera nunca mais se inscrever num festival; era frustrante demais ver uma música boa, uma música boa, não, uma linda filha querida ser desclassificada, ser considerada inferior. Evidentemente, ao prometer tais coisas não fazia nem ideia de que Agostinho dos Santos, seu protetor, havia levado três de suas filhas para concorrer, à sua própria revelia, no Festival Internacional da Canção, que aconteceria brevemente no Rio de Janeiro.

Embora Bituca ainda não o soubesse, seus dias de perrengue em São Paulo estavam contados.

Márcio Borges e Duca em Santa Tereza, no início dos anos 70.

2

História

"... RAMO DE LEMBRANÇAS
ME FERINDO, VOU GUARDAR
EU SEI RUAS DO TEMPO,
MIL FRONTEIRAS CRUZAR..."

FERNANDO BRANT, 1965

Fernando Brant, repórter da revista "O Cruzeiro", 1971.

CAPÍTULO 1

"Travessia"

Maria Célia Brant, a mulher mais bonita que já pisou neste planeta, segundo a apreciação entusiástica de Bituca, viu o amigo na sala e falou:
— Espera aí um pouco.
Voltou com um violão novinho que acabara de ganhar.
— Toca aí aquela.
Ela se referia à música que Bituca fizera com Fernando, seu irmão:

... quando você foi embora...

No final Maria Célia falou para Bituca:
— Agora põe seu autógrafo aí no violão.
— Mas é novinho, vai estragar.
— Vai estragar nada. Vocês vão ganhar esse festival e ficar famosos. Quero ser a primeira a ter um autógrafo seu no violão.
Bituca, muito sem graça, assinou.

* * *

Em 1967, os horizontes de Belo Horizonte estavam ficando estreitos demais para os frequentadores mais inquietos do Ponto dos Músicos. O pianista Hélvius Vilela largara seu emprego no banco e se mudara para o Rio juntamente com Celinho Trumpete. Wagner Tiso fizera a mesma coisa. Nivaldo Ornelas, Pascoal Meirelles, Paulinho Braga,

Nelson Ângelo e outros faziam as malas. A ditadura já fizera seu terceiro aniversário. A repressão militar aumentava e, ao que constava, os próprios militares estavam em crise entre eles. O jogo endurecia. Fui expulso do Colégio Anchieta por indisciplina; ou melhor, o professor Newton, muito gentil, me aconselhara a abandonar seu colégio enquanto ainda podia conseguir transferência, liberação de papelada, havia tantos colégios bons em Belo Horizonte, eu que não perdesse a chance que ele, magnânimo, estava me dando. Parei de estudar. Continuei trabalhando no *Diário da Tarde,* como crítico de cinema. Pelo menos podia fazer o que mais gostava e ainda ganhar uns trocados. No embalo de *Joãozinho e Maria* começara a rodar outro curta, mas já o interrompera há muito tempo por falta de grana. Via uns três filmes diferentes por dia até esgotar tudo o que tinha em cartaz. Aí recomeçava, até entrar filme novo. O pessoal mais antigo do CEC tinha fundado o CEMICE — Centro Mineiro de Cinema Experimental — e o nosso querido cineclube encontrava-se provisoriamente acéfalo. Colocaram-me como diretor de programação. Deitei e rolei uns três ou quatro sábados. Depois desisti de passar meus dias rodando distribuidoras à cata de pérolas da cinematografia mundial.

Um dia chegou a notícia. Marilton foi quem a trouxe.

— Bituca classificou três músicas no Festival Internacional da Canção.

Eu ainda amargava a decepção da desclassificação de "Irmão de Fé" e nem sabia que Bituca tinha mudado de ideia. Senti uma vibração de alegria e uma estranheza:

— Engraçado... Sabe quais são as músicas?

Marilton não sabia. Acabamos sabendo: eram "Maria Minha Fé", sua homenagem à amiga Maria Amélia; "Morro Velho", a tal que eu julgara uma indireta, toada elaborada com sofisticação harmônica e letra que refletia sobre o modo de vida do interior e suas relações sociais, o preto de viola na mão, que substitui o brinquedo pelo trabalho, enquanto seu amiguinho branco, filho do senhor da fazenda, vai estudar na cidade e volta doutor; e uma tal de "Travessia", com Fernando Brant, da qual eu nunca ouvira falar. É... em matéria de festival, eu dera mais sorte com o de cinema...

Naquela hora da tarde, eu sabia onde encontrar Fernando. Estava num bar chamado Saloon, na rua Rio de Janeiro, ponto de encontro dos escritores e contistas de Beagá. Lá estava ele, numa roda com Sérgio Sant'Anna, Jaime do Prado Gouveia, Adão Ventura ("Abrir-se um Adão, mesmo depois de deduzir dele o Ventura") e outros. O Saloon pertencia à mãe da cantora Zabelê, amiga da turma.

— Ficou sabendo do Bituca? — perguntei.
— A nossa música entrou — ele me respondeu.
— Que música é essa, "Travessia"?
— É o "Vendedor de Sonhos". Nós tiramos aquela parte que você achava esquisita... "Quem quer comprar meus sonhos..." Aí não tinha mais sentido ela ficar com aquele nome. "Travessia" você gosta?
— É...

Mais do que enciumado, eu estava decepcionado pelo fato de não ter conseguido, em dois festivais, classificar sequer uma canção de minha parceria com Bituca.

No entanto, ainda teria minha chance no Festival Internacional. Alguns dias depois disso, Toninho Horta me procurou com uma linda canção para colocar letra. Se a fizesse a tempo, poderíamos inscrevê-la no Festival. No momento era eu quem não queria saber mais dessa história de concurso de música, mas como o parceiro seria Toninho Horta, grande caráter, amigo do Lô, e ainda por cima irmão de Paulo Horta, fiz a letra. Fiz por prazer e lavei as mãos quanto ao Festival.

Graças exclusivamente aos esforços e méritos de Toninho, "Correntes" foi classificada.

* * *

Toninho Horta trabalhava na gravadora Bemol, que produzia *jingles* comerciais. Uma vez classificada "Correntes", ele e eu deveríamos preencher a ficha de inscrição apropriada e mandar fotos 18x24. Fotos custavam dinheiro, por isso Toninho negociou tirar as nossas no Studio Rodolfo, que mantinha uma espécie de permuta comercial com a Bemol.

Por minha própria conta, convidei Fernando Brant, pois sabia que ele também precisaria fazer a inscrição de "Travessia".

— Vamos tirar essas fotos no Rodolfo.
— Mas ele é o mais caro da cidade, mais caro que o Zatz...
— Não vai custar nada. É na conta da Bemol.

— Mas eu não tenho nada a ver com a Bemol.
— Nem eu. O Toninho já conversou lá. Conhece o Toninho?
— Pois, então. Eu nem conheço esse Toninho.
— Vamos lá que eu te apresento. Se der deu, se não der, azeite, uai.

No dia seguinte, nos encontramos à hora combinada, à porta do edifício onde funcionava o Studio Rodolfo, na rua Goitacazes, centro.

— Toninho, este é o Fernando Brant, parceiro do Bituca; Fernando, Toninho Horta, meu parceiro. Pronto. Estão apresentados. Toninho, será que dá pro Fernando tirar suas fotos junto com a gente?

— Por mim... vamos lá pra ver.

Subimos até o andar do estúdio. Rodolfo, o fotógrafo, desconfiou:

— Uai, mas não eram dois?

— Não, não, somos três mesmo.

Tiramos as fotos. Na saída, Toninho combinou com Rodolfo:

— As minhas e as dele — apontou para mim — você pode mandar para a Bemol quando estiverem prontas. As do Fernando, ele vem aqui buscar. Amanhã está bom? — e piscou um olho disfarçadamente para nós.

Saímos os três e fomos tomar um suco de frutas ali perto.

* * *

Os organizadores do Festival Internacional da Canção colocaram todos os concorrentes no Hotel Regente, na avenida Atlântica. Artistas famosos se misturavam aos novatos como eu, Fernando Brant e Toninho Horta.

Bituca, ufa!, fora salvo do furdunço onde alguém do Festival o colocara pelo contrabaixista pernambucano Djair Barros e Silva, o Novelli, que não admitiu ver a grande revelação do Festival enfurnada num pardieiro daqueles, um beco qualquer do Catete, e levou o novo amigo para seu próprio apartamento, na rua República do Peru, em Copacabana.

Eu o conhecera através de Bituca, num bar do Leme chamado Sachinha, ponto de encontro de compositores e letristas universitários. O grupo dos rapazes tinha até um nome: MAU — Movimento Artístico Universitário.

Bituca estava totalmente constrangido pelo fato de nenhuma das três músicas classificadas ter sido feita em parceria comigo. Ao nos encontrarmos, ficou sem graça.

No Hotel Regente, fotógrafos, jornalistas e câmeras circulavam por *halls* e corredores. Eu comparava aquela organização aparatosa com as singelas etapas do festival de cinema amador do qual acabara de participar. Uma coisa era por demais evidente: a indústria da música estava consideravelmente mais organizada e era muito mais poderosa do que o nosso cinema. Covardia. A indústria fonográfica era estrangeira. "Vera Cruz" e Atlântida eram coisas da minha infância.

No café da manhã, uns fotógrafos assediavam o cantor Juca Chaves na mesa ao lado. Noutra mesa reconheci o venerável mestre do frevo, Capiba, fazendo seu desjejum com o violonista Alcivando Luz. O organizador Augusto Marzagão procurava chamar atenção dos jornalistas para o novato Milton Nascimento. Bituca, taciturno e timidíssimo, enfiava a cabeça para dentro do pescoço. O organizador tecia loas, enfatizava o fato de Bituca ter classificado três músicas! Ele e Vinicius de Moraes! Meu amigo foi então sacado da mesa onde tomava café com Fernando e Toninho e colocado numa mesa à parte, onde foi entrevistado e fotografado. Logo depois, Fernando também foi chamado à outra mesa, onde foi entrevistado e fotografado ao lado de Bituca. Na mesa do café da manhã restamos eu e Toninho.

— É, rapaz, é fogo... — Toninho sorriu.

À tarde, um ônibus especial levou os participantes para os ensaios no Maracanãzinho. Pelo caminho, eu pensava nas coisas do destino, que me colocara ali naquele ônibus apenas porque tinha sido procurado por Toninho na última hora; senão, nem sequer estaria por perto quando as coisas acontecessem. "Correntes" não me proporcionava a mesma segurança que sentiria se a música fosse "Irmão de Fé", ou "Coragem", ou "Paz do Amor que Vem", ou "Crença", ou "Terra", ou qualquer outra parceria com Bituca, filhas paridas e criadas entre dores e batidas de limão, mas era bom ir me acostumando, porque naquele exato momento uma enorme roda já tinha sido posta a girar e o efeito disso seria a simples trituração de tudo o que pudesse ter perdurado até então do modo como fora antes, a absorção total dos nossos inocentes tempos de pré-história "levyana" num outro tempo muito mais premente e muito mais duro, feito por e para homens, não meninos. As luzes que começavam a acender sobre nós não ofuscavam a visão clara de que tempos difíceis eram aqueles e os que estariam por vir.

No Maracanãzinho, a diferente categoria dos crachás nos separou momentaneamente. Bituca tinha acesso à área do palco, camarins e todos os setores; o meu restringia meus passos à área destinada aos convidados. Mesmo assim, aquilo era excitante, a orquestra passando os arranjos, os candidatos circulando com seus crachás ao peito, os fotógrafos disparando *flashes*. Avistei, sentados bem em frente ao palco, os pais de Bituca, Josino e Lília. Fui depressa ao encontro deles e abracei-os com entusiasmo.

— E aí? Felizes?
— Claro, não é para estar? Bituca classificou três músicas.
Dona Lília estava orgulhosa do filho.
— É verdade... E aí, seu Zino?
— Quer dizer que você também entrou, não é?
— Na última hora, mas entrei.
— E as músicas da dupla, porque não entrou nenhuma?
— Ficam pra próxima...

Todo mundo me perguntava aquilo: papai, mamãe, meus irmãos, Dickson, Marisa, a turma do Levy, o pessoal do CEC, os músicos do Ponto, todo mundo que estava cansado de nos ver dependurados um no outro o tempo todo, compondo, tocando e cantando, mesmo depois de ele ter se mudado para São Paulo. Puxa vida, eu não sabia explicar, não tinha resposta, era a mão do destino. Aliás, Bituca não tomara nenhuma iniciativa, aquilo tinha sido coisa do Agostinho, escolha pessoal, à revelia... Fernando não tinha nenhuma outra música...

De volta ao hotel, finalmente conheci o cantor Agostinho dos Santos e dei boas gargalhadas. Ele era muito engraçado. Os cuidados e atenções que dispensava a Bituca, sempre de um jeito muito cômico, revelavam no fundo um grande carinho e vontade de ajudar. Grande alma.

* * *

O Maracanãzinho, colorido de multidão, era um alarido só. Vestido com minha melhor roupa, lá estava eu olhando para as arquibancadas cada vez mais cheias. Aquilo sim, era uma multidão; aquilo sim, era um alarido. E eu que tremera apenas com a plateia do Paissandu... Agora tremia e ansiava por Bituca; os jornais falavam dele com grande expectativa. Eu próprio não me sentia concorrente; não conseguia. A família Brant viera torcer por Fernando. Os Silva Campos e mais uma porção de gente de Três Pontas também tinham vindo. Todos exibiam crachás e estavam na área das cadeiras de pista, próximos ao palco. Encontrei Dida:

— Como vai a reserva hídrica do camelo? — perguntei.

— Ô rapaz. Cê viu o crioulo? Arrasou.

— E o delegadinho de merda?

— Nem sei mais. Eu agora moro em Santos. Sou siderúrgico.

Fiquei por ali conversando com os conhecidos que via, enquanto a orquestra afinava seus instrumentos, em meio a um vozerio ensurdecedor.

As luzes da plateia se apagaram. O barulho de multidão cresceu, o palco clareou. A orquestra atacou o tema de abertura e cobriu a voz das arquibancadas. Empolgante. Embalado pelo entusiasmo que tomou conta de todos, saí correndo do lugar onde estava, para tentar entrar na área dos camarins. Centenas de pessoas se dependuravam nos gradis que separavam aquela área do resto. Policiais militares e seguranças guardavam o outro lado. Com muito esforço, consegui entrar, graças ao meu crachá que dizia AUTOR.

No palco, o apresentador Hilton Gomes dava solene procedimento à abertura do 2º Festival Internacional da Canção, ou 2º FIC, como era chamado nas internas.

Procurei Toninho Horta num camarim e desejei-lhe boa sorte, dentro de um demorado abraço. Depois procurei Bituca. Dei uma ajeitada no seu cabelo, pus umas molinhas no lugar com uns tapinhas de leve. Despedimo-nos com um beijo fraternal. Procurei um lugar de onde pudesse ver o que acontecia no palco sem ter que abandonar a área dos camarins. Achei um lance de escadas onde me sentei e fiquei. Durante a execução de "Correntes", julguei ouvir um início de vaia e corei de vergonha, no escuro. Ao final, soaram alguns aplausos frios.

As três músicas de Bituca foram aplaudidas de verdade. Agostinho dos Santos deu a "Maria minha Fé" uma interpretação emocionante. Em "Morro Velho" Bituca mostrou competência, debaixo do nervosismo natural de uma estreia daquelas, diante de trinta mil pessoas e um número não calculado de telespectadores.

Mas foi com "Travessia" que a multidão se emocionou.

No entanto, só vi surgir mesmo a favorita do público quando um rapaz baiano, chamado Gutemberg Guarabira (que eu vira nuns cafés da manhã no hotel), entrou no palco com um bando de moças e rapazes e apresentou "Margarida". A música era bonitinha, mas tinha um refrão fácil e apelativo, extraído diretamente da cantiga de roda homônima. Exatamente por isso enlouqueceu as arquibancadas.

No final, o júri se reuniu numa área especialmente reservada e escolheu as finalistas. Hilton Gomes voltou ao palco e, com suspense, anunciou o resultado. As músicas de Bituca haviam se classificado. "Correntes" não. Compreendi que para mim a festa terminava ali.

* * *

No dia seguinte, Bituca me procurou no quarto do hotel.
— Você não vai embora.
— Claro que não. Quero assistir você ganhar esse Festival.
— Estou falando amanhã. Você não vai embora amanhã.
— Minha diária vai até amanhã ao meio-dia.
— Você fica no Novelli comigo. Eu falo com ele.

Novelli morava com um baterista chamado Normando. Se permitissem, então eu ficaria com eles, claro.

* * *

Ao cair da noite, voltamos ao Maracanãzinho no ônibus especial. Nos arredores do estádio o movimento era grande. Nas poltronas da frente do ônibus, Bituca e Agostinho conversavam e riam sem parar. De vez em quando troava pelo corredor uma daquelas gargalhadas estilhaçantes de meu parceiro. Ele estava bastante feliz, mas brevemente teria motivos para ficar ainda mais.

Dentro da área dos camarins, me encontrei com um daqueles caras que conhecera no Sachinha. Era magrelo, de aspecto físico doentio e roupas simplórias. Vi Bituca chamá-lo de Gonzaguinha.

Quando soaram os primeiros acordes do tema de abertura, foi um corre-corre e sobramos eu e Gonzaguinha. Levei-o até o lance de escadas da véspera. Ali nos sentamos e ficamos ouvindo, mais que vendo.

— "Travessia" é a música mais bonita que já ouvi na minha vida. — ele me confessou.

Bituca passou por nós e se dirigiu ao palco, com seu *smoking* que deixava aparecer as meias brancas. No mãozão direito, o Manículas Prospectus empunhava o violão. Deixou um sorriso tímido para trás, em nossa direção, e subiu. Aos primeiros acordes, nós já ouvimos a multidão ulular em aprovação. Bituca começou:

"Quando você foi embora..."

Aplausos cobriram sua voz e ele continuou. Estava simplesmente demais. Gonzaguinha não conteve a emoção. Abraçou-me e, enfiando a cabeça no meu ombro, deixou rolar um pranto volumoso e cheio de soluços, enquanto lá no palco a garra da interpretação de meu irmão número doze transformava o rugido da multidão num uníssono emocionado, feito de milhares de vozes:

*... Solto a voz nas estradas
já não posso parar
meu caminho é de peeeeedra...*

Bituca estava consagrado. Não. Milton Nascimento estava consagrado.

No camarim, Fernando abraçou Bituca e os dois, emocionados, tocados por aquela enorme receptividade, aquela comunhão maravilhosa com o público, foram assim festejados, entrevistados e fotografados.

Mas quem ganhou mesmo o Festival foi a favorita "Margarida". Bituca tirou segundo lugar com "Travessia" e ganhou também o prêmio de melhor intérprete. Juntando suas três músicas, fora, de longe, o artista mais aplaudido da festa.

* * *

Aproveitei o último café da manhã e me mudei para o apartamento de Novelli, rua República do Peru. Bituca foi comigo, mas logo teve de sair porque, desde o sucesso de sua participação no festival, andava sendo muito assediado por repórteres e empresários. Nos dias subsequentes, mal nos vimos. Ele compareceu a jantares e recepções com Fernando Brant; ofereciam-lhe contratos, pediam entrevistas. Nessas ocasiões, eu permanecia em casa, ou então saía a passear por Copacabana, ia até o Beco das Garrafas e prestava minha silenciosa reverência ao Bottle's, que o povo do Ponto dos Músicos lá da minha província cultuava como lugar sagrado, embora eu soubesse que a famosa boate da bossa-nova já não estava mais no auge.

Quando a maré das celebrações festivalescas baixou, Bituca tinha assinado contrato para gravar um LP com certa fábrica desconhecida, de nome Codil.

Nas poucas oportunidades que surgiam de estarmos a sós, tal a quantidade de solicitações de que era alvo, Bituca dizia:

— O que mais quero é visitar nossa árvore, andar à toa pela rua Rio de Janeiro com você... E vamos gravar "Wichita Lineman". Não nesse disco, que já temos músicas demais. Num outro — isso porque, certa tarde, à saída da Churrascaria Palácio, tempos atrás, eu e Bituca nos lembramos de Jimmi Webb e eu cantei certa melodia que estava fazendo muito sucesso na voz de um Glenn Campbell:

> *I am a lineman for the county*
> *and I drive the main road...*

— Você canta isso bonito — disse Bituca. E ajuntava sua voz à minha. Gostávamos também de Richard Harris cantando:

> *... McCarthur Park is melting in*
> *the dark*
> *all the sweet green icing*
> *flowin' down...*

Voltei para Belo Horizonte. Bituca permaneceu no Rio, aproveitando a súbita fama.

* * *

Quando cheguei em casa, depois de oito horas dentro de um Pássaro Azul dos mais desconfortáveis (trocara minha passagem aérea por dinheiro numa agência de viagens em Copacabana, para poder ficar mais uns dias no Rio), encontrei os móveis encaixotados, os beliches desarmados e uma porção de operários carregando coisas num entra-e-sai. Então, o caminhão de mudanças que eu vira estacionado na porta do Capri era para o 201! Minha casa!

De volta para Santa Tereza! Enquanto eu andava no Rio, dona Maricota e seu Salim, cansados de pagar aluguel, encarar porteiros grosseiros ("além de tudo, Bituca tem medo de seu João", dizia mamãe) e síndicos incompetentes, resolveram fechar parte dos Cursos Senhora de Fátima e apenas manter em funcionamento os barracões anexos dos fundos, voltando a parte principal da casa a ser apenas o bom e velho lar dos Borges.

Sem me demorar ali, peguei um táxi e mandei tocar para Santa Tereza. Depois de três anos perambulando pelas ruas do centro, aquela volta à velha rua Divinópolis era a melhor coisa que me acontecia nos últimos tempos. Sentia meu coração palpitar de alegria.

Quem me recebeu, na porta lá de casa, foi meu amigo de infância Márcio Cardozo, o Bauzinho. Era um mulato magro e cheio de onda, um ano mais velho que eu. Nascido e criado ali na rua Divinópolis, 89, era um patrimônio do bairro.

— Qualé, barão? Voltou para habitar outra vez o reino dos pobres?

— Por pouco tempo — respondi. — Que o negócio está é no Rio, meu irmão.

— Sua música também era boa. Mas essa onda de júri tá por fora.

— Podes crer.

— Quem deitou e rolou mesmo foi o crioulo.

— Se deu bem... aí, posso morgar na sua casa? Estou no maior prego.

— Tendo em vista as circunstâncias, vá lá. Mas não acostuma não, viu barão, que a casa da dona Venância não é pensão de vagabundo não, falou?

A família Borges estava provisoriamente desarticulada naqueles dois ou três dias que se leva para pôr em ordem uma mudança daquele tamanho. Na casa de meu xará, a mãe dele, dona Venância, amigona de mamãe, preparou uma sopa de legumes com nacos de carne cozida, deliciosa, e dez minutos após o repasto eu já estava roncando no quarto dos fundos, *Bunker* do Bauzinho.

Acordei fora de hora e no escuro; custei a entender onde estava. Um galo cantou bem perto. Sentei na cama, esperando a pupila se dilatar na escuridão. Depois, lembrei-me de onde estava e voltei a dormir um sono pesado. Se tivesse sonhado, certamente teria sido com Bituca e o Maracanãzinho tremendo sob a vibração de uma multidão ululante:

... *vou soltar o meu praaaanto...*

* * *

Nos festivais de música eu podia ser um fracasso, mas *Joãozinho e Maria* continuava dando sorte. Inscrito pelos organizadores do JB--Mesbla numa mostra internacional, durante a Expo 67, no Canadá, sua exibição fizera jus a um diploma de mérito e um cheque em dólares que foi imediatamente cambiado, tão logo abri o envelope de selo canadense e vi seu conteúdo.

Quanto à minha obra-prima musical, ainda continuava devendo. "Maria Maria", a tal ideia da mulher-país, linda e perdida, ganhara um primeiro esboço que em nada me satisfizera, nem a Bituca. Há dois anos teria sido mais fácil. Nós nos trancafiaríamos no "quarto dos homens" e só sairíamos de lá com ela pronta. No momento, restavam as cartas. Numa delas, Bituca me revelou que tinha conhecido um grande cara. A carta falava de passeatas, líderes estudantis, organização dos artistas. Mas o que fascinou Bituca foi que o rapaz além de tudo era um inspirado poeta.

* * *

Chamava-se Ronaldo Bastos Ribeiro. Era o terceiro de quatro irmãos. Os outros eram Roberto, Raimundo e Vicente. Nascido e criado em Niterói, tinha vinte anos de idade e presentemente se encontrava afundado em seu leito de enfermo num apartamento na rua Voluntários da Pátria, onde morava com os pais. Padecia o resguardo prolongado de uma hepatite que derrubara seu ânimo aguerrido. Aproveitava o tempo ocioso para ler muito, criar novos poemas, roteiros, projetos gráficos — e agora também letras de músicas com seu mais recente amigo e parceiro, doravante companheiro de trincheira, numa jornada destinada a durar anos e anos, iniciada ali, doente na cama, com as primeiras composições da dupla, "Rio Vermelho" (co-autoria de Danilo Caymmi) e "Três Pontas", esta segunda em homenagem à cidade mineira que ainda nem conhecia e da qual, na verdade, nunca ouvira falar antes de conhecer Bituca.

* * *

Alheio a tudo isso, eu me readaptava à vida suburbana de Santa Tereza. Sinuca no bar do Tuchão, rodadas de violão no Clube, com Bauzinho, João Luiz e Lô. Como já foi dito, tudo em Santa era muito bem definido e quase sempre definido com a ironia peculiar da molecada do bairro. Por exemplo: o nome Alto dos Piolhos, onde ficava a sinuca, era uma clara referência aos bandos de cabeludos que frequentavam o ponto. Da mesma forma, o nome "Clube" não designava senão uma pobre esquina, um pedaço de calçada e um simples meio-fio, onde os adolescentes da rua (e só raramente os rapazes da minha idade) costumavam vadiar, tocar violão, ficar de bobeira, no cruzamento das ruas Divinópolis e Paraisópolis. O "Clube" da esquina.

Passei a dar aulas de português para alunos entre dez e doze anos no cursinho de minha mãe. Além disso, continuava escrevendo e publicando minhas críticas de cinema. Minha rotina de ver vários filmes por dia estava interrompida, primeiro devido às constantes viagens, depois por estar morando longe da maioria dos cinemas da cidade.

Meus amigos do CEC ficavam cada vez mais malucos. A nova ideia que tiveram foi fazer uma festa que não acabasse nunca, realizar na vida o que nem Fellini conseguira realizar na ficção de *La Dolce Vita*: exorcisar o *taedium vitae*. A festa começou no apartamento dos irmãos Lara, na rua Rio de Janeiro, centro. Algumas garotas começavam a levar muito a sério uma história que estava ficando na moda: a liberação feminina. As daquela festa praticamente avançavam nos homens. Todos os quartos, banheiros, tapetes e sofás estando já ocupados, um par formado ali na hora, ansioso por se liberar, não hesitou em saltar pela janela e fazer amor na marquise, a doze andares de altura. O mais surpreendente é que não chamaram a mínima atenção de quem quer que fosse, exceto a de Charles Veiga, o Macota, que pôde assim corroborar o fato e estabelecer a justificativa para o apelido com o qual o jovem par foi rebatizado a partir de então e pelo resto da festa: Monsieur Le Marquis e Madame La Marquise.

Depois, os mesmíssimos participantes foram todos para a casa de Carlão e Celiah e lá continuaram a festa, que durou mais ou menos uns dez dias e noites consecutivos. Quando tudo ia esmorecendo, a bebida no fim, algum participante voltava ao supermercado que funcionava ali perto, vestindo um grosso sobretudo, e afanava mais duas ou três garrafas de vodca ou uísque — e a festa continuava. As drogas, se chegaram a ser usadas, o foram tão discretamente que nem foram notadas por quem não usou. A prática usual era beber o máximo possível, ou "bebê", como se dizia mineiramente, sem o erre final. A propósito dessa particularidade semântica, contava-se que Itaíbis Vilela, bebedor generoso, ilustrador talentoso e irmão do pianista Hélvius, certa vez foi instado a visitar o A.A. (Alcoólicos Anônimos) por algum amigo talvez preocupado em excesso. A resposta de Itaíbis foi um rébus:

— Seu negócio é AA. O meu é BB.

* * *

Quanto a mim, antes de conhecer as drogas, conheci Ronaldo Bastos. Eu estava de volta ao Rio e Bituca me levou para uma visita.

— Você vai conhecer o Endoenças número dois — O número um era eu próprio, pois assim Bituca me chamava toda vez que eu reclamava de um resfriado qualquer, ou de uma tosse. Da primeira vez que lhe perguntei o que era afinal endoenças, Bituca me respondeu cantando em latim:

> ... *tantum ergum*
> *Sacramentum...*

Acostumado, como sujeito do interior que era, às solenidades de Quinta-feira Santa. Com isso me dava também uma ideia sobre o tipo de confluências que desaguavam em sua música tão pessoal e diferenciada.

Na casa dos Bastos, Bituca foi acolhido com intimidade e calor humano. Entramos no quarto de Ronaldo e fui apresentado a um jovem magro, pálido, de grandes olhos verdes e cabelos louros cacheados, metido em pijamas que lhe davam a aparência geral frágil e diáfana de um anjo. Bituca pegou um violão e mostrou "Rio Vermelho", a primeira parceria dos dois:

> *... de dentro do peito as canções*
> *explodem em pontas de facas*
> *rasgando o espaço e vêm*
> *minha luta ajudar, ê...*

Com aquela nova parceria, Bituca mostrava estar desenvolvendo também seu talento para incorporar o que era bom aos seus projetos pessoais. Ronaldo seria de toda a valia para ajudar a criar um disco com linguagem própria e concepção original.

Saí dali impressionado com o jovem poeta fluminense. Aliás, em sua dura realidade hepática, enfermo numa cama, ele me parecia o mais idealizado estereótipo do jovem poeta enfermiço e frágil, de aparência angelical, que alguém poderia conceber.

Eu e Bituca pegamos um cinema ao lado. Assistimos a *West Side Story*. Bituca se emocionou de verdade. Eu apenas estava revendo o filme pela terceira ou quarta vez. Com certeza, aquela obra-prima de Leonard Bernstein seria mais um afluente a despejar seu manancial naquele estuário chamado Milton.

* * *

Foi depois disso que tive meu dia de cão no Rio de Janeiro. Foi uma brecha na minha sanidade mental, um mergulho no desconhecido e na loucura, mas tudo começou como uma simples e inocente visita ao meu amigo Nelson Ângelo em sua primeira residência carioca, exatamente numa espécie de "república" chamada Solar das Fossas, atrás do Túnel Novo. Nelsinho dividia um quarto com outro violonista e compositor, o estudante Ricardo Vilas. O Solar parecia uma república de estudantes igual a tantas que eu já visitara, por exemplo, em Ouro Preto, só que aqui a maioria de seus moradores tinha a ver com música. Pareceu-me um zoológico de antropóides e os quartos enfileirados ao longo dos corredores, jaulas que guardavam os mais originais e raros espécimes. Ao pisar no Solar, senti ecos distantes de San Francisco, as primeiras provas visuais que obtinha de algumas histórias que nos chegavam, contando viagens pelo espaço interior da mente, anunciando as novas relações tribais, a era de Aquário, o poder da flor. Mas aqui, em pleno Brasil da ditadura, aquilo me parecia um tremendo escapismo e me sentia predisposto a achar aquelas flores murchas ou pisadas pelas botas dos soldados, despetaladas pelos vendavais de gases lacrimogêneos que nos aguardariam ao final da bela *trip*.

Devia ser umas cinco horas da tarde quando entrei no quarto de Nelsinho.

— Ô Hirto! — exclamou ao abrir a porta. (Ele só me chamava de Hirto.)

Conversamos fiado, fizemos um som.

O som atraiu moradores dos quartos vizinhos. Logo a espelunca de Juca do Nerso (eu só o chamava de Juca do Nerso) estava cheia de cabeludos. Alguém acendeu um baseado. Eu nunca tinha sentido sequer aquele cheiro antes. Era o que se chamava um "careta", embora tenha ouvido essa expressão pela primeira vez exatamente ali, na hora em que me passaram o cigarrinho aceso e eu relutei. Alguém disse:

— Não acredito que tu é careta.

Eu também não. Puxei a fumaça da maneira como todos faziam: profundamente e com barulho de sucção. Prendi a fumaça o máximo que aguentei. Logo milhares de fagulhas cintilaram perfeitamente dentro de meu cérebro. Nunca tinha sentido aquilo antes. Dei outra puxada, e outra, e outra, quantas vezes o baseado me chegou às mãos. Sentia-me agradavelmente esmaecido e as coisas me pareceram maleáveis, fofas, sem substância real. Havia também uma embriaguez hilariante, uma coisa boba, inocente, uma vontade de rir e agir como menino, como filhotinho, como filhotinho de cachorrinho...

Coloquei-me de quatro no chão e comecei a latir como um cachorrinho: "Uau, uau, uau..." Uns tiveram ataque de risadas. Outros se puseram de quatro e viraram cachorros, cachorrinhos, cachorrões, lobos uivantes, teve de tudo.

De repente me deu uma urgência de ir embora, um medo de permanecer ali. Queria voltar para casa de Bituca. Ele estava morando com Hélvius e Celinho Trumpete, na rua Xavier da Silveira, Copacabana.

Músico mineiro adorava Copacabana. Despedi-me apressadamente de Nelsinho e saí daquele lugar maluco. Eram oito horas da noite.

Quando pisei na rua, não entendi mais nada. Eu me transformara numa coisa de vidro transparente, um caixão, através do qual todos podiam olhar e devassar. O pior é que cada pessoa na rua se transformara na mesma proporção em observador atento e curioso daquela coisa transparente que era eu. Era impossível não perceberem quão louco e aterrorizado eu estava, e só fingiam passar por mim indiferentes para poder me pular às costas e me levar preso. A passagem de um camburão tinha efeito estraçalhante — e passaram vários. Era o medo em estado puro, completo e irracional, perfeitamente autossustentado, acima de minhas próprias forças. Na nova linguagem recém-adquirida, eu tinha saído do "barato" e estava curtindo "um grilo" sem tamanho. Mais ainda: agora estava "dando bandeira".

A sensação de estar num estado de total transparência e vulnerabilidade me deu ânsias de vômito e vertigem. Tive de me encostar ao muro para não desabar. A pressão caiu e suei frio. Lutei para não perder a consciência, que queria fugir a todo custo daquela peia. "Ai meu Deus, socorro!", pedi em voz alta e me envergonhei, pois tinha-me na conta de um "materialista dialético". Mas como? Se era minha própria alma que queria fugir ali mesmo, deixando o corpo inerte, o qual eu via lá embaixo, encostado num muro em plena Barata Ribeiro? Que desistência seria aquela, onde estaria eu: aqui ou lá? Senti-me não mais transparente, mas microscópico diante das antecâmeras que vislumbrei dentro daquilo volátil que paradoxalmente era eu próprio. Loucura!... Pânico de novo!... Até que outra eternidade depois (no plano da duração exterior, meia hora) essa alma trôpega e acorrentada conseguiu levar um corpo até a rua Xavier da Silveira, subindo entre arroubos de fuga e torrentes de fogo eterno até o apartamento 601. O rosto que atendeu a porta pertencia a Hélvius, mas a voz que ouvi então, debaixo de um chuveiro morno, apenas corpo sem alma de jovem homem despido, nu, transparente, inexistente, longe, foi a voz de Bituca dando ordens a alguém, enquanto me mantinha assim, molhado, debaixo do chuveiro morno:

— Pega um copo de leite. Leite corta.

Me deram de beber vários copos. Sentia fogo correr nas veias. Quando tudo foi aos poucos readquirindo conformidade, me achei deitado, enrolado nas cobertas, sobre a cama que me havia sido destinada no apartamento de Hélvius e Celinho Trumpete. Abri os olhos e Bituca estava a meu lado. Apenas sorriu-me e pôs o dedo indicador sobre os lábios, pedindo silêncio, quando tentei abrir a boca para falar.

— Shss! Boa noite — disse Bituca e saiu do quarto, fechando a porta. Afundei num sono espetacular e agradável.

* * *

Em rápida passagem por Belo Horizonte, Bituca recebeu várias homenagens. A Cantina do Lucas, ponto de encontro dos cinéfilos, foi palco de uma delas. Todos os frequentadores habituais estavam presentes. Schubert Magalhães era todo sorrisos. Tavinho Moura, a um canto, olhava com admiração aquele frequentador do Maletta, ex-contrabaixista do Berimbau, que virara fenômeno nacional. O maestro Lúcio Libânio, em discurso empolgado, teimava em elogiar a "valsa "Travessia" e Milton Nascimento, o festejado autor da "valsa "Travessia", levantando bem alto o nome da música mineira com a "valsa "Travessia", e pela quarta ou quinta vez que o maestro falou "valsa "Travessia" eu não aguentei as olhadas de Bituca e tive de sair correndo para explodir em gargalhadas lá fora na calçada... "Valsa "Travessia", francamente, maestro. A canção nem em compasso ternário era...

Bituca ficou poucos dias em Belo Horizonte porque estava com a agenda cheia. Tinha inclusive um LP a gravar.

* * *

O velho Dorival e dona Stella tratavam os amigos dos filhos como filhos também, e Bituca não fugiu à regra. Tão logo ficou amigo de Dori, Danilo e Nana, foi recebido sem cerimônia e colocado à vontade na casa dos Caymmi, num prédio em Copacabana. Paulo Moura, morador do Leme, logo se enturmou com a mineirada da Xavier da Silveira, através de Wagner Tiso.

Segundo a lei "músico atrai músico, na razão etc.", Bituca rapidamente fez amizade com Edu Lobo, Marcos Valle e Luiz Eça. Mamãe diria: "Um gambá cheira outro".

No casarão do Leblon onde moravam os irmãos Valle, presenciei os primeiros ensaios de "Viola Enluarada" e conheci um cara singular: João Donato.

As coisas estavam acontecendo depressa.

Bituca entrou no estúdio mais ou menos com essa turma e gravou seu primeiro LP. Colocou as três músicas do Festival Internacional, três de nossas filhas mais antigas, duas em parceria com Ronaldo, uma instrumental com solo de flauta de Danilo, e mais "Outubro", a segunda obra de Fernando:

> *... deixo tudo deixo nada*
> *só do tempo eu não posso me livrar*
> *e ele corre para ter meu dia de*
> *morrer...*

O humorista mineiro Ziraldo escreveu o texto da contracapa. Estava pronto o primeiro disco de Milton Nascimento, aliás Bituca, aliás Milmenptus, aliás Vituperatus, aliás Béffrius, aliás...

O grande público, o que comprava discos, não prestou atenção ao belo lançamento. Quando ouvi aquela beleza pronta, pela primeira vez, repeti "Gira-Girou" até irritar quem estava por perto.

Ronaldo Bastos na gravação de "Milagre dos Peixes", 1974.

CAPÍTULO 2

Vera Cruz

Um produtor americano, dos vários que tinham visitado o Rio por ocasião do FIC, também gostou do que ouviu, ligado naquele som diferente por Eumir Deodato, maestro brasileiro residente nos EUA. Tão logo ouvira o som de Bituca, Eumir tinha comentado:

— Milton é uma coisa totalmente nova, ele não tem nada a ver com bossa-nova. É um clássico, mas com ritmos totalmente desconhecidos. Ainda não descobri que impulso rítmico é esse que ele dá à sua música. É uma coisa nova, misteriosa, intrigante e instigante.

Para mim, a música de Bituca revelava sua qualidade única. Seu som tinha uma força emotiva admirável. A vida de Minas, a circunspecção do nosso povo, a herança cultural do interior, o ritmo polidividido do "Vera Cruz" deslizando sobre trilhos, em compassos complexos, tal como tantas vezes eu e ele ouvíramos naquela areazinha que existe atrás dos vagões de passageiros, tantas vezes fomos ao Rio de trem, tudo se encontrava e entornava na voz bailarina e no violão pontilhado do meu bom Vituperatus, o nobre Ludwig von Betúcious. Para o mercado americano, acostumado a pôr um rótulo debaixo de cada produto — *jazz, rock, fusion, country* —, Bituca iria representar um desafio. Poderiam chamá-lo simplesmente Milton. Ou Béffrius. Ou...

Ronaldo Bastos convalescia.

Fernando Brant recebia suas homenagens na Faculdade de Direito, onde estudava, vindo do Estadual.

Lô Borges e Beto Guedes cresciam.

Cansado de ficar viajando pra Rio e São Paulo, aceitei o conselho de dona Maricota e me submeti a um concurso para completar o terceiro clássico no Colégio Estadual. No quesito redação, plagiei um conto que lera numa *Playboy* velha, chamado "The Examination Day". Fui convocado à sala do diretor, professor Mário de Oliveira, e por ele sabatinado a respeito de determinados tópicos de interpretação obscura que minha redação tinha suscitado. Expliquei as metáforas tirando delas toda a virulência (mas não confessei o plágio), fui aprovado e retomei os estudos.

* * *

Aos poucos, fui descobrindo a turma do 3º B. Formávamos um time da melhor qualidade: Arnaldo Grebler, Sandoval, Mônica Neves, Lurdinha Dolabela, Reginão, Pitucha, Titita, Renata, Ado, Tostão, Sérvio Túlio, Paulinho Muleta (o que achava-ridículo-an-dar-de-carro), Serginho, Tisa Dantas (de outra sala, mas era como se não fosse), o professor Éder, a Evantina, a Ryoko (que conseguiu me ensinar matemática). Movimento Estudantil. Éder ia beber cerveja com os alunos sem por isso deixar de ser um rigoroso instrutor político e moral — e isso era o maior barato! (Eu já sabia empregar corretamente a nova gíria. Na prática, já conhecia também os mistérios que se ocultavam sob os verbetes "grilo" e "bode".)

* * *

Em Santa Tereza, Lô começou a estudar harmonia com Toninho Horta, que morava logo ali no Horto e gostava de passar certas tardes no Clube. Beto Guedes também frequentava a rua Divinópolis, já que continuava amigo inseparável de Lô. Agora, adolescentes, já não brigavam mais por causa de brinquedos.

* * *

No centro da cidade, avenida Augusto de Lima, quarta-feira, onze horas da manhã, os estudantes se encontravam encurrala-dos em frente, e em cima, das largas escadarias da Secretaria da Saúde, um prédio enorme, de estilo helênico, que ocupava um quarteirão inteiro.

O truque de espalhar bolinhas de gude pelo asfalto tinha realmente derrubado uns três ou quatro soldados de seus cavalos, mas a desproporção de forças continuava covardia. Abriguei-me o melhor que pude atrás de uma coluna. Bem a meu lado, um rapaz de outra série arremessou uma pedrada. Um golpe de espada sibilou no ar, na direção do rapaz. Era um PE atacando a cavalo, obedecendo à ordem de desembainhar. O cara deixou escapar um grito horrível. Pensei em pânico: — "É pra valer, estão batendo pra valer!" Pareceu-me impossível escapar daquela ratoeira sem me machucar. Das viaturas negras do DOPS, decalcadas com detalhes vermelhos e dourados, policiais à paisana lançavam bombas de gás lacrimogêneo. Algumas destas eram devolvidas por algum estudante mais afoito, de lenço amarrado ao nariz. Eu mesmo tinha devolvido uma, momentos atrás. O PE a cavalo me deu a impressão de sorrir, ao levantar a espada para novo golpe. Era brancão e rosado e não devia ser muito mais velho do que eu, apesar de ter o dobro do meu tamanho. Num reflexo, me joguei no chão e rolei como um tronco. Ralei minha mão no cimento. O zunido de metal vibrando o ar passou bem perto de meus ouvidos. Se acerta, me arrancava a orelha. "Tenho de cair fora daqui", pensei cheio de aflição. E olhe que a intenção da passeata era pacífica!

— Não devemos aceitar provocação. Vamos nos reunir pacificamente com os companheiros das outras escolas. Nossa disciplina é nossa força. — Essa tinha sido a recomendação mais reiterada na falação do comando estudantil. Nas ruas precedentes, tínhamos sido saudados com papel picado jogado do alto dos prédios por uma população que sentia na pele quatro anos de arrocho e perda de direitos e não estava mais nem um pouco disposta a fazer outra Marcha com Deus pela Família e pela Propriedade, nem dar mais ouro pelo bem do Brasil e nem ceder a mais nenhum apelo da ditadura para caçar comunistas. O povo estava é de saco cheio de tanto arbítrio. Daí estar nos saudando daquela forma, com papel picado. Mas no local da concentração e encontro com a estudantada dos outros colégios, havíamos caído numa emboscada. Estávamos encurralados e era salve-se quem puder. Estudantes e transeuntes apanhavam igual. Lancei-me da amurada lateral da escadaria, por trás de outra grossa coluna. Meus pés arderam ao bater com força no chão e uma onda de choque espalhou-se por todo o corpo. Sentia um torpor mental, como se não estivesse realmente ali, vendo aquela selvageria. Tudo em volta era tumulto: o povo correndo em desordem de um lado para outro, donas de casa, senhores de terno e gravata, babás e carregadores de caminhão, as bombas no chão, jorrando fumaça que queimava os pulmões e fazia arder os olhos, PEs montados em enormes cavalos em disparada. Sem pensar, movido pelo instinto de conservação, saí correndo e rompi linha em direção à entrada principal do Mercado Municipal, que vira entreaberta. Só que no instante em que cheguei, o enorme portão de ferro acabava de ser aferrolhado por dentro. Outro PE a cavalo galopava em minha direção. Dobrei a rua Curitiba correndo e vi uma placa: "Pensão Familiar". Forcei a porta estreita. Trancada. Tornei a correr sem direção, respirando pela boca. O PE chegava a galope. Só tive tempo de me jogar debaixo de um caminhão de abacaxis estacionado por ali. Percebi as ferraduras batendo no calçamento da rua, arrancando fagulhas... se afastando. Meus olhos ardiam e eu estava sem ar, mas senti-me provisoriamente seguro debaixo do caminhão. Minhas narinas captavam um cheiro esquisito, mistura de óleo diesel, abacaxi e gás lacrimogêneo. Fiquei ali alguns minutos. Quando ousei sair, a batalha campal estava chegando ao fim. Os estudantes tinham sido dispersados, ônibus e caminhões da polícia militar e do exército saíram de cena, levando presos. Os camburões se retiraram por último, depois que os cavalos desapareceram dentro de caminhões-baias e o movimento voltou ao normal naquele ponto da cidade. Deixei meu abrigo e, perdendo-me no meio da multidão anônima, tomei o rumo de casa. Estava chocado. Aquela violência grandiosa, impessoal, contra todos indistintamente, eu nunca vira aquilo antes. Ouvira falar e assistira nas telas dos cinemas, coisas de outros países, outras guerras. Mas daquela maneira, diante de meus próprios olhos, comigo dentro da cena... Não seria a última vez.

* * *

Ditadura, ano quatro.
Três anos depois daquela tarde no Parque Municipal, em que Dickson me contara tudo o que sabia sobre movimentos clandestinos e "aparelhos" subversivos, muita coisa já rolara: havia companheiros mortos pela

repressão, colegas desaparecidos. Os "Cequianos" ou já tinham rodado seu primeiro curta ou estavam em vias de o realizar; os festivais de música locais continuavam enchendo o Instituto de Educação e o Teatro Francisco Nunes; a toda hora explodiam manifestações e quebra-quebras na cidade, confrontação e repressão. Quer dizer, a cidade estava fervendo de tensão e agito, mas Dickson apenas continuava exatamente trabalhando na biblioteca do Parque, falando e fazendo as mesmas coisas, nas mesmas mesas de bar. Continuava exatamente cético e pessimista, exatamente espirituoso, mas algo do seu charme estava se diluindo naquela repetição monótona. Talvez por esse motivo, Marisa escapara de sua órbita. Escapara da minha também. Andou namorando Tavinho Moura, mas estava firme mesmo era com o Pesce Canni, o sobrinho do lustre quebrado, o cineasta de *O Milagre de Lurdes*.

* * *

Ditadura, ano quatro.

Bituca continuava no Rio. No meio dos músicos a repressão policial-militar, as causas estudantis, a guerrilha urbana, não eram temas bem-vindos. Os que eu conhecia, preferiam continuar falando de *jams, riffs, scats, chorus,* terças, quintas, sétima menor com nona, especialidades. Os que gostavam de queimar um, frequentavam "as dunas do barato", território "livre" na área dos tubulões que estavam sendo instalados na praia de Ipanema. Fui lá algumas vezes e experimentei sentimentos contraditórios. Sentia-me bem ali, ao sol, no meio dos cabeludos tatuados. Tinha aprendido a viajar sem horror, até que pensava em meus amigos desaparecidos. Alguns deles tinham se envolvido em sequestros espetaculares, assaltado bancos, e tinham seus retratos expostos em lugares públicos, agências de banco e estações rodoviárias. Era horrível para mim dar com os cartazes de PROCURA-SE e ver as fotos de Galeno, Dilma, Inês, Zé Roberto, e outros conhecidos do Colégio Estadual, do CEC, do Bucheco... Paralisante. No Rio, o azul do mar, as garotas bonitas, o clima de praia ajudavam a me relaxar. Mas em Beagá o "desbunde" era muito malvisto. A juventude queria e exigia de si mesma mais seriedade e compromisso. Era de bom alvitre estar sempre fazendo alguma coisa, rodando um curta, escrevendo um livro de contos, encenando uma peça de teatro, organizando um "aparelho". Mas isso não durou muito tempo.

* * *

Bituca e Ronaldo fizeram mais duas músicas: "Amigo, Amiga" e "Menino". "Menino" mexeu comigo. Era um tributo ao estudante Edson Luís, morto no Rio durante uma manifestação na porta do "bandejão" universitário. Chorei ao cantar aqueles versos escritos em letra miúda, num papel que Ronaldo segurava com mão trêmula, enquanto Bituca virava um lamento vindo lá do fundo, voz e violão:

> *Quem cala sobre teu corpo*
> *consente na tua morte*
> *talhada a ferro e fogo*
> *na profundeza do corte*
> *que a bala traçou no peito*
> *quem cala morre contigo*
> *mais morto que estás agora...*

Essa música ficou guardada durante anos, só para nosso consumo interno. O tema era doloroso demais e nenhum de nós queria parecer oportunista. Quanto a Ronaldo, estava envolvido demais. Atrás do Cara de Anjo estava um cara destemido. Talvez precisasse dar um tempo fora do Brasil, se as coisas piorassem.

Na Passeata dos Cem Mil, Bituca saiu de braços dados com nomes famosos da música, Chico Buarque etc. Sua foto apareceu em vários jornais, mas seu nome não foi citado em nenhum. Talvez ainda não conhecessem direito sua cara...

* * *

Certo dia, ao chegar do Colégio Estadual, encontrei em casa um recado para ligar urgente para Bituca.

— Aqui. Nós temos que participar de um programa na TV Record. Temos que fazer uma música lá na hora, com um tema que a gente sortear. Topa?

Assim Bituca me explicou o que queria de tão urgente comigo. Topei na hora e peguei um avião para São Paulo, interrompendo mais uma vez meu ano letivo. Só que dessa vez perderia apenas alguns dias de aula.

Era o programa de Randal Juliano, que tinha um quadro destinado a promover novos compositores. No início do programa o convidado (ou convidados, se fossem parceiros) sorteava uma frase, a qual deveria aparecer necessariamente numa música a ser criada em cinquenta minutos, nos bastidores. Ao final do programa, o convidado voltaria e apresentaria a composição ao vivo.

Lá estávamos eu e Bituca diante das câmeras e de um pequeno auditório superlotado. O apresentador oficial estava adoentado e seu substituto era o cantor Wilson Simonal. Este nos apresentou ao público e nos mostrou uma porção de envelopes lacrados, para que escolhêssemos um. Simonal abriu o envelope indicado por nós:

— O tema é... NÃO PEÇO MAIS PERDÃO.

Eu e Bituca nos retiramos para uma sala de produção. Recorremos a velhos temas e fragmentos arquivados na memória. Já tínhamos algumas estruturas básicas de sequências harmônicas e versos delineados. Costuramos tudo, juntamos pedaços, enfiamos a frase obrigatória. Nasceu "Tarde":

> *Das sombras quero voltar*
> *somente aprendi muita dor*
> *e vi com tristeza o amor*
> *morrer devagar, se apagar*
> *quero voltar*
> *poder a saudade não ter*
> *não ver tanta gente*
> *a vagar sem saber viver*
> *vou sem parar*
> *das tardes mais sós renascer*
> *e mesmo se a dor encontrar*
> *sabendo o que sou*
> *não peço mais perdão*
> *porque já sofri demais*
> *demais...*

Em cinquenta minutos!

* * *

"Beco do Mota" e "Sentinela" foram dois temas escritos por Fernando sobre melodias de Bituca, inspirados em Diamantina, terra dos Brant. Beco do Mota era a estreita viela que abrigara os antigos puteiros. Estes, por estarem bem em frente à igreja matriz, haviam sido desocupados à força por ordem de um arcebispo ultrarreacionário. Sentinela era um lugar cinematográfico e misterioso, nos arredores, com formações geológicas estranhas e imponentes, abertas sobre um vale muito largo. Subindo pelos contrafortes escarpados chegava-se a grutas por onde corriam cristalinas águas subterrâneas, com piscinas naturais cercadas de pedras com inscrições rupestres, o que sinalizava a presença muitas vezes milenar do ser humano naquela região.

Do alto dessas pedras enormes via-se o grande platô coberto de vegetação do cerrado a estender-se até quase a linha do horizonte, até onde outras elevações semelhantes àquelas se erguiam quilômetros além. Uma paisagem de grandeza impressionante, cujas proporções tornavam igualmente insignificantes tanto os homens em cima da pedra quanto o lobo que vagava lá embaixo, à procura de comida.

Os homens em cima da pedra eram Bituca, eu, Fernando, Lô e Juvenal. No entardecer róseo que prenunciava frio, Bituca puxou uma música ao violão. De um brejo próximo, um sapo respondeu no tom. Nós nos entreolhamos. Na mudança de acorde, outro sapo coaxou também no tom, mas ajuntando uma terça maior. Bituca fez evoluir o acorde e a saparia (ou sapaiada) atacou de quintas, sétimas, nonas, harmônicos, em vocalização completa, veementemente interpretada. Foi um dos mais comoventes acompanhamentos musicais que Bituca teve oportunidade de receber em toda a sua carreira de músico e compositor. Nesse tipo de coisa, a gente se comprazia em aferir sinais astrais, esotéricos e oraculares, mais ou menos como se, no presente caso, os sapos fossem, mais do que simples batráquios, aparelhos fonadores para vozes do além.

Naquele ano eu estava desenvolvendo um roteiro cinematográfico para um longa-metragem chamado "O Sangue É Sólido", um incendiário drama sobre trilhos ("a cinematografia do trem", dizia eu, empolgado), a respeito de dois operários ferroviários que entram para a clandestinidade e um deles perde totalmente contato com a civilização, mas encontra uma menina surda-muda. Nesse ponto, o roteiro deveria descambar para as mais absurdas situações psicanalíticas, onde eu pretendia colocar algo da poética violenta de Buñuel. Bituca gostava bastante das cenas que eu lhe narrava desse roteiro e chegou a sugerir que "Sentinela" fosse o tema principal do filme. Nos intervalos desse trabalho, escrevi outro roteiro para longa, em parceria com o Tibi do Levy, Altamiro Tibiriçá Dias Jr. Nosso roteiro ganhou o primeiro lugar no concurso de roteiros cinematográficos do INC — Instituto Nacional de Cinema — mas jamais chegaria a ser realizado, aliás, assim como o outro. Chamava-se "O Trágico Enigma de Daniel Damier" e envolvia uma "fraternidade negra" que desfilava numa limusine pelas vielas de Ouro Preto, aparições dos fantasmas dos Inconfidentes e até uma gigantesca nave-mãe que desceria no final apocalíptico. "Doentio!", como diria Sganzerla. Por falar nele, tivera melhor sorte do que eu e já estava filmando "O Bandido da Luz Vermelha", seu primeiro longa, que por sinal retomava e aperfeiçoava muita coisa de "Documentário", seu curta do JB-Mesbla.

* * *

Bituca me falou que ele e Ronaldo andavam mexendo nos meus rabiscos chamados "Vera Cruz". Não gostei. Escrevi a meu parceiro reclamando disso — e também da nossa atual falta de diálogo, de tempo para a convivência, saudade de tempos mais tranquilos, em que podíamos nos dedicar mais à nossa amizade... reclamações.

Não demorou muito e chegou a resposta:

"Hilton, amigo meu

Confesso-me totalmente atrapalhado com esta vontade de chorar que me vem abatendo ultimamente. De onde vem isso, não sei. Só sei que está duro. Não estou reclamando, somente falando. Ora, é bobagem dizer que precisamos conversar porque não sei mais o que significa isso, você já deve ter notado, mas já não deve ter ânimo de puxar um assunto desses. Quebro a cabeça para terminar "Vera

Cruz", mas falta sossego, amigo, amiga. Ronaldo é do c..., pera aí. Temos que ter calma em julgar coisas, e mais ainda pessoas. Todo mundo aqui é bacana mesmo, e o pior é isso. Marcos (Valle) e eu trabalhamos juntos em várias atividades.

A verdade é que parece que chegamos a nos afastar demais, não acha, rapaz? Não somente por causa dos maus tempos, mas também essa ponte aérea é fogo. Eu longe do Marcinho, eu longe do Fernando, amando ambos. Ninguém tem culpa de não ser como vocês, pô. Eu que me apoquente (demais. É termo usado pelo Fernando). Por falar nele, "Sentinela" (a do seu filme) ficou demais.

Bem, aquele abraço do

Bê

P.S. Tenho andado muito a pé ultimamente; vai-se divertindo durante. E há sempre alguém que me reconhece e me pergunta alguma coisa. Tô falando sério."

* * *

Quando "Vera Cruz" ficou finalmente pronta, reconheci por trás de versos desconhecidos a minha ideia. Ronaldo havia transformado aquele calhamaço de rabiscos que eu entregara a Bituca numa estrutura elegante, sóbria, poeticamente aceitável, mais parecida com ele do que comigo. Fui obrigado a reconhecer que ficara mesmo muito bom, apesar de um tanto distante de minha ideia original, mas "pena que um poema não se faça com ideias..." etc.

— Ficou bom paca. Mas não dá pra assinar embaixo. Não é minha filha — falei.

— De Ronaldo também não; ele só arredondou seus versos para caberem na melodia.

— Eu jamais diria "em Vera me larguei... e deito nessa dor..."

— E ele jamais diria "hoje foi que a perdi..."

— Eu pensava diferente.

— Do jeito que você escreveu não cabia na música.

— Não tinha nem música direito. Era pra gente fazer junto.

— Essa discussão não vai levar a nada.

— Um a zero pra vocês dois.

* * *

Bituca inscreveu "Vera Cruz" no 3º Festival Internacional da Canção, eliminatória mineira. As apresentações tiveram lugar no Instituto de Educação, no palco em que já havíamos realizado tantos festivais regionais, tendo sido o último deles, O Jogo da Verdade, uma obra--prima do *non-sense*. Nesse malfadado espetáculo, uma cantora simplesmente desapareceu durante seu número, que não era de mágica. Afundou em pleno palco, como se levasse a efeito um truque minuciosamente ensaiado e apresentado ainda com mais rigor técnico, tal a rapidez com que, estando num momento a cantar um tanto desatenta, no outro deu um passo inesperado à frente e não encontrou solo, pois que algum contrarregra desmotivado do trabalho tinha deixado aberto o alçapão do ponto e a cantora, não encontrando senão o vazio, nele despencou por inteiro, vertical e sem perder a pose, tombo este que poderia ter passado por intencional, por mais maluco que fosse, se não tivesse vindo acompanhado do barulho correspondente — e ainda alguns gritos femininos muito realistas.

Voltando a "Vera Cruz".

Para a apresentação na eliminatória, Bituca tinha chamado o Momento 4 — Davi Tygel, Maurício Mendonça, Ricardo Vilas e Zé Rodrix — e Wagner Tiso; arranjo, Eumir Deodato. Um senhor time de músicos. Apesar disso, não deu em nada, se descontarmos o prazer de uma única, belíssima e inútil apresentação. Para continuar me provando *ad infinitum* que festivais de música não haviam sido feitos para mim, ou vice-versa, aquela harmonia sofisticada toda, aquelas vocalizações lindas todas, aquela polirritmia toda, tudo havia sido derrotado por uma cançãozinha piegas destinada imediatamente ao esquecimento, de autoria de certo ator de teatro local, que foi quem levou os louros da classificação. No Maracanãzinho, a cançãozinha passou despercebida, obviamente.

* * *

Na época de sua primeira viagem ao exterior, para gravar com Eumir Deodato, Bituca já tinha no Rio uma turma bastante grande: Ronaldo, Benjamim, Luís Fernando Werneck, Torquato Bardahl,

Fagote, Marcos e Ana Maria Valle, a cantora Joyce, os irmãos Caymmi (Dori estava indo embora), Wagner Tiso, Nelsinho Ângelo, Novelli. E andava também com um indivíduo dos mais notáveis, chamado Naná Vasconcelos, que me pareceu a princípio doido de jogar pedra. Com o tempo, tal impressão se confirmou e se desfez e tornou a se confirmar e se desfazer tantas vezes que desisti de classificá-lo (antes um inqualificável que um desqualificado). Mas a grande novidade era que Bituca tinha arranjado uma namorada. Era Lurdeca, jovem estudante universitária, carioca, moradora do Meyer, o protótipo da linda mulata brasileira. Para ir namorar, Bituca chamava Marilton como companheiro de "Travessia" Copa-Meyer. Foi assim que meu irmão ficou conhecendo certa prima de Lurdeca, com quem começou a namorar. Desde então, Bituca e meu irmão número um passaram a seguir juntos aquela rotina.

Certo fim de semana, apareceram os quatro em Belo Horizonte: Bituca, Lurdeca, Marilton e prima.

O cardápio era o domingueiro: macarronada com frango à dona Maricota, cerveja, violão e preleções político-humorístico-místico-filosóficas de seu Salomão. Depois da mesa, a música. Bituca pegou o violão e me chamou:

— Quer ver uma coisa espantosa? — e logo em seguida chamou Dodote, minha irmã número nove, que tinha uns dez, onze anos de idade. Havia uma música fazendo muito sucesso na Jovem Guarda, "Viagem à Índia", que minha irmãzinha sabia de cor. Bituca puxou a música ao violão. Eu interrompi:

— O que tem de espantoso nisso?

— Escuta só — disse Bituca. — Vamos, Dodote, canta.

Dodote cantou uma vez. No segundo *chorus*, Bituca modulou um tom acima. Dodote esganiçou proporcionalmente a voz, para atingir as alturas necessárias. Bituca modulou mais um tom. Dodote se esgoelou para tentar alcançar as notas certas. Bituca modulou ainda outro tom acima. Dodote, sem se fazer de rogada, continuava tentando cantar, mesmo quando a escala já atingia tons absolutamente fora do alcance da voz humana:

"... na Índia fui em féeeerias passear..." Dodote tinha a face arroxeada e o pescoço inchado pelo esforço sobre-humano, enquanto

Bituca chorava e gania de tanto rir. Tornaram a modular mais uma vez. Eu não deixei:

— Para de gritar, Dodote, você vai arrebentar a veia do pescoço. — E para Bituca: — Para com isso, Bituca. Você vai matar essa maluca. — E todos rimos muito, tanto que aquilo virou uma espécie de tradição. Quando algo podia nos entristecer, pegávamos o violão, chamávamos Dodote e começávamos as modulações sucessivas, no que sempre éramos prontamente acompanhados pelos esganiços respectivos, emitidos pela garganta que qualquer testemunha juraria ser feita de aço ou outra têmpera ainda mais poderosa e desconhecida, mas que era simplesmente a garganta da pequenina Dodote, matéria viva.

Ao cair da tarde, Bituca tomou Lurdeca pela mão e chamou mamãe e papai à parte.

— Nós vamos casar — anunciou. — E vocês são padrinhos.

Dona Maricota, com emoção, abraçou Bituca.

— Deus te abençoe, Deus abençoe vocês dois. — Depois abraçou Lurdeca igualmente: — Deus te abençoe, minha filha.

Papai Salomão sorriu com bonomia:

— É uma honra, meu Bituquinha. Pra quando vai ser o casório?

— Vai ser quando eu voltar dos Estados Unidos.

— Ah, é mesmo, você está de viagem marcada, não é?

— Excursão no México e Estados Unidos, gravação em Los Angeles, *shows* em Nova Iorque... — Bituca assumiu uns ares caricatamente importantes, examinando e soprando as unhas das mãos, como se secasse um inexistente esmalte, de um jeito gaiato que era sua especialidade: — Hhmmm! Das Bituker Pittman direto de Treispa para Neviorque! Depois eu dou autógrafo...

— Ô seu nêgo besta — disse mamãe com bom humor.

E assim aconteceu. De casamento marcado, Bituca voou para o México.

* * *

Passou três meses no exterior, excursionando, compondo e gravando. No México, apresentou-se em teatros, universidades (escreveu-me postais, apaixonado por Guanajuato), *plazas de toros*, junto a *jazzmen* renomados, que ficavam invariavelmente embasbacados com aquela música além de qualquer classificação. Para quem tinha aparecido outro dia mesmo, com "Travessia", até que Bituca estava indo bem depressa, tendo seu nome no mesmo programa que João Gilberto, Art Blackey, Chico Hamilton, Willy Bobo, Eumir Deodato Trio, Tamba 4, Valter Vanderlei. Nos Estados Unidos, hospedou-se no hotel Sunset Marquis, apartamento 333, Los Angeles, e ali compôs o tema para o qual Fernando viria a dar letra na sua volta ao Brasil. O disco que gravou nessa cidade, para a A&M Records, trazia as mesmas músicas do primeiro disco brasileiro, mas com arranjos novos, escritos por Eumir Deodato e gravados por feras da música americana. De Nova Iorque, Bituca me mandou um postal:

"Hilton

Estamos aqui em pé de guerra numa boate, onde, por incrível que pareça, noventa por cento das músicas que canto são da nossa augusta parceria. A saudade me maltrata e espero você o mais cedo, junto com Fernando. Conheci o Herbie Hancock, pianista do Miles Davis, tocamos alguma música, principalmente "Coragem" e tudo está de pé,
Um grande abraço do
Bituca
e um beijo no Nico."

Do Levy para o mundo em oitocentos dias! As predições de Das Baixínhans, o profeta, começavam a se cumprir... Só que... ELEONOR RIGBY... *look at all these lonely people,* Martin Luther King é assassinado. Escalada da Guerra do Vietnã. Guerra no Oriente Médio. Primavera de Praga. Barricadas nas ruas de Paris. Barricadas nas ruas de Pequim. Estudantes se rebelam em Nanterre. Se rebelam na Tchecoslováquia. Se rebelam no Rio, São Paulo, Belo Horizonte, Salvador, no mundo inteiro. Nas manchetes, Panteras Negras, Black Muslins, Malcom X, Bob Kennedy também é assassinado, Mao, Che, Dazibao, Muhamad Ali, ex-Cassius Clay. Só que agora todo mundo sabe quem é Jimi Hendrix, o Sibarita estava certo. Seria *Lucy in the Sky with Diamonds* LSD? A mãe de Daniel Cohn-Bendit teria dito um dia: Cuidado, meu filho, não vá entrar em passeatas!?...

... thin soldiers and Nixon comin'
we're finally on our own
this summer I hear the drummin'
four dead in Ohio...

Estudantes são mortos em Ohio. São mortos no Rio. São mortos em toda parte, ah, *look at all these lonely people...* Galeno sumiu. Beto Freitas sumiu. Inês sumiu. Ricardo Vilas sumiu; os que não caíram ainda ou não se exilaram viraram *freaks* nas ruas, na praia, no mato, que ninguém quer morrer e a morte agora ronda a juventude. A barra pesou. Paranoia relativa do ar. Mamães extremosas queimam livros comprometedores de seus filhinhos queridos, que sequestram pessoas e explodem bancos quando somem de casa. As imagens e o som que vem de São Francisco, Califórnia, falam de uma coisa diferente no planeta, uma tribo universal de gente bonita, florida, de cabelos longos, paz e amor, o poder da flor, crianças coloridas do futuro, o meio é a mensagem, a era das massas, e dezenas de milhares de zumbitropeceiros *down* zumbitrupicando por aí e é horrível deparar com eles logo assim pela manhã e eles já assim cheios de mandrake na cabeça indo comprar/roubar sua dose diária de vício pra segurar o tremor das pernas e a dor dos canos vazios e inflamados. Tudo acontece no seio da juventude, do terror ao êxtase, mas o globo terrestre continua dominado pelos gerontocratas, ah, *look at all these lonely people...* Precisamos nos encontrar! Fechadas as organizações sindicais, abandonadas as esperanças de reformas, o Brasil em convulsão hesita em vestir aquela cara conservadora, Lincoln Gordon, Time-Life, TV Globo, Hanna, ITT; os milicos endurecem de rancor contra o povo que quer mudanças. Doze artigos desabam sobre nós e tornam todos os brasileiros reféns indefesos da ditadura. Recesso parlamentar. Intervenção nos estados sem limitações de nenhum tipo. Cassação de mandatos parlamentares. Suspensão dos direitos políticos. Proibição de atividades e manifestações de cunho político. Proibição de frequentar determinados lugares. Liberdade vigiada. O atingido pelo AI-5 pode ser proibido de exercer sua profissão e ter seus bens confiscados. Censura à imprensa sem limitações. Os atos decorrentes do AI-5 não são passíveis de apreciação judicial. Lei de Segurança Nacional. A barra pesou.

O Movimento Estudantil vai se desmobilizar, parado a ponta de espada. Professores e alunos cassados, expulsos, presos. Barra pesada. Por causa de suas ideias. Com ideias não se faz um poema. Com ideias não se faz uma revolução. Só com pessoas. E armas. Barra pesada. Tanques na rua. Dickson ainda vai morrer de tanto beber... ah, *look at all these lonely people...* Spiro Agnew, Cream, Crosby, Stills, Nash&Young... era um, era dois, era cem, todo mundo chegando e ninguém... Belô inteira, no meio dessa confusão, é um imenso cinema de arte. Você vai ao Art-barracão, é Anthony Mann, Raoul Walsh, Budd Boeticher e outros Macmahons; vai ao Candelária, pode ver tudo quanto é Valcroze, Rivette e Resnais, vai ao Pathé, festival Renoir... o CEC fez escola. Mas isso vai acabar. Os Atos Institucionais da ditadura estão matando o que restava de belo no horizonte perdido de nossos ideais. Agora é hora de muita paranoia. Deise se suicidou. Serginho do Levy se suicidou... como diria Sérvulo: "... e eu mesmo não estou me sentindo muito bem". Este Dezembro Negro vai ficar na memória de todo mundo... sem lenço, sem documento seria LSD? onde andarão os que sumiram? estão vivos? ou mortos. O DOPS empastelou a sede nova do CEC, que era num andar no alto do Maletta, e queimou todos os negativos, inclusive o de *Joãozinho e Maria*. Parafraseando Maurício Gomes Leite, a realidade é terrível como Bellochio, desabusada como Pasolini, sinistra como Fritz Lang, emocionante como Godard. Nenhum progresso técnico, poucas ideias novas, um estranho desprezo pela imagem, falta de sinal de inteligência capaz de transformar em cinema os sonhos tumultuados de um povo sufocado pela repressão e pelo vazio de um país em retrocesso. Subdesenvolvimento complacente. Irresponsabilidade política. Lirismo colonialista. Afetação. Nada do gênio de Sganzerla, Tonacci, Neville, jogando a câmera nas ruas, nos viadutos, nas vitrinas e nos espaços vazios da grande metrópole, para extrair do monstro um instante de poesia trágica. O verdadeiro cinema político. Não o que fica berrando *slogans* anti-imperialistas... como Maurício escrevia bem! ah, *look at all these lonely people...* comecei a namorar uma menina muito bonitinha de Santa Tereza, mas o pai dela não queria deixar porque ela já era quase noiva de outro carinha, mas nossa paixão dispôs em contrário e depois de bons tempos, eu namorando Joyce na casa da Aline e do Wladimir, na casa do Rick Delano, no balanço da escolinha de dona Maricota, o pai dela resolveu endurecer, passei uns tempos no Rio, sumi de circulação, Bituca ainda não tinha viajado para os EUA, foi meu bom confidente, aguentou minha dor-de--cotovelo... ah, *look at all these lonely people...* Ditadura ano quatro.

Herbie Hancock, hipnotizado pelo mistério trespontano, participou do disco de Bituca e seu solo em "Gira-Girou" foi um dos seus momentos de maior criatividade, dele, Herbie, autor da trilha sonora de *Blow-Up* (Antonioni), dele, Herbie, o pianista do gênio Miles Davis, agora solando uma canção nascida e criada no edifício Levy! Era demais para mim, que continuava em Belo Horizonte, indo todas as manhãs ao Colégio Estadual, para aulas, farras, debates, protestos, passeatas, reuniões e exames mensais, enquanto "minhas filhas" corriam mundo em ilustres companhias. "Gira Girou", fez o maior sucesso no México e foi gravada por Herb Alpert e Sérgio Mendes. Nos Estados Unidos, essa música recebeu uma versão de Lani Hall, vocalista do conjunto de Sérgio Mendes. "Coragem", a valente canção de guerra ("sangue derramar/E coragem pra vencer...") recebeu um *make-up* de certo Paul Williams, o qual passou a ser considerado o único letrista reconhecido da música, que virou *Courage*, com letrinha banal, só que em inglês.

Lô Borges, Bituca, Fernando Brant, Márcio Borges e Duca no Beco do Mota, Diamantina, 1971.

3
CAPÍTULO

Beco do Mota

— Apedeuta!
— Proselitista!
— Reformista!
— Alienado!

Isso era, por exemplo, um simpatizante da POLOP ou de qualquer outra facção que propugnasse luta armada, discutindo com algum estudante da Católica, normalmente simpatizante da AP, que até então era moderada e não apoiava a luta armada. Depois a esquerda foi se dividindo em facções inumeráveis, AP, APML, VPR, VAR-PALMARES, POLOP, fora o Partidão, o PC do B etc. Era difícil entender tantas divergências, siglas e linhas, os trotskistas divergindo dos maoístas que divergiam dos bolchevistas que divergiam dos castristas e assim por diante. Numa reunião num diretório estudantil ou num aparelho, qualquer "companheiro, questão de ordem!" pronunciado no momento errado podia abrir discussões acirradíssimas que adiante poderiam significar outra cisão. O Movimento Estudantil radicalizou, mudou de nome. A fachada oficial, castrada pelo AI-5, virou grêmio desportivo-literário, entregue a chapas reacionárias. A verdadeira liderança, junto com os simpatizantes mais ferrenhos, pulou para a clandestinidade e a luta armada.

Fiz vestibular para ciências sociais e passei. De qualquer forma, os estudantes ainda movimentavam a cultura. No Festival Internacional da Canção do último ano, "Sabiá" de Tom Jobim e Chico Buarque tinha levado o prêmio debaixo de uma vaia de trinta mil vozes, na sua maioria estudantes, que preferiam o hino panfletário de Geraldo Vandré, "Caminhando" ou "Pra não Dizer Que Não Falei de Flores".

Em Belo Horizonte, o discurso de Caetano Veloso ainda retumbava em meus ouvidos, em meio a tantos ouvidos moucos: "Então é essa a juventude que quer tomar o poder?" Se fôssemos em política o que éramos em estética, então coitado do Brasil. Reconheci naquele guerreiro de porte magro, mas altivo, o tal baiano de quem Bituca me obrigara a decorar uma música no Bigodoaldo's, tempos atrás: "... Me deram que-de-beber..."

Desde então já estava acostumado a me divertir muito com sua participação no programa de tevê *Esta Noite se Improvisa*, durante certas noites de ócio em que me permitia, contra meus próprios hábitos, perder algumas horas diante do vídeo. Ele sabia músicas com praticamente todas as palavras sorteadas e era ágil na campainha. "A palavra é... "PRÉÉMMM!!

Do outro baiano, o crioulo gorducho de barbicha, não podia me lembrar de "Domingo no Parque" sem me emocionar profundamente — acho que nenhuma música jamais me emocionou tanto na vida feito aquela apresentação heráldica de Gilberto Gil, à frente de uns espantados Mutantes, durante o histórico festival que lançou a Tropicália, erguendo seu violão e cantando com vigor contra as vaias de um auditório encapelado como um mar furioso, agitado em ondas de cujas cristas erguiam-se objetos, cadeiras e punhos cerrados. Aquilo mexeu com meus brios, me incitou a tomar posição. Alguns músicos porém, só queriam saber de harmonia (musical):

— Aquilo não tem harmonia. Só acorde óbvio.

"Não é porque eles não saibam, seus tacanhos. É porque eles não querem" — eu pensava. Mas nada dizia (pusilânime!) porque não tinha como provar, já que nem músico eu era. Então, num meio potencialmente hostil, tornei-me um simpatizante "secreto" do tropicalismo. Quando lia um artigo de Torquato Neto na *Última Hora* elogiando Bituca ou dando conta de um trabalho seu, noticiando suas atividades, me sentia como se houvesse encontrado um aliado desconhecido, num misto de alívio e renovação de minhas disposições ofensivas, mais ou menos como num *front* se sente o batedor cercado pelas forças inimigas ao descobrir por mero acaso uma trilha ainda não mapeada por seu general mas que, uma vez alcançada, poderá conduzir em segurança seus camaradas até uma posição fortificada, de onde certamente poderão reverter a situação adversa e alcançar a vitória almejada.

O fato é que, para uma mentalidade demasiado conservadora como a mineira, era mais fácil aceitar uma revolução na harmonia musical, afinal uma coisa que atingia apenas os estritamente interessados, do que aceitar uma revolução no comportamento geral, mil vezes mais perigosa e de consequências mais imprevisíveis. Segundo essa mesma mentalidade, tudo o que pudesse ser qualificado de "desbunde" era digno de reproches e, por extensão, aquele lado Tomzé e Wally Sailor-moon da Tropicália, aquele lado Navilouca e Hélio Oiticica, só mesmo Neville e Túlio Marques, que haviam sido amigos do pintor em Nova Iorque, é que gostavam daquilo. Minto: meus mais radicais amigos da luta armada também gostavam. Vá querer entender uma confusão daquelas!

* * *

O poderoso arsenal de medidas excepcionais do AI-5 não podia ser medido apenas pela quantidade de políticos cassados, funcionários públicos aposentados compulsoriamente (Bauzinho foi aposentado como maluco, no que a repressão não deixava de ter certa razão), militares reformados ou expulsos de suas corporações, estudantes arrancados das universidades, jornais, revistas e televisões censurados. Era o estilo, do guarda de rua ao servidor público, era a figura da "autoridade", o vizinho delegado que passou a se sentir mais poderoso, o chefe de repartição subitamente tornado "importante".

Em mim se fortalecia o espírito guerreiro que me unia naquele momento, até mais do que a Bituca, a Fernando e a Ronaldo, que eram estudantes como eu e conheciam a barra. Fazia meus os versos de Ronaldo:

> ... lutei e meu leito de águas claras
> se fez vermelho, o sangue tingia
> mas não parei de lutar, perigo
> é meu guia
> só me entrego pro mar, ê...

Por entender que era besteira guerrear contra companheiros de trincheira, fiz as pazes com o Sérvulo; perdoamo-nos ampla e mutuamente os socos e pontapés trocados dentro do táxi em frente à Estação da Luz, naquela manhã fatídica em que nos enfrentamos embriagados. Isso aconteceu quando ele visitou Belo Horizonte em companhia de duas amigas argentinas e eu o procurei. Na ocasião procurei também Dickson, a quem já não via mais com a mesma frequência de antes, e fomos ver juntos o último filme de Bellochio, *I Pugni in Tasca*. Dickson não gostou. Na saída do cine Art-Palácio comentou comigo:

— Modismo puro. Não vale um plano de Howard Hawks.

Também nesse ponto Dickson continuava exatamente intransigente. Naqueles dias quem estava perdidamente apaixonada por ele era a Mirinha, irmã do Ciro, da turma de Carlinhos Flex. Exatamente como sempre, Dickson continuava não ligando.

* * *

Domingo, dia 9 de março de 1969, estava em casa lendo jornal quando deparei com uma pequena foto de Bituca que encimava a seguinte matéria:

"Milton Nascimento

O cantor e compositor de "Travessia" retornou ontem dos Estados Unidos, onde permaneceu por três meses a convite da gravadora A&M Records, de Herb Alpert. Fez algumas gravações mas não atuou como profissional, em vista de sua condição de turista. Mas em julho viajará de novo para Nova Iorque, com visto permanente, para cumprir contrato de três anos. Modesto e falando pouco de sua atividade nos Estados Unidos, Milton Nascimento revelou afinal que gravou um LP com doze músicas, inclusive "Travessia", *Canção do Sal*, *Morro Velho* e "Vera Cruz". "Travessia" já tem quatro versões em inglês, uma delas cantada pelo próprio Milton Nascimento (com trechos em português) sob o título de *Bridges*. As outras gravações foram feitas por Tamba-4, pelo Bossa-Rio e pela cantora Flora, brasileira radicada em Nova Iorque. Também "Vera Cruz" tem sua versão, gravada por Herb Alpert e Sérgio Mendes. Milton Nascimento agora vai descansar e concluir uma série de músicas já iniciadas, enquanto espera o chamado da gravadora americana para se transferir em definitivo para Nova Iorque."

Quer dizer então que meu velho Scariotis D'Armeda estava de volta! E ainda ia se mudar para os Estados Unidos! Pensei: "Cretino, nem me ligou ainda..." e dei uma risadinha me lembrando do dia em que ele se escondera atrás do Oldsmobile vermelho, no centro de Beagá, e eu lhe chamara daquele nome, e de nossas subsequentes gargalhadas.

* * *

O aguardado, anunciado e tantas vezes adiado casamento de Schubert Magalhães com Marília Leal movimentou todos os cinéfilos da cidade. Foi na casa do sogro, em sua mansão na rua Aristóteles Caldeira, no Alto da Barroca, onde morava com mulher e uma porção de filhas. Misturados a ministros, políticos e industriais que eram parentes e amigos da família da noiva, os cinéfilos (que formavam por assim dizer a família de Schubert) tiravam seu atraso com a champanhe que rolava e adiantavam-se em novas teorias e divergências sobre a essência da obra cinematográfica, se é que uma existisse, sem tirar, contudo, os olhos do garçom que se aproximava com canapés e salgadinhos, senão com novas taças cheias.

Entre uma taça e outra, conheci a irmã de Marília, a indiazinha do filme de Schubert que tanto me chamara a atenção. Devia estar agora com uns quatorze anos. Chamava-se Maria do Carmo e as irmãs a chamavam de Duca. Aproximei-me dela, puxei conversa, pedi mais uma taça de champanhe e a acompanhei quando foi buscar. Tão logo consegui que me fornecesse seu telefone, fui invadido por uma ânsia de ir logo embora, como se já não tivesse mais nada que fazer ali, uma vez atingido meu objetivo inicial, que era fazer contato com a india-zinha e obter dela qualquer tipo de esperança. O número de seu telefone, fornecido por ela própria, era como um consentimento para que prolongasse a conversa que acabáramos de ter, e isso era plenamente a esperança que eu fora ali buscar. Também podia ser medo de ela mudar de ideia e me retirar aquela ínfima dádiva, seu número de telefone, o que me fazia querer ir embora tão de súbito. Acabei saindo da festa sozinho, exageradamente apressado, como se tivesse furtado alguma coisa. Pouco tempo durou aquele estado de ânimo, pois quando liguei no dia seguinte, Maria do Carmo me dispensou sem mais delongas, dizendo-me que me achava muito velho para ela. "Muito criança", pensei por minha vez, sem conseguir disfarçar em mim mesmo o sentimento da raposa diante das uvas inacessíveis.

* * *

Uma tarde, em frente ao Maletta, me encontrei com Carlos Figueiredo, o Carlão da Celiah. Eu conhecia aquele cabra maranhense já há uns dez anos, desde quando éramos meninos e cumpríamos o mesmo horário de serviço como estafetas do Correio. Seu pai era colega de repartição do meu e por todo aquele tempo eu continuara bastante amigo de Carlão, frequentávamos as sessões de cinema do CEC e a Cantina do Lucas. Ele estava vestido de terno e gravata e parecia com pressa antes de me ver, atitude que ralentou e transformou em pachorra, como se de repente tivesse ganho todo o tempo do mundo, no momento exato em que me abriu um largo sorriso e me deteve, segurando-me de forma estúrdia e teatral:

— Márcio Borges, você não morre tão cedo.

— E aí, Carlão, quanto tempo.

— Eu estava justamente pensando em você. Em como você tem o *physique du rôle* do homem de criação.

— Homem de criação?

— Você é desinibido, criativo e não tem medo do ridículo, percebe?

Pensei comigo se aquela seria uma boa definição para a minha pessoa e achei-a dúbia; não sabia se tomava aquilo como elogio, como sugeria a intenção melíflua de seu tom de voz, ou como ofensa deixada escapar com ironia e *fair-play*, dado o caráter obscuro de sua última assertiva a meu respeito.

— Você acha, é? — foi tudo o que respondi.

— Estamos precisando de um cara como você lá no Grupo. Um cara como você não. Tem que ser você.

— No grupo? Que grupo? Que história é essa?

— Percebe, eu, Noguchi, Kélio Rodrigues, Luís Cláudio e Carlinhos Estêvão abrimos o Grupo de Criação e Publicidade logo ali em frente — Carlão apontou para um edifício exatamente em frente ao Maletta. — Nós somos a agência, percebe?

Daqueles nomes citados eu só conhecia o de Noguchi, um japonês conhecido de Marilton, que namorava escondido, segundo diziam, uma funcionária da gravadora Bemol chamada Bebel.

— É para fazer o quê? — interessei-me.

— Nada. Só criar, bolar coisas, ter ideias.

Vago demais.

— Ter ideias como? Quem são os clientes?

— Por enquanto, Lages Premo e Massas Orion, mas vamos ter de criar a campanha de lançamento de um guaraná. É concorrência; se o Grupo ganhar, pegamos a conta da CMC (CMC era Companhia Mineira de Cervejas). Vai dar grana.

Meus filmes parados no papel por falta de grana; eu andando a pé, pois de repente vinha faltando até o do ônibus, uma vez que meu empreguinho de crítico também já tinha ido pras cucuias, eu sendo levado todo dia da Faculdade para casa de carona no fusca branco de Lurdinha Dolabela, na mesma rotina de deixar nossa colega Pitucha na Floresta e seguir comigo até a rua Divinópolis, quase sempre carregando também Mônica Neves para exercer a dupla função de companhia durante o caminho de volta e salvaguarda contra minhas possíveis investidas na ida; o próprio Carlão exibindo um vistoso Karman Ghia vermelhinho; Fernando possuía Manoel, o Audaz; Ronaldo também tinha carro no Rio; Bituca, o Antônio em Três Pontas; todos esses argumentos desfilaram velozmente por minha cabeça para desfazer o princípio de conflito que ameaçou instalar-se em minha mente — pois o que Carlão me oferecia era a profissão capitalista por excelência — mas foi instantaneamente dissolvido pela maior rapidez da minha língua:

— Topo — eu disse. Começo quando?

— Quer ir lá agora? É bem aqui em frente, percebe? — repetiu como se falasse pela primeira vez, como os bons professores fazem com alunos reconhecidamente pouco dotados. — O Grupo de Criação e Publicidade, percebe?...

— Tomamos um chope antes? — perguntei, já que estávamos bem em frente ao Pelicano Bar (o mesmo em que eu dera um banho de cerveja, ketchup e mostarda em Bituca).

— Não bebo em serviço.

— Quem te viu e quem te vê. Vamos lá.

*　*　*

O Grupo de Criação foi a única agência de propaganda brasileira que pôde se dar ao luxo de manter trabalhando na mesma equipe, quase de graça, três diretores de arte, três artistas, como Kélio Rodrigues, Carlos Estêvão e Hélcio Mário Noguchi, e ainda, de quebra, um homem de marketing como Carlos Figueiredo. Isso só pôde acontecer uma vez na vida porque estavam todos em início de carreira. Eu, por tramas do destino, agora estava entre eles.

De manhã estudava coisas como Política e Estatística, frequentava o que restara do glorioso Movimento Estudantil naqueles tempos castrados de festinhas e gincanas, e de tarde bolava reclames para lages pré-moldadas. Ao contrário daqueles professores que haviam sobrado do AI-5, ali até o contínuo sabia quem era Marshall Macluhan.

O Grupo de Criação foi minha terapia de grupo, onde me desintoxiquei daquele excesso de marxismo-leninização mal digerido, capaz de fazer tanto mal a meu espírito juvenil quanto um desses pastéis de rodoviária acompanhados de uma dose de cachaça a meu estômago; regalos venenosos, a que nunca renunciava nem me acostumava, tanto em minhas constantes viagens como nas minhas reincidentes leituras.

O "milagre brasileiro" já estava a caminho. Agora eu já sabia que havia uma doutrina de Segurança Nacional sendo posta em prática, apoiada na realidade internacional da guerra fria, que buscava fazer o país crescer num ambiente de ameaça atômica e expansão da guerra revolucionária. Havia estímulo à competição, ao pragmatismo, e também à delação, perseguição e punição de "subversivos". E esse conceito ficava cada vez mais abrangente.

"Estamos na garganta do dragão", dramatizava em minhas quase ingênuas lucubrações. "Vamos ver que bicho que dá", conformava-me mais zoologicamente. E entrei no mundo publicitário com a cupidez do garoto de colégio interno que entrou por engano no vestiário das moças. *"Think small"* virou meu lema. Através dos grossos livros encadernados, adornados com lindas fotos de pessoas, drinques coloridos, paisagens encantadoras, legumes orvalhados, cervejas espumosas, automóveis nacarados, Doyle, Dane & Bernbach trouxeram-me o vislumbre de algo tão doce e simultaneamente carregado de uma excitação tão febril quanto a imagem, gravada de relance, de uma cena amorosa a que não pertencemos e da qual não participamos senão como intrusos indiscretos; algo tão sedutor como a vista que se tem das largas vidraças abertas sobre Madison Avenue, algo objetivo como o traço linear de Milton Glaser e espetacular como um letreiro de Saul Bass; e além disso cada letra rabiscada-rebuscada por Herb Lubalin gravou-se como cicatriz em meu olhar atônito. Em suma, intuí rapidamente como as características do voyeurismo são essenciais ao exercício da propaganda. Assim, olhando pelo buraco da fechadura (sem usar minha própria chave) que eram os anuários do Art Director's, ingressei na era da Unique Selling Proposition.

* * *

Precisávamos criar algo sensacional para o Guaraná Alterosa. O Japonês me dizia:
— É simples. Só tem de fazer. — E abria um sorriso que podia muito bem ser o de um mestre oriental a seu discípulo, se não fosse antes e com muito mais propriedade o de um prestidigitador que se prepara para dizer: "Veja só, distinto público, nada nas mãos" segundos antes de fazer aparecer do ar um buquê de flores ou uma pomba. Só que nunca levava o truque até o fim.
— Nos Estados Unidos nego vai criar campanha publicitária num rancho fora da cidade, na sua Bugatti vermelhinha... quem viu *The Arrangement,* do Kazan? — dizia Carlinhos Estêvão, ele próprio possuidor de um minúsculo Gordini série econômica, cor vinho. O diminutivo de seu nome só podia ser ironia ou ter origem muito antiga, pois o filho de Carlos Estêvão, de *O Cruzeiro,* era enorme, sólido e hirsuto, como o pai.
— Pra mim já era suficiente sair desse caixote aqui, ir para um hotelzinho simpático. — Kélio lançou, especulativo. E reiterou, imitando Cauby Peixoto: — Aqui nexte ambiente xórdido não dá, profexor. Haja tenaxidade!
Comecei a rir porque era uma imitação muito boa, mas parece que o resto do pessoal já estava acostumado, pois Carlinhos foi em frente e propôs:
— Vocês dois topam ir para Ouro Preto?
— Precisamos ver o fluxo de caixa — ponderou Luís Cláudio antes de ouvir nossa resposta.
— Eu topo.

Falamos quase em uníssono e quase junto a Noguchi, que respondia a Luís Cláudio com aquele mesmo sorriso de mágico:

— Fluxo de caixa não é problema.

E como todos sabiam que a agência não tinha grana, dessa vez o Japonês revelou o truque:

— O cliente paga.

* * *

No Rio, aproximados e amigos, Nelson Ângelo e Ronaldo Bastos haviam acabado de compor "Quatro Luas", a cuja letra não prestei atenção no momento, mas em que, depois, diante dos fatos posteriores, Ronaldo tendo que sair de circulação por uns tempos, indo viver em Londres, pude perceber o reflexo de suas incertezas e angústias naquela hora difícil:

>*... a violência, bandeira*
>*que eu vou levar*
>*pensei nunca mais voltar*
>*pensei, pensei*
>*no rumo incerto*
>*mas certo de encontrar*
>*meu sonho vivo*
>*perdido em qualquer lugar*
>*eu sei, não vou descansar*
>*eu sei, eu sei...*

* * *

Fomos para Ouro Preto, eu e Kélio, levando máquina de escrever, blocos de leiaute, lápis e pincéis atômicos, equipados para criar a campanha de lançamento do Guaraná Alterosa. Viajamos com Carlinhos Estêvão em seu Gordini. Dessa vez ele ria bastante com a imitação de Cauby que Kélio desempenhava com seriedade hilariante, repetindo o texto de certo anúncio:

— Nau xem Rumo... Depoix dixto voxê xamaix beberá outra coixa!

Carlinhos deixou-nos num hotelzinho na praça principal da cidade e voltou para Belo Horizonte. Tínhamos cinco dias para criar e finalizar a campanha.

Nos primeiros quatro dias, vadiamos. Bebemos e nos divertimos noite adentro, fazendo a ronda dos bares; acordamos tarde, comemos bem. Por desencargo de consciência, de madrugada, bêbados, rabiscávamos *roughs* destinados à cesta de lixo.

No quinto dia, acordamos cedo, tomamos um café da manhã reforçado e trabalhamos pesado o dia inteiro. Entramos noite adentro, bebendo só depois das vinte horas, moderadamente, e quase não comendo, apenas o suficiente para manter o pique. De madrugada, tínhamos uma campanha maluca mas original. Na nossa empolgação criativa, dávamos nome aos personagens da gangue de motoqueiros hippie-beatniks que era a ideia-mãe da campanha. Tinha o King Charles, desenhado por Kélio como forte e magro, cabelo louro até a cintura, roupas negras, montado numa enorme Harley-Davidson; tinha O Chefe, atarracado, barbudo e sombrio; ao todo dez ou doze selvagens urbanos, completamente idealizados. No *story-board* de meu parceiro, estacionam suas barulhentas motos, entram num bar de beira de estrada e lá dentro consomem sabe-se lá que tipo de bebida. Ela os deixa excitados, faladores e alegres, mas só percebemos isso à distância, pois a câmera ficou de fora, enquadrando por trás de uma das motos os vultos através da vidraça da janela. Saem dali limpando a boca, grosseirões mas aprovativos, e montam em seus cavalos-de-aço. O Chefe atira como que uma moeda para o ar com o polegar e o indicador. Arranca sua moto, no que é seguido pelo bando. Câmera ainda no mesmo ponto-de-vista em que estacionou, sem cortar. As motos somem ao longe. Só então a câmera corrige e fecha o close no objeto que "O Chefe" atirou. É uma tampinha de Guaraná Alterosa. Locutor: "Os livres estão conosco. O resto é lixo!!!"

Um *outdoor* com a gangue e o título garrafal: LIXO!!!, a tampinha suada num canto, um poster com o orangotango do filme *2001* jogando o osso para cima... vá falar que não era original e criativo.

Na manhã seguinte, Carlinhos Estêvão chegou para nos buscar, ficou chocado com nossa ousadia, mas deu força:

— Genial! Vocês são doidos...

No dia aprazado, Carlos Figueiredo fez uma brilhante apresentação da campanha, defendendo-a com sua conversa garrida, eivada de preleções antientrópicas, num discurso que começou pouco mais ou menos como Carlão sempre iniciava suas alocuções ditas sérias:

— Senhores. Todos nós sabemos que quanto maior for o número de interações existentes em um sistema, tanto maiores serão as possibilidades do aparecimento de novas possibilidades...

O que não vinha ao caso, mas servia para introduzir uma série de observações agudas a respeito da importância de sermos originais num lançamento de guaraná, ao fim das quais o italiano dono da conta assumiu seu ar mais inteligente, que foi visto pelos outros como uma expressão impertinente e aborrecida:

— Entendo. Isso vende? Quanto vai me custar?

E isso ninguém pôde assegurar. Como seguro morreu de velho, o italiano acabou optando pela campanha de outra agência, com *jinglezinho* infanto-juvenil de aparência tão saudável e limpa quanto os jovenzinhos insossos que protagonizavam o comercial. Tal campanha não deu certo e o italiano pouco depois retirou seu produto do mercado.

* * *

Depois da temporada na América do Norte, finalmente Bituca apareceu em Belo Horizonte. Veio com a noiva e com Naná Vasconcelos. Era a segunda ou terceira vez que eu via aquele percussionista de maneiras e trajes excêntricos, crioulo de pera e cabelo assanhado em molinhas, como uma medusa de minhoquinhas pretas. Usava uma camisa enorme e florida, chegou descalço e de berimbau na mão.

— Descalço que é pra sentir a energia da terra, bicho.

Com papai Salomão, Naná entrou em altas conversas de cunho esotérico, envolvendo narrativas de metempsicose comprovada e materialização de espíritos. Depois, deu um *show* no "quarto dos homens" que juntou a vizinhança inteira. Era espetacular no berimbau. Batia a cabaça do instrumento de encontro à barriga, rodopiava a vareta em torno e dentro dela, repicava, repinicava, batia e rebatia, cantando pontos. De repente fazia uma careta, soltava uma série de estalidos com a língua e a garganta, acompanhados de uns gargarejos ritmados, como se pronunciasse uma pitecantrópica língua primitiva, inarticulada, sem vogais. Daí saltava com momices, o ritmo se alterava e os sons produzidos por seu corpo tornavam-se mais dóceis: — Dadina-Dina-Diná, dadina dina diná...

Bituca foi se hospedar na rua Grão Pará, em casa dos Brant e largou Naná em Santa Tereza, entregue aos Borges. O percussionista pernambucano chegava a ser impressionante no item resistência ao goró, numa roda em que todo mundo era o que se convencionou chamar bom de gole e, extra convencionalmente, pau-d'água. Consumia uma garrafa de cachaça sozinho — e rápido. Não sei como, com aquela aparência invulgar, conquistou as graças de dona Maricota, minha veneranda mãe.

— Maricota, vou pesquisar suas panelas.

Não se referia a comida, mas à sonoridade das ditas cujas. Mamãe, proverbialmente ciumenta de sua cozinha e seus aparatos, que mantinha lustrosos e impolutos, abria uma excepcionalíssima exceção para Naná, ninguém entendia por quê, e entregava-lhe suas preciosas panelas. Bem que eu reparava que ele, ao pedir, sibilava os esses e parecia aquela cobra que hipnotiza o passarinho. O fato é que imediatamente conseguia as panelas em torno de si, sentado na posição de lótus, que nem um faquir (pois era muito magro), e começava mais um marcante espetáculo no "quarto dos homens". Então chegavam Bituca e Fernando, às vezes Tavinho Moura e Sirlan, e o som rolava tarde adentro. Lô pegava seu violão e reivindicava vez no meio dos adultos...

Mesmo quando Bituca teve que voltar para o Rio com sua noiva, Naná não deu sossego às panelas de mamãe, pois não quis ir embora e ficou lá em casa mais uma porção de dias. Eu saía para trabalhar no Grupo de Criação e na volta nem sempre encontrava o pernambucano. É que ele rapidamente fizera amizade com a vizinhança inteira e mais rapidamente ainda conseguira ter acesso às panelas da vizinhança. Uma das cozinhas em que Naná mais brilhou, ou por outra, uma das que lhe forneceram os mais brilhantes utensílios, foi a da mãe de Jabu, dona Terezinha, conhecida por todos como Madrinha. Jabu era o namorado de uma das minhas irmãs, e mal conhecera Naná em minha casa, fora por ele aliciado para entregar as panelas da mãe. Ali na rua Paraisópolis os vizinhos também se reuniram na casa da Madrinha para ver os *shows* caseiros de Naná Vasconcelos, um gênio em descobrir e explorar as possibilidades sonoras e rítmicas que este mundo oferece. Em resumo, em sua temporada de cachaça e panelas na rua Divinópolis e adjacências, chamou a atenção de Santa Tereza inteira, perambulando pela redondeza com os pés descalços, camisa florida, barba extravagante e cabelo arrepiado. A fama que angariou com sua polirritmia e principalmente com sua capacidade de derrotar litros de bebidas fortes e permanecer inalterado (jamais poderíamos dizer sóbrio, por tudo o que essa palavra tem de oposta àquela eletricidade faiscante, àquela atuação de máquina de propelir ritmos e dar impulsos acústicos a todo instante a todo e qualquer elemento dado na natureza, do próprio peito à mais mísera lata abandonada num canto de rua), tal fama estendeu-se de casa em casa e foi passada de boca a ouvido durante anos, com a reverência e a parcimônia de um ensino secreto ou de uma lenda ainda em seu nascedouro. Bauzinho, que era ele próprio uma espécie de parâmetro, uma medida de capacidade etílica, reconhecia:

— Nossa! Pra esse aí eu tiro o chapéu, barão.

* * *

Ditadura total. Aumento da violência policial. Liberdades civis suspensas. Protestos abertos e dissensões não são mais absolutamente permitidas. Muitos cidadãos, inclusive artistas importantes, são abordados, presos, exilados ou forçados a deixar o país. Apoiado por um vasto esquema de publicidade, Roberto Carlos, com seu som elétrico, torna-se o ídolo definitivo do povão, *crooner* romântico de uma música altamente imitativa, haja vista a quantidade de versões que dissemina a Jovem-Guarda. A realidade também mudou a cara da bossa-nova, fazendo sair a *finesse*, o bom-tom, o dia ensolarado com o barquinho a viajar, e introduzindo o carcará, o proletário, o tema de protesto. O *show Opinião*, depois de cinco anos, já havia se tornado lenda. Os festivais de música promovidos pelas redes de tevês, apesar de acusados de favorecer os interesses dos patrocinadores comerciais, tinham revelado o que havia de melhor nesses últimos anos: Chico Buarque, Edu Lobo, Caetano Veloso, Gilberto Gil, Geraldo Vandré, Paulinho da Viola e o próprio Bituca. Foi a partir desses eventos que a sigla MPB tornou-se parte integrante do vocabulário das pessoas bem pensantes. A Tropicália incorporava a Jovem-Guarda, em vez de rejeitá-la, em nome de uma modernidade que invocava o movimento de 22, o concretismo dos poetas paulistas, as rimas do samba convencional, o considerado mau gosto, o *kitsch* e a tecnologia moderna. Salvo uma ou outra atitude mais *avant-garde* minha ou de Ronaldo, o quarteto criativo que formávamos com Bituca e Fernando permaneceu mais ou menos alheio a essas coisas, embora achando muito natural o uso de guitarras elétricas etc. mais como crias de Chiquito Braga, que já tocava elétrico em 63, do que como fãs declarados de Wes Montgomery, que tocava elétrico desde antes de nascermos. Portanto, num ou noutro caso, tínhamos clara consciência de que aquele negócio de tocar guitarra e fazer disso um escarcéu só tinha algum valor porque vivíamos num país chamado Brasil e numa ditadura chamada revolução. O fato de ter gravado com as feras do primeiro time do jazz americano dera a Bituca uma ideia muito precisa da qualidade do som que se curtia em Beagá, naqueles primeiros anos de formação cosmopolita (dentro da província), no Ponto dos Músicos e nas boates de música ao vivo.

Por falar em Fernando, desde o dia em que eu o apresentara a Toninho Horta, às vésperas do festival de "Travessia", os dois já haviam se tornado parceiros e criado uma porção de músicas. A primeira foi "Aqui, Ó", letra debochada que me revelou de Fernando uma aspereza cheia de ironia de que eu sequer suspeitava:

> *Ó Minas Gerais*
> *um caminhão leva quem ficou*
> *por vinte anos ou mais*
> *eu iria a pé, ó meu amor*
> *eu iria até, meu pai,*
> *sem um tostão.*
> *Em Minas Gerais/alegria*
> *é guardada em cofres, catedrais*
> *na varanda encontro meu amor*
> *tem bênção de Deus*
> *todo aquele que trabalha no escritório*
> *bendito é o fruto dessas Minas Gerais.*

Seguiram-se Durango Kid e Manoel, o Audaz. Manoel, o Audaz, era o jipe que Fernando comprara para substituir o desafortunado Aparelho, nome próprio de um velho DKW-Vemag cheio de manias e truques para funcionar que só Fernando sabia dominar. O jipe não ficava atrás. Por duas vezes "fugira" do dono, isto é, estacionado por

Fernando na porta da casa de Leise, que morava numa ladeira íngreme, descera sem piloto rua abaixo, de marcha a ré, parando na parte plana da rua sem causar danos de qualquer espécie. Por uma vez, vá lá, mas duas... isso merecia duplamente uma canção em homenagem a tamanha autossuficiência e liberdade. E essa foi a terceira música que fez com Toninho: *Manoel, o Audaz*:

> *... Se eu já nem sei o meu nome*
> *se eu já nem sei parar*
> *viajar é mais...*

* * *

Paulo Veríssimo e Stil chegaram pondo o maior gás. O primeiro eu conhecia como cineasta amador, como eu, e o outro era desenhista e criador de desenhos animados. Os estúdios da Odeon eram na avenida Rio Branco, Cinelândia, num prédio que se interligava com a rua México. Dois canais era tudo o que havia. A orquestra se amontoava dentro do estúdio e gravava ao vivo, num canal. Luís Eça, puxando de uma perna e com sua voz rouca, pisava no posto de maestro e transformava seu jeito ligeiramente cafajeste em gestos garbosos de águia alçando voo, ao reger a orquestra, e era aquela expressão puramente ornitológica que eu conservava dele, ao lembrar-me, já em Belo Horizonte, das peripécias que vivíamos dentro daquele exíguo estúdio, maestro e músicos num canal, Bituca no canal restante. Às vezes, e com prejuízo da qualidade de som, o técnico usava o artifício de reduções sucessivas. Comprimindo vários sons num mesmo canal, conseguia ir deixando o outro livre para novos acréscimos, até um limite bastante precário, além do qual tudo se tornava uma pasta sonora de detalhes indistinguíveis. Em compensação, Jorge Teixeira, o técnico, era quase milagroso e havia na direção da Odeon homens como Milton Miranda e Adail Lessa, dois perfeitos cavalheiros, homens de palavra, sensíveis, honestos, de visão larga e objetivos elevados, tão diferentes dos pragmatas de hoje em dia. Num clima agradável e receptivo foi gravado o segundo disco de Bituca, aliás, Milton Nascimento, que sabia muito bem o que queria (mesmo às vezes bebendo além da conta) e gravava minuciosamente, atento aos mínimos detalhes musicais. E tinha campo para se expandir, pois Milton Miranda, muito delicado, explicava com voz de pároco:

— Nós temos nossos comerciais. Vocês, mineiros, são nossa faixa de prestígio. A gravadora não interfere; vocês gravam o que quiserem.

E assim cumpriu sempre. De alguma forma seu jeito me lembrava Kélio imitando Cauby.

Depois do disco pronto, Bituca me chamou para escrever a contracapa.

— Escrever o quê? — perguntei.

A capa era um desenho de Stil, que pouco tempo antes tinha ido a Diamantina conosco, junto com Paulo Veríssimo e sua câmera.

— O negócio é o seguinte — respondeu Bituca —, escreve aí que as orquestrações de "Pai Grande", "Sentinela", "Beco do Mota" e "Tarde" são de Luiz Eça, sendo que "Pai Grande" e "Beco do Mota" e um pedaço de "Sentinela" têm coro de Maurício Maestro, que fez também a orquestração de "Quatro Luas"...

— Ah, é? E o que mais? — Eu ia anotando tudo o que Bituca ia me falando.

— As orquestrações de "Rosa do Ventre", "Sunset Marquis 333 Los Angeles" (essa era uma canção de quarto de hotel com letra amarga: "Nada restou, nem mesmo/lembrança no papel/meio sol, meio-dia, no meio eu estou/não é de hoje o medo/a fonte do corpo domou..."), "Pescaria", "O Mar é Meu Chão" são de Paulo Moura, devendo lembrar que no "Aqui, Ó", a "pá" toda deu palpite. Aliás, a "pá" é esta: Novelli, Maurício Maestro, Robertinho Silva, Luís Fernando, Hélvius Vilela, Nelson Ângelo, Toninho Horta e Wagner Tiso, que formam a "cozinha" e o coro.

Escrevi. Bituca continuou:

— Fora os palpites, confusões, imposições, polirritmias, bagunças, viagens a Minas Gerais e garrafas esvaziadas de um indivíduo chamado Naná.

— Só?

— E você e Fernando, meus parceiros, né, seu... Ah, ia esquecendo. Ainda tem: Davi, Ronaldo, Ricardo. A colher de chá dos maestros Orlando Silveira e Gaya. E a voz do Toninho no "Aqui Ó". Escreve um trem bem bonito.

Eu respondi:

— Já está pronto.

— Já? Como assim?
— Assim, ó: "O negócio é o seguinte: as orquestrações de "Pai Grande", "Sentinela" etc. — e li textualmente o que ele havia me ditado. Lembrara-me do clima do estúdio, do calor humano e do bom humor, das piadas de Hélvius, do convívio generoso e criativo com tantos músicos de gênio, nosso sobe-e-desce no elevador, as cervejas que íamos tomar na Cinelândia. Era impossível traduzir o charme daquelas horas num simples texto de contracapa, ou antes, era inútil um texto de contracapa, quando se tratava de ouvir o disco.
— Ô preguiça, hein...
— Esse negócio de textinho de contra-capa já era. Nego quer é ficha técnica e olhe lá.
— Sei...
— Você lê? As contracapas daquele cara, do... do... aquele dos discos de jazz, aquelas massarocas de texto... o como é que chama... parece Akim Tamiroff...
— Tá bom. Vai assim mesmo.
Acabou saindo exatamente assim no disco.

CAPÍTULO 4

Os Deuses e os Mortos

Pouco antes da cerimônia, mamãe ligou para Bituca.
— Maricota, eu não tenho roupa para casar.
— Como? Não tem roupa? Já está na hora de ir para a igreja e você não tem roupa?
— Só aquelas coisas que você conhece.
— Seja tudo pelo amor de Deus! Eu e Salim vamos passar aí agora pra ter dar um terno.
— Tem uma Ducal aqui perto em Copacabana.
— Vamos praí agora. Pode ir descendo.

Mamãe e papai tomaram um táxi até Copacabana, onde encontraram Bituca e o levaram a uma loja de departamentos. Bituca experimentou um terno, gostou, já ficou com ele no corpo. Mamãe pagou. Entraram no carro esporte de Luís Fernando ("uma baratinha", segundo mamãe) e foram dali direto para certa igreja na Tijuca.

O casamento de Bituca foi um acontecimento rápido como um relâmpago. Não a cerimônia, que acabou sendo longa e pomposa como queria a família da noiva; ela vestida de branco, Bituca com terno da Ducal. Mamãe Maricota, reluzente em suas musselines, e meu velho Salomão, enfarpelado num belo terno, subiram ao altar como dois dos vários padrinhos do nosso irmão número doze, em seu enlace com Lurdeca, a estudante de história natural. A família Borges se abalara em peso para o Rio de Janeiro. Ninguém queria perder aquela cena: Bituca casando um bom e bem-comportado casamento pequeno-burguês na Tijuca.

Os recém-casados foram morar num apartamento na travessa Angrense, em Copacabana. Bituca andava no auge do relaxamento consigo mesmo naqueles tempos de núpcias. Parecia triste e enjaulado, como se tivesse se casado num impulso de paixão e só então se apercebesse do que significava aquilo na prática. Não posso imaginar o que tenham sido aqueles trinta e tantos dias que ele permaneceu casado, emparedado na travessa Angrense. Só o visitei uma vez e Lurdeca me pareceu muito preocupada e tensa. O fato é que, tão rápido e intempestivo quanto fora o noivado, aquele casamento logo se desfez. A noiva voltou para casa e Bituca afundou em seu inferno pessoal.

* * *

"Sentinela" foi nosso tema daqueles tempos. O texto de Brant explorava o formato da "incelença" nordestina, a cantiga dos velórios:

> *Morte, vela*
> *sentinela sou*
> *do corpo desse meu irmão*
> *que já se vai*
> *revejo nesta hora tudo que ocorreu*
> *memória não morrerá*
> *Vulto negro em meu rumo vem*
> *mostrar a sua dor*
> *plantada neste chão*
> *seu rosto brilha em reza*
> *brilha em faca, em flor*
> *histórias vem me contar*
> *longe, longe ouço essa voz*
> *que o tempo não levará*
> *"precisa gritar sua força, ê irmão*
> *sobreviver*
> *a morte ainda não vai chegar*
> *se a gente na hora de unir*
> *os caminhos num só*
> *não fugir nem se desviar*

precisa amar sua amiga, ê irmão
e relembrar
que o mundo só vai se curvar
quando o amor que em seu
corpo já nasceu
liberdade buscar
na mulher que você encontrou"
morte, vela
sentinela sou
do corpo deste meu irmão
que já se foi
revejo nesta hora tudo que aprendi
memória não morrerá
longe, longe ouço esta voz
que o tempo não vai levar.

* * *

    O Grupo de Criação tampouco resistiu aos tempos. Os clientes que restaram retiraram as contas e tudo teve que ser negociado com um certo Décio Vômero, sócio de uma P&M — Publicidade e Mercado Ltda. De início ainda tentamos mais uma campanha maluca, dessa vez para entrar numa concorrência da Cerveja Alterosa. Repetimos o esquema anterior de criar fora da agência. Dessa vez fomos de ônibus para Marataízes, eu, Kélio e Rick Delano. Como em Ouro Preto, deixamos a campanha para o fim. Passamos uma semana na praia, tomando cerveja, comendo camarão e nos bronzeando ao sol. Só que dessa vez eu e Kélio fracassamos. Na última hora não conseguimos criar nada de valor e o que apresentamos, mortos de vergonha, foi uma campanha fracota, que não havia convencido nem a nós mesmos. Além disso, Rick não levava o mínimo jeito para compositor de *jingle*. Resultado: sem a conta salvadora, tivemos que amargar dois meses de atrasos em nossos vencimentos, tempo em que Kélio ficou possesso e andava bradando pelos corredores da P&M:

    — Quero o meu! Eu quero o meu! Chega de papo. Eu quero o meu!

    — Esse pessoal da criação é mesmo temperamental... — dizia, atrás de um sorriso amarelo, o dono daquele pepino.

Quando a P&M conseguiu nos pagar, cada um debandou para seu lado. Noguchi, separado de sua mulher, se mudou para o Rio levando consigo a namorada Bebel. Kélio foi para São Paulo e em pouco tempo estava empregado como diretor de arte em uma agência grande. Carlinhos Estevão também se separou da mulher, vendeu o Gordini vinho e foi morar no Rio. Logo depois era admitido na Standard, como diretor de arte. Carlos Figueiredo, o Carlão, aliás, Bombay Brian, tomou a alta Celiah pela cintura, levantou âncora e se fez aos mares, perambulando como aventureiro pelos mercados populares de Déli, Goa, Bombaim, Katmandu, Kabul, Amsterdã etc. etc. em estranha desordem. Quase de imediato, tive um destino irrisório: fui contratado pela Standard, Beagá, que acabava de virar Ogilvy&Mather. Funcionava numa casa da rua Rio de Janeiro, entre a avenida do Maletta e a esquina da nossa árvore (minha e de Bituca). O diretor era um cantor do Madrigal Renascentista chamado Simão Lacerda. Ali comecei a trabalhar em dupla com Itaíbis Vilela ("Seu negócio é AA. Meu negócio é BB."), irmão de Hélvius, que continuava morando no Rio e trabalhando com Bituca.

* * *

Antes, porém, passei um tempo no Rio. Bituca se mudara da travessa Angrense e estava morando com Novelli num apartamento em Botafogo. Andava tocando piano. Nos dias que passei lá com ele, essa era sua mais nova mania. Gastamos horas e horas ouvindo Bill Evans& Orchestra, regida por Klaus Ogerman e narrada por Novelli, se é que podemos dizer assim dos "ohs", "E agora", "Veja só essa passagem", entremeados de vigorosos gestos com ambas as mãos, estirando os braços como se ele próprio estivesse a reger, acenos com que nos sinalizava essa ou aquela passagem que julgava mais digna de nossa atenção, segundo seu próprio critério exclusivamente pessoal. Para minha alegria até, pois descobri ali um tesouro de belezas de que não suspeitaria, não fosse aquele mapeamento simultâneo das emoções ali contidas e realçadas pelas manifestações corporais do contrabaixista.

Quanto a mim, senti Bituca triste, mas andava eu próprio meio deprimido e esmorecido, me prometendo fazer mil coisas mas incapaz de sair do lugar, bebendo demais, sufocado dentro de uma revolta que não tinha como exteriorizar diante da gigantesca muralha do medo, dividido entre duas vontades, dois sentimentos contraditórios de missão e predestinação, duas opções abertas naquele momento à frente do jovem homem de 23 anos que eu era: a luta armada e seu consequente purgatório de clandestinidade e tensão, opção de Ricardo Vilas, que desaparecera logo depois de tocar com Bituca, ou a luta desarmada e seu consequente purgatório de paranoia, sensação de vazio e tédio que vinha a ser a vida de poeta errante, dirigindo *shows* aqui e fazendo letras acolá, com noitadas nos bares, sessões de ensaios, conversas técnicas, especializadas. Pelo menos não viessem me falar de "mensagens"... "qual é a mensagem dessa letra?" Como se um poema pudesse funcionar como cabograma ou sinal de fumaça.

Nas suas constantes idas a Belo Horizonte, Bituca ficava agora impreterivelmente na casa dos Brant, uma vez ou outra na casa de Nelsinho Ângelo e quase nunca mais lá em casa. Agora, para cada música que fazia comigo, fazia uma com Ronaldo e duas com Fernando, quase sempre nessa exata proporção.

Tavinho Moura e Sirlan continuavam frequentando nossa varanda que cheirava a rosas. Sentados nas cadeiras de ferro pintadas de branco, junto com Lô, Marilton, Beto Guedes, Yé, Toninho Horta, todos amontoados em meio às plantas de mamãe, promovíamos o que se pode chamar aquela violãozada. Quando Bituca e Ronaldo chegavam do Rio era sempre ótimo. Uma vez chegaram com discos de Crosby, Stills, Nash&Young, e Ronaldo fez ótimas traduções instantâneas das letras. A poesia lhe corria pelo sangue. Depois que eles partiam, os versos de Nash permaneciam não só como lembrança, mas como silhueta destacada na sombra:

> *I am a simple man*
> *so I sing a simple tune*
> *wish that I could see you*
> *once again across the room*
> *like the last time...*

E "4 Way Street", inesquecível, com Neil Young: "... *don't let it bring you down it's only castles burning...*"

Noutra vez Bituca chegou com *Tommy*, a *ópera-rock* do The Who. Encontrou Lô ouvindo Emerson, Lake & Palmer, e o Yes Album. Yé estava mudando de turma e agora preferia andar com uns caras de hábitos bem barra-pesada. Os Beavers, desfeito, durara menos que seu único e idolatrado modelo, os Beatles, que ainda duraria mais um pouco.

* * *

Numa daquelas reuniões na varanda da rua Divinópolis, eu e Tavinho Moura compusemos "Como Vai, Minha Aldeia". Enquanto eu escrevia num papel ao lado de Tavinho, papai Salomão saiu de dentro de casa com um jornal na mão, mostrando-nos a foto do corpo de Che Guevara crivado de balas. Aquela tinha sido uma das notícias mais chocantes daqueles tempos, a morte de Che na Bolívia. Depois que papai se retirou, completei a letra:

> *Como vai minha cidade*
> *Oi minha velha aldeia*
> *Canto de velha sereia*
> *No meu tempo isso era meu tesouro*
> *Um portão todo feito de ouro*
> *Uma igreja e a casa cheia, cheia*
> *No vazio deste meu Brasil*
> *No meio da praça passou*
> *Do meio da noite surgiu*
> *O meu pai e meu pai me mostrou*
> *Seu retrato morrendo na rua*
> *E seu povo ali parado*
> *O meu povo ali parado*
> *Minha gente que nunca mudou*
> *Minha igreja, minha casa cheia,*
> *Meu país.*

Logo depois, outra manchete nos deu motivo para uma segunda parceria: pane em astronave soviética condenava o astronauta à morte em órbita, sem possibilidade de resgate. Emocionados, fizemos "Adeus, Perdão Komarov", mas o tema revelou-se tão profundamente emocionante quando vivenciado na prática quanto árido e anti-poético quando posto em música. Trocando em miúdos: um cadáver sobrevoando nossas cabeças não dava samba. Nem *rock*. Nem música alguma.

Com isso, Tavinho inaugurava também na minha vida a época das canções-fantasmas. Tal qual as cidades-fantasmas dos velhos filmes de faroeste, outrora progressistas e ricas, e que subitamente, por conta de alguma calamidade sobre a qual é melhor calar, vêem seus habitantes irem embora às pressas, um a um, largando xícaras na mesa, dentaduras dentro do copo e cachimbos por fumar, assim eu e Tavinho fizemos vigorar por pouco tempo algumas canções como "Aparecidíssima", "Corte/Palavra", "Adeus, Perdão Komarov", para logo em seguida desabitá-las de qualquer alma, sem termos contudo alcançado o poder de retirar delas os sinais exteriores denunciadores de sua existência pregressa.

* * *

Minha irmã número três, Sandra, começou a namorar um caixeiro-viajante espanhol chamado Manolo. Não que nos importássemos grande coisa com questões de sangue e linhagem, mas ninguém sabia absolutamente nada a respeito dele. Ele próprio só conhecia no Brasil a velha tia Peregrina, com idade para ser sua bisavó — e agora Sandra. Marilton deu o contra:

— Corre com esse cigano.

Eu contemporizei:

— Vamos sacar o cara primeiro.

Outro fato quase tão insólito como a entrada de Manolo no rol dos agregados dos Borges foi a insistência com que Lô, nos últimos dias, passara a repetir certa precisa sequência harmônica ao violão, um conjunto de acordes que formava um todo coerente (dois tempos em si, cai para lá sustenido, um tempo, volta ao si, lá, prepara, dó maior). Isso *ad nauseam*. Tarde adentro. Descansava um pouco, voltava ao tema, à sequência, exatamente como antes.

Ao chegar do Rio pela quinta ou sexta vez naquele ano, certa tarde luminosa e agradável, daquelas típicas de Belo Horizonte, Bituca não encontrou ninguém na rua Divinópolis. Quando já ia desistindo de chamar, apareceu Lô.

— Eu já estava indo embora — disse Bituca.

— Nada, vamos entrar — convidou Lô.

— Estou a fim de tomar uma batida de limão. Vamos comigo e você bebe um refrigerante.

No bar, Bituca pediu sua batida.

— Uma pra mim também — disse Lô.

— Quê isso, menino, você não bebe.

— Você é que pensa.

Foi então que Bituca reconheceu em Lô o que eu já havia reconhecido: meu irmão número seis não era mais uma criança.

— Duas batidas de limão — retificou Bituca.

Estimulado pelo álcool, Lô abriu o verbo:

— Adoro a música de vocês. Mas acho que vocês não gostam de mim, porque não me convidam nunca para tocar junto.

— Bicho, só agora, neste minuto, é que eu descobri que você não é mais aquele menininho do Edifício Levy.

— Quero mostrar uns troços. Só pra você. Nem pro Marcinho eu mostro.

— Então vamos para sua casa agora. Melhor hora não pode ter. Não tem ninguém lá.

Voltaram para a rua Divinópolis. Eu e mamãe havíamos chegado. Mamãe pediu a Bituca a sua opinião a respeito das duas novidades lá de casa (Manolo e a música de Lô). Quanto ao namorado de Sandra, Bituca declarou:

— É um elemento. El Cid é considerado um... — e não achou a comparação exata — ... é desconsiderado! — Quanto à se-quência harmônica de Lô, propôs ao próprio: — Vamos tocar mais isso — como se não fosse exatamente o que meu irmão viesse fazendo nas últimas 48 horas.

Ao chegar a noitinha, na varanda perfumada de rosas, cada um com seu violão, improvisaram sobre a sequência. Aos poucos, Bituca foi estabelecendo uma linha melódica cada vez mais bem definida, a qual foi repetindo com ênfase cada vez maior, com mais certeza. Eu estava ali, sentado ao lado dos dois, e vi nascer a melodia que definiu e consagrou a primeira parceria entre eles.

— Está lindo. Vou colocar letra nisso — falei. Recomeçamos a cantar a melodia que Bituca fazia fluir num solo uníssono de violão e vozes sobre o tema harmônico que Lô construíra por inteiro, de uma só feita, e, no mais, só fizera repetir. Nunca tinha visto nada combinar tanto como aquela harmonia de Lô e a melodia que Bituca acabara de criar, exceto, talvez, a homenagem dos Beatles "Michelle, ma belle..." com a homenageada Michelle Phillips...

Decorei mentalmente o tema e entrei para dentro de casa atrás de lápis e papel. Dona Maricota mos forneceu. Sentei-me à mesa de jantar e comecei a escrever de um só fôlego, ao contrário de outras vezes em que as letras demoravam dias, até meses, para ficar prontas. Lá fora, a noite chegava. Lô, com certeza, iria correndo para a esquina, mostrar sua primeira composição para Maurizinho, Baú, João Luiz, Yé, Zé Neto, o pessoal do Clube. Da esquina se via a Serra do Curral cercando Belo Horizonte por aqueles lados, a pedreira da Pompéia e a mata do Taquaril. Dentro de casa eu escrevia sem parar quando a luz apagou. Queda de energia.

— Mãe! — gritei como se tivesse medo de escuro. — Me arranja uma vela que não posso parar.

Dona Maricota, que já segurara tão maravilhosamente as gambiarras de *photofloods* em *Joãozinho e Maria*, tornava a mostrar-se prestativa e iluminadora, buscando imediatamente e segurando um toco de vela aceso por cima de minha cabeça, iluminando o papel. Ao ritmo de minha escrita, acompanhava lendo em voz baixa até o final, quando então parei de escrever e ela, pousando uma das mãos em meu ombro, falou com emoção:

— Está muito lindo, meu filho.

Reli o que acabara de escrever:

> CLUBE DA ESQUINA
> M. Nascimento/Lô Borges/ M. Borges
>
> *Noite chegou outra vez*
> *de novo na esquina os homens estão*
> *todos se acham mortais*
> *dividem a noite, a lua, até solidão*
> *neste clube a gente sozinha se vê*
> *pela última vez*
> *à espera do dia naquela calçada*
> *fugindo de outro lugar*

Perto da noite estou
o rumo encontro nas pedras
encontro de vez
um grande país eu espero
espero do fundo da noite chegar
mas agora eu quero tomar suas mãos
vou buscá-la onde for
venha até a esquina
você não conhece o futuro
que tenho nas mãos

Agora as portas vão todas se fechar
No claro do dia o novo encontrarei
E no Curral D'El Rey
janelas se abram ao negro do
mundo lunar
mas eu não me acho perdido
do fundo da noite partiu minha voz
já é hora do corpo vencer a manhã
outro dia já vem
e a vida se cansa na esquina
fugindo, fugindo pra outro lugar

Quando Bituca e Lô cantaram o tema com esta letra, mamãe começou a chorar de emoção.

Isso logo virou uma espécie de hino lá em casa. Todos cantavam, de Salomão e Maricota (a primeira leitora) até o caçula Nico. Em seguida, foi a rua, a turma do Clube. Bauzinho: "Nossa, barão, agora você matou a cobra e mostrou o pau". A turma da Paraisópolis, Jabu, Rick Delano, Joyce (cadê Joyce?), Dago, Catarina, Andréia, Antônio, Walfrido (Wálfigans Mozart), Bob Chucks, todos tomaram conhecimento do hino que eu criara e tratava de divulgar (seguindo o circuito Naná Vasconcelos), embora não fizesse ideia do quão famosa esta expressão ainda iria se tornar: "Clube da Esquina". É que nunca temos, nem podemos ter jamais, ideia suficientemente clara desse aglomerado indistinto de desejos e temores a que chamamos de futuro; indistinto para nossa própria proteção, pois um pouco mais de exatidão nos lança num abismo fundo demais, em tudo e por tudo inimaginável. Portanto, falamos "amanhã" ou "segunda-feira que vem" mas, por precaução instintiva, colocamos nisso sempre o máximo de inexatidão e vagueza de que somos capazes, não nas palavras, que descem até a pontualidade: "Às cinco em ponto da tarde", mas na lógica e na razão, pois professamos num simples apontamento marcado o primado de nossa fé, com o mesmo contraditório sentimento de simultânea intimidade pertencente e estranheza total que temos quando, de repente, prestamos atenção numa coisa nossa a que estávamos alheios um instante antes, às vezes algo tão simples e peculiar, tão imediatamente apegado a nós mesmos como nossa impressão digital ou nosso nome, e com isso nos lançamos num espaço mental desconhecido e vago como o próprio futuro. Assim é que Bituca às vezes estranhava a sonoridade do nome "Milton Nascimento" e duvidava de seu potencial mercadológico-carismático. Eu próprio assinara minhas primeiras músicas como Márcio Hilton Borges, o "Hilton" (o "Hirto" do Nelson Ângelo) me parecendo tão fundamental à singularidade da minha pessoa como o meu pescoço à verticalidade de minha cabeça. O tempo trataria de nos mostrar (e já estava começando) o quanto num dado momento podemos estar equivocados no juízo que fazemos de nós mesmos, pois insuflamos neste um pouco do desdém retroativo que frequentemente devotamos aos objetos (e pessoas) que já se separaram irremediavelmente de nós; equívocos que, aliás, não invalidam mais a justeza de nossas próprias sentenças do que nossos possíveis acertos o poderiam fazer. O fato é que "Clube da Esquina" se revelou carismática, digna de inaugurar aquela parceria entre Lô, dezesseis, e nosso irmão número doze, Bituca, 26. Eu, 23, muito indeciso no meio; achava a letra, depois de tudo, muito lunática e triste; eu próprio me sentia assim.

* * *

Aquele era o terceiro endereço de Bituca no Rio de Janeiro em pouco mais de um ano. Agora morava num prédio que dava frente para uma pracinha redonda e aprazível, rodeada de árvores floridas, no alto de um morro no Jardim Botânico. A vista dos fundos debruçava sobre o túnel Rebouças. Desde a composição de "Clube da Esquina", Bituca vinha formando com Lô uma espécie de entidade híbrida, homogênea, autóctone, constituída de duas cabeças, quatro mãos e dois violões. O apartamento novo de Bituca era para ele morar sozinho, decentemente, mas tinha o bedelho de todo mundo, principalmente de Lucy, a namorada de Novelli e talvez de Ronaldo, não tenho certeza, mas sei que ela gostava muito de opinar nas questões relativas a decoração e vestuário. Tudo com intenções muito direitinhas, mas no primeiro mês, o apartamento já tinha virado cafofo, furdunco, muquifo, com as garrafas vazias se empilhando na área de serviço. Depois, com a colaboração de uma diarista, a coisa melhorou em seu aspecto formal. Lô, Beto Guedes e o primo Jaca praticamente se mudaram para lá. Com sua juventude e beatlemania, estavam aportando ao som de Bituca uma nova luminosidade, um pique atlético, virilidade de macaco novo. Da janela do quarto que Bituca lhes destinara, via-se o Corcovado de um ângulo tal que formava o perfil, o *close-up* gigantesco de um rosto feminino, de tal forma semelhante que Lô nos chamou à janela excitado:

— Olha lá se não é a cara da Solange!

Solange era nossa irmã número oito, doze anos de idade. Era a pura verdade! Eu e Bituca reconhecíamos com resignação crédula e maravilhada: o Corcovado, daquele ângulo, era a cara da Solange.

Naqueles dias meu irmão e meu amigo compuseram um instrumental maravilhoso, na mesma estrutura (violão-base de Lô, violão-solo de Bituca) de "Clube da Esquina" e deram-lhe imediatamente o nome de "Clube da Esquina 2". Só que quando eu quis colocar letra, como na primeira, ambos vetaram:

— Nessa não cabe letra — disse um.

— Senão não seria instrumental — reafirmou o outro.

Para matar minha vontade de compor, deliciei-me com um tema de acento bem pop que Lô e Beto haviam composto em violão e me mostraram numa noite em que a luz clara da lua entrava pela janela e iluminava igualmente um pedaço do chão do quarto escuro e o Corcovado com a cara da Solange lá fora. Fiz uma letra de metáforas tão malucas que nem eu mesmo saberia explicar depois. Ainda bem que uma letra se fazia com palavras, não com explicações.

Batizei-a de "Equatorial". Apenas os primeiros versos revelavam algum tipo de certeza:

> *Vou dizer o que sei*
> *Lugar sem lei que me incendeia...*

No resto, eu não sabia de mais nada.

Outra noite nós vimos um disco voador sobrevoando a mata das encostas do Corcovado. Vimos bem de pertinho. Se fôssemos só eu e Bituca, aí até desconfiaria de meus próprios olhos, mas mamãe e papai também viram. Ou disseram que viram.

Mais inacreditável foi a vez que o Cristo Redentor desceu em pessoa para conversar com Bituca. De minha parte, só ouvi a voz de meu amigo. Mas ele me jurava que era um diálogo. Melhor não contrariá-lo.

* * *

Como estava ficando cada vez mais paranoico na rua, firmei o propósito de dar um tempo nos baseados. Cismava na imprevisibilidade de tudo, via-me sentado no balanço da escolinha, namorando Joyce, fazendo planos que nunca seriam realizados. Num momento teria me casado com ela, gerado filhos; no outro nada restava senão a frustração de um namoro proibido, pelo qual eu não tivera forças de lutar, assim como não achava coragem de pular fora, aceitar o desafio da clandestinidade. Silenciosamente venerava meus companheiros que haviam mostrado tal coragem e agora pagavam com o sacrifício da liberdade e até da vida, nos cárceres indivulgados, nos grotões sem amparo.

— Tenho um remédio muito bom pra paranoia — disse Luís Afonso. Era fotógrafo, amigo de Ronaldo e pertencente a seu círculo, no qual entravam ainda os gêmeos Paulo e Cláudio Guimarães, e eventualmente o mineiro Tavito e o capixaba Chico Lessa, todos compositores e músicos em início de carreira.

Sua receita consistia em acender um baseado dentro do carro, seu Fusca, e sair dando voltas até localizarmos um camburão da polícia. Quando o localizávamos, saíamos a trafegar atrás dele ao longo de quarteirões e quarteirões, bem de perto, bem desafiantes... bem inocentes... Coloquei em prática essa receita umas poucas vezes, com a sensação de cumprir um ritual desagradável mas necessário, como a vacinação durante uma epidemia. Talvez fosse apenas a forma de dizermos uns aos outros, sem palavras: "Não nos sufocarão no medo!" De certa forma foi um bom remédio, pois, depois daquelas voltas de carro, qualquer realidade, até ser preso sem documentos, era moleza para qualquer mariquinhas que se pudesse ter sido antes. Ou talvez a adrenalina simplesmente aumentasse o "barato", hipótese essa mais difícil de me curvar diante dela, pois sempre tive ojeriza dessas doutrinas ditas científicas que reduzem a universalidade do espírito humano à mera objetividade de umas reações químicas e atômicas, por mais complexas que possam parecer e por mais concessões que façam às intromissões do acaso.

* * *

Bituca ficou amigo do cineasta Rui Guerra. Lembro-me do dia que chegou lá na rua Divinópolis e me mostrou um tema que tinha composto em parceria com ele. Chamava-se "Canto Latino" e tinha um final que rimava "maravilha" com "guerrilha". Por precaução, Bituca passou a cantar com reticências: "brota em guerra e maravilha/ na hora dia e futuro da espera virar..."

Essa parceria não durou muito tempo, mas foi intensa e rendeu bons frutos musicais. Eles viajaram para a Bahia, Bituca integrado à equipe de filmagem de *Os Deuses e os Mortos*. Ele desempenhou um pequeno papel no filme como ator e fez uma grande trilha sonora, uma obra-prima como compositor. Temas como "A Chamada", sem letra, apenas sua voz lamentosa e profunda que nem a de uma ninfa das águas, definitivamente não precisavam do suporte das imagens para ser emocionantes e narrativos por si mesmos. As letras de Rui Guerra eram fortemente visuais e igualmente possuidoras de grande carga emotiva, adequadas à temática do filme. "Bodas", por exemplo, narrava uma chacina e não a tornava meramente plástica, mas até mesmo necessária:

> *Chegou no porto um canhão*
> *dentro de uma canhoneira,*
> *neira, neira...*
> *Tem um capitão calado de*

uma tristeza
indefesa, esa, esa....
Deus salve sua chegada
Deus salve sua beleza
Chegou no porto um canhão
de repente matou tudo, tudo, tudo...
Capitão senta na mesa
Com sua fome e tristeza, eza, eza...
Deus salve sua rainha
Deus salve a bandeira inglesa
Minha vida e minha sorte
Numa bandeja de prata, prata, prata...
Eu daria à corte atenta
Com o cacau dessa mata, mata, mata...
Todo cacau dessa mata, mata,
mata, mata...
Daria à corte e à rainha
Numa bandeja de prata, prata, prata...
Pra ver o capitão sorrindo.
Foi-se embora a canhoneira
Sua pólvora e seu canhão, canhão,
canhão...
Porão e barriga cheia
Vai mais triste o capitão
Levando cacau e sangue, sangue,
sangue...
Deus salve sua rainha
Deus salve a fome que ele tinha

Antes da viagem para Ilhéus, Bituca passou seis meses sem conseguir trabalho. Todas as portas se fechavam para aquele tipo de música e de músicos. Era o teor ideológico de nossas canções que afastava Bituca da grande imprensa e das grandes emissoras de tevê, totalmente subalternas às exigências impostas pelo regime militar. Em consequência disso, Bituca não achava lugar para tocar.

O convite de Rui chegou em ótima hora.

Viajaram para Ilhéus, ele, Ronaldo, um dos gêmeos Guimarães e Luís Afonso. Chegaram de noite, no Fusca deste último, logo depois de Bituca ter achado que estava ficando louco, porque a cada placa que lia na estrada, Ilhéus figurava mais longe:

— Puxa, Ilhéus 40 km! Mas já apareceu Ilhéus 25 km e antes Ilhéus 10. Luís Afonso, você tem certeza de que estamos indo?

Tanto estavam que conseguiram chegar à locação. Lá estava Rui numa praça, em plena ação, dando ordens à equipe.

Os visitantes pararam o carro, ficaram olhando a cara do Rui.

Um dos figurantes reparou no fusquinha e interrompeu o que estava fazendo. Encarou Bituca com cara de bravo. Bituca esboçou um sorriso. O cabra cuspiu no chão e caminhou em direção ao carro. Quando Bituca sentiu que ia dar confusão, abriu a porta e antes de o pinta-brava chegar perto, berrou:

— Ô Rui, oi nois aqui.

Por via das dúvidas, correu ao encontro do cineasta. Abraços efusivos etc. O cara ficou quieto. Seu pai era fabricante de uma cachaça danada de ruim chamada Pixixica. Bituca logo descobriu. Aliás, no dia seguinte ficou amigo do pinta-brava. Este, para selar a amizade, deu-lhe de presente um engradado de Pixixica, mas com a seguinte condição:

— Tem que beber uma garrafa por dia. Toda vez que eu chegar aqui, tem que ter acabado uma. Senão o pau vai quebrar.

* * *

Foi a primeira e última vez que Bituca roubou um pato. Não vou perder meu tempo narrando essa pilhagem vulgar que terminou num vulgaríssimo ensopado, mas declaro aqui que meu amigo era um cara de muita sorte, pois nessa do pato e noutras foi providencialmente confundido com o ator Milton Gonçalves e graças a isso escapou mais de uma vez às consequências de suas aventuras em Ilhéus movido a Pixixica.

Outra noite, a Pixixica tendo derrotado Luís Afonso, Bituca se viu na obrigação de dirigir um carro, coisa que mais detestava fazer, pois era péssimo motorista (disso eu já sabia desde as primeiras corridas com o fusquinha Antônio). Estavam no distante Pontal e tinham de chegar à cidade. Depois de deixar o motor apagar uma centena de vezes, Bituca finalmente logrou arrancar o fusquinha do lugar. Veio de primeira do Pontal até a cidade. Grande vitória!

Como ator, fez o papel de um bandido, homem mau que arranca o olho de um outro, numa cena pesada. Mesmo assim ninguém o reconheceu no dito papel.

Para compor o "tema dos Deuses", Rui o chamou num canto e disse:

— Estás vendo este apartamento? Pois vais ficar trancafiado aqui. Quando eu voltar, quero alguma coisa pronta.

Dito e feito. Saiu, trancou Bituca pelo lado de fora e levou a chave.

Dentro do apartamento, sozinho com seu violão, Bituca criou rapidamente o tema dos Deuses. Quando Rui chegou, compreendeu que a genialidade de meu amigo dava uma volta e meia no tempo. Bastava ele querer que a música jorrava de seus poros.

Saíam às cinco horas da manhã para as filmagens.

De noite, cansados, ainda não é hora de dormir; Rui diz:

— Amanhã cedo a gente vai gravar a cena tal. Vou precisar de música para fazer o balé da câmera na floresta de cacau.

— Você é louco — diz Bituca.

— Se vira — determinou Rui.

Bituca se retira para seu quarto. Quinze minutos depois, bate na porta do Rui. Está pronta "A chamada". Rui não entendeu nada. Norma Benguel ficou apaixonada. Acho que ela deve ter sentido a mesma coisa que eu, diante daquele poço sem fundo chamado Milmemptus.

Na gravação da cena, o tal balé das câmeras, Bituca levou violão e gravou a música em som direto, sobre as tomadas. A parte mais difícil foi driblar as cobras. A locação, dentro de uma floresta de cacau, era um covil de serpentes. Não sei como saiu de lá vivo. Tinha de cantar e andar, de olho no chão para não pisar num ofídio qualquer ou esbarrar numa folhagem e ver despencar uma sei-lá-o-quê.

* * *

Durante as filmagens, todo santo dia aparecia na locação um menino. Ficava de longe, olhando, não falava nada, mas todo dia estava lá. Norma puxou conversa com ele, era um menino pobre, engraxate ali na praça. Bituca se interessou, ficaram amigos. Um afeto muito forte passou a ligar os três. Foram à casa dos pais do menino. Paupérrima. À noite, no hotel, Bituca e Norma combinaram:

— Nós temos de adotar esse garoto. Levar ele pro Rio com a gente.

Era sério. Os dois queriam de todo coração adotar o pequeno engraxate. Conversaram com os pais. O próprio garoto ousou sonhar mais uma vez:

— Muita gente já tinha falado isso comigo e eu nunca que acreditava. Pelo amor de Deus, não me decepcionem.

Mas a repressão decepcionou foi todo mundo. A polícia invadiu a casa de Norma; todos os que estavam lá apanharam, Gilda Grillo, José Vicente... Bituca procurado...

Não houve clima de segurança para a adoção.

Tudo terminou nas lágrimas comovidas que Bituca e Norma derramaram sozinhos, abraçados um ao outro, lamentando a existência de tanta miséria.

* * *

O dramaturgo José Vicente também quis trabalhar com Bituca. O som novo e original de meu amigo, exatamente como eu havia previsto tempos atrás, causava sensação em tantos quantos o conhecessem. Todo mundo queria se achegar às possibilidades tão agregadoras daquela música visceral e sem rótulo que Bituca fazia. "San Vicente" foi o tema que compôs então, com letra de Fernando Brant, para a peça "Os Convalescentes":

> *coração americano*
> *acordei de um sonho estranho...*

* * *

Nos governos militares havia confusão. Tinha saído Costa e Silva, doente, entrara uma junta militar, logo tinha saído também; entrara agora um general de nome estranho. Havia censura e ninguém sabia dos bastidores. Quando minha irmã número três ouviu o nome do novo general que revezaria na Presidência, não entendeu direito:

— Carrasco Azul? Parece nome de torcida organizada do Cruzeiro...

* * *

De volta a Belo Horizonte, tranquei minha matrícula na Faculdade, ainda sem saber que não tornaria a pôr os pés ali.

Logo depois me chegou a notícia de que Bituca tinha arranjado um empresário para cuidar de seus interesses profissionais. Tinha arranjando um, mas, como numa promoção, vieram dois.

Minha ideia, ao trancar a matrícula, era a de voltar o mais rápido possível para o Rio e dedicar-me de corpo e alma à minha ânsia de dirigir *shows*, escrever letras, criar discos e, se os deuses do cinematógrafo o permitissem, fazer filmes. A de Bituca, ao arrumar empresário, era a de facilitar sua vida, organizar seus compromissos de modo a evitar que jamais se repetisse a cena ocorrida num dos primeiros *shows* que fizera em Belo Horizonte desde o sucesso nacional de "Travessia". Por desacordos quanto à divisão do borderô, rolara um tremendo bate-boca entre os músicos, em público, à saída do espetáculo que lotara o pequeno Teatro Marília. O administrador do teatro era uma dama de finura e ficou muito constrangido com o vexame "em sua sala", embora sem perder um pingo de seu charme, *donaire* e elegância. De modo que, para poupar-se desse tipo de coisas, Bituca entrara em acordo com um José Mynssen, cujos serviços incluíam em destaque as prendas múltiplas de sua irmã Maria Mynssen, figurinista, *metteuse-en-scène*, conselheira prático-filosófica, psicóloga de plantão, ombro amigo e *hostess* de cabedal; em suma, um raríssimo perfume em pequenino frasco: no caso, um metro e meio de altura e um quê espoleta de Janis Joplin. José Mynssen ele próprio costumava usar barba sem bigode, inspirado no talhe soberbo de Abraham Lincoln, mas que nele, com seu rosto nortista, assumia algo de inacabado ou interrompido às pressas.

Seu primeiro trabalho foi organizar um *show* de Bituca na pequena arena do Teatro Opinião. Infelizmente, lá eu ainda não estava para vivenciar mais uma vez aquela energia tensa sob a atmosfera descontraída do camarim, o silêncio concentrado de Bituca e os gracejos dos músicos enquanto eu ajeitava as molinhas de seu cabelo, dava-lhes um formato harmônico através de tapinhas de um lado e puxõezinhos de outro, equalizando o volume da massa cabeluda, sob as ordens de seu olhar sisudo refletido no espelho e sua voz de objetivos lacônicos: "Puxa mais aqui no topo" ou: "Abaixa mais aqui atrás". Dessa vez abandonava de vez seu terninho preto de *crooner* e deixara o cabelo crescer um pouco. O grupo de músicos que o acompanhava era praticamente o mesmo de sempre: Wagner Tiso, Luís Alves, Robertinho

Silva, Laudir de Oliveira, Tavito e Zé Rodrix. Só que para esse *show* ganharam um nome: Som Imaginário. Preso a meus afazeres, lá não estava para ver, mas soube logo em seguida que "Milton Nascimento... Ah! e o Som Imaginário" tinha sido um sucesso, cujas inovações logo mostrariam seus frutos.

Bituca diria a respeito daquele momento:

— Foi uma revolução. Bicho, todo mundo, ou fugiu, ou está no exílio, ou dançou. Ficamos nós, como resistência. Vamos levar isso em frente.

Verdade. Naquele momento éramos nós e os estudantes. Juntos. Nesse *show* Bituca cantava, como que numa predição de seu destino:

... gonna fly so high in the night sky
that the people below won't
see me go...

* * *

"... Voarei tão alto no céu noturno que o povo lá embaixo não me verá ir..."

Como era natural, depois da temporada, meu amigo chegou em Belo Horizonte com José e Maria Mynssen, para que conhecessem a "pá", como costumava dizer. Trouxeram exemplares do cartazete do *show* e fitas gravadas ao vivo. Maria convidou-me para ficar hospedado em sua casa, da próxima vez que fosse ao Rio, pois certamente voltaria para trabalhar com eles, ainda mais agora que tinha trancado minha matrícula (abandonado total e definitivamente a Faculdade, embora ainda não o soubesse), ao mesmo tempo em que meu parceiro adquiria uma espécie de estabilidade profissional etc. Claro que achei a conversa muito lisonjeira e, no geral, somava-se aos meus propósitos. Caber-me-ia dirigir o próximo *show* de Bituca no Rio, a ter lugar no Teatro da Praia, Copacabana.

* * *

O Teatro da Praia ficava longe da praia e isso já me fez chegar atrasado ao ensaio do primeiro *show* que ia dirigir no Rio. Depois, foi um custo localizar o porteiro numa lanchonete ali perto e convencê-lo a voltar ao serviço e abrir-me as portas e deixar-me entrar para trabalhar:

— Trabalhar? Desde quando você trabalha lá?

— Eu não trabalho lá. Eu vou dirigir o *show* do Milton.
— Milton?
— Não tem um pessoal ensaiando lá dentro? Tem porque eu escutei. Pois então? Eu vou trabalhar com eles.
— Você também vai tocar?
Não era curiosidade a dele. Era tacanhez mesmo, excesso de cimento na massa.
— Não, eu vou dirigir.
— Você quer que eu chame quem mesmo?
— Eu não quero que o senhor chame ninguém. Quero entrar agora mesmo para dirigir o ensaio. Será que dá pra entender?
— Com grosseria nós não vamos a parte nenhuma.
— O senhor me desculpe, mas é que já estou atrasado, são seis horas da tarde, era para eu estar aqui às cinco para montar cenário, afinar luz, decidir ordem de repertório, fazer cópias e distribuir aos músicos e nós aqui...
— Ah, é? Por que não me falou logo? — Tomado de uma urgência instantânea, profundamente motivada, apalpou os bolsos, pegou um molho de chaves e me sovelou: — Vamos logo, você não estava com pressa?

* * *

Quer dizer, a gente não tinha lá essas granas para a produção, de modo que, no palco, por falta de recursos, dispus uns andaimes metálicos que estavam nos bastidores bem no proscênio, e dentro dessas torres armei plataformas em diferentes alturas. Em cada plataforma, instalei um músico e seu instrumento. O efeito era esse mesmo: músicos engaiolados, como num zoológico de fábula. Luís Alves e Robertinho Silva, amigos inseparáveis desde sua adolescência vivida nos confins da Zona Norte, eram os que mais no bom humor levavam minhas maluquices, tipo dar uma de *coiffeur* de Bituca. Ao escalarem o andaime, antes de alcançar seus respectivos instrumentos, um comentava com o outro:
— Milton e seus macacos...
— The Animals...
— Aí, bicho, vou querer dublê na minha cena...

Subi até o balcão do teatro para acertar detalhes no canhão de luz. Bituca, no centro do palco, aguardava minhas marcações. Pedi ao operador para apagar as luzes da plateia. No escuro, esbaforido, neófito, querendo mostrar serviço, precipitei-me pelos degraus abaixo, ansioso por ver determinado efeito circular de luz. Tropecei e desabei, me estatelando e só parando ao fim da escadaria. No barulhento tombo, vi que tinha quebrado meu braço em dois lugares, apesar de sentir uma só dor nele todo.

Passei a temporada engessado. Era uma angústia diariamente renovada, toda noite (e nos domingos também às quatro da tarde) primeiro esperar se o público vinha ou não vinha; depois se Bituca não errava as letras e punha tudo a perder, pois público havia, afinal de contas, não para encher o teatro, mas era temporada; meia casa, dois terços, toda noite, já era bom demais; esperar os invariáveis pedidos de bis e só então respirar aliviado, quando comprovava que, apesar de todas as probabilidades e contrariando todos os cálculos, mesmo os mais otimistas, nada saíra errado.

Ao fim e ao cabo contabilizamos: sucesso. Milton Nascimento e o Som Imaginário tinham um senhor *show* na mão. A crítica elogiou.

Na esteira daquela repercussão favorável, Bituca foi convidado para se apresentar na boate Sucata, ponto quente da noite carioca. Os espetáculos ali valiam para o artista o mesmo que, para um burocrata, uma autenticação passada em cartório.

* * *

A boate Sucata ficava na Lagoa, ao lado do estádio de remo. Fazia uma tarde de verão bastante agradável. Era nosso primeiro dia de ensaio. O proprietário, Ricardo Amaral, me chamou fora da boate e me disse:

— Você é o diretor. Pode fazer o que quiser. Se quiser mexer no palco, mexe, se quiser derrubar parede, derruba. Aqui é assim.

Então me apresentou ao seu mestre-de-obras, ou chefe-de-maquinaria, sei lá, e comecei meu trabalho. Juntamos dois ou três operários e, antes de mais nada, esvaziamos o palco, desfizemos os vestígios do *show* anterior (Gal Costa).

Zé Rodrix entrou em atrito com um dos trabalhadores, que meio sem sutileza quis levar seu tablado com órgão eletrônico, caixa Leslie e tudo, isso porque interpretara muito ao pé da letra minha ordem de esvaziar o palco o mais depressa possível. Esse pequeno incidente não impediu que eu e Zé nos tornássemos amigos e que o instrumentista, em seu pequeno apartamento na rua Prudente de Morais, me presenteasse com longos solos de ocarina, pequenos ventos lamentosos, sob o olhar embevecido de sua mulher Lizzie Bravo e a barulhada indiferente da filhinha do casal, Mariah, um ano de idade. Lizzie era a *beatle*-maníaca de Ipanema que mais próxima estivera dos ídolos e trazia ainda na carteira, ao lado de uma foto de Mariah, uma outra onde aparecia ao lado de John Lennon.

* * *

Maria Mynssen morava com o redator Edson Braga num aconchegante apartamento no Leme, com ampla vista para o oceano. Era um ambiente forrado de livros, a cujo odor característico de umidade vegetal e velha se somavam os diáfanos olores de incensos indianos que o casal mantinha sempre a queimar nalgum canto da casa. Ofereceu-me a prometida hospitalidade. Trocávamos ideias a respeito do *show* de Bituca, ela esboçava alguns visuais no papel. Edson Braga, fumando seu cachimbo, nos observava, fleumático. À noite, chegava Bituca para ver o que tínhamos bolado. Certa vez recebi ali a visita de Carlos Figueiredo e Roberto Brant. Demos boas risadas com os comentários que determinada revista em quadrinhos suscitou. Era uma edição luxuosa, em francês, e a heroína chamava-se Saga de Xam. Vivia num planeta estranho, habitado por belas mulheres que se reproduziam por partenogênese e falavam uma língua cabalística, de escrita cuneiforme, detalhe esse que constituía exatamente o motivo de nossas risadas, pois Carlos e Roberto, fingindo conversar em tal língua, emitiam os sons mais escalafobéticos, de comicidade evidente.

Voltando ao trabalho: acabamos chegando ao visual metálico. O espaço da boate, do palco à pista de dança, seria forrado por uma única e enorme chapa de alumínio, larga e longa o suficiente para cobrir parte do teto, de lá descer perpendicularmente e formar a parede dos fundos do palco, continuar pelo chão, curvar-se de novo e prolongar-se até o outro lado da boate, cobrindo finalmente o retângulo da pista destinado aos saracoteiros do distinto público.

Bituca se apresentaria descalço, vestindo um colete de alumínio sobre o peito nu.

De volta à Sucata, armamos a boate tanto quanto possível fiel ao que havíamos imaginado. Na imaginação tudo fica monumental e imponente: castelos e pirâmides com igual facilidade erguem-se e desmoronam sobre o instável alicerce fundado nas águas movediças da vontade criadora, mas no mundo material, de tamanho real e justo e disponível, nossa ideia perdeu em monumentalidade o que ganhou em cor. Acesos os refletores cobertos de gelatinas coloridas, seus efeitos se multiplicavam pela enorme chapa de alumínio, que dominava todo o espaço da boate, sinuosa como um cifrão. Ricardo Amaral apelidou aquilo de O Tobogã Prateado e no trato cotidiano encurtou para O Tobogã. Esse era o primeiro *show* que fazíamos com figurinos especialmente desenhados. Diga-se de passagem, Bituca não ficou bem num colete de alumínio. Maria Mynssen teve que se render ao bom senso e mudar a roupa do meu camarada, logo no segundo dia. Pois na estreia chegamos a ouvir uns risinhos no momento em que Bituca entrou em cena, muito sóbrio, muito tímido e pouco à vontade, metido num treco que era para ser dinâmico e futurista — pelo menos na imaginação era — e ficou mais parecido do que devia com o homem de lata do Mágico de Oz. Ele sentiu imediatamente a reação incômoda que seu visual provocava. Não que essa reação tenha sido uma coisa ostensiva, mas os ouvidos treinados de meu parceiro captaram uma nota diferente, diáfana e abafada, porém não o suficiente para que não se fizesse perceber, misturada aos aplausos sinceros e exclamações de legítimo prazer, como a fumaça dos cigarros se misturava e espessava o ar aquecido pelos *spots* de luz colorida. No meio do terceiro número, sentiu que não ia dar: arrancou a armadura-colete e cantou de peito nu. Esse gesto, por si só, foi aplaudido com entusiasmo e valeu como um veredicto.

Para o resto da temporada, prevaleceu, pois, o leiaute que eu e Bituca escolhemos de comum acordo: pés descalços, peito nu, uns colares de contas e ossinhos, pulseiras e braceletes. Em cima do palco, o Som Imaginário, vestido por Maria Mynssen, lembrava a capa do *Sgt. Peppers Lonely Hearts Club Band*, casacões psicodélicos, cabelos e barbas longuíssimos, umas visões saídas diretamente de uma *trip* de ácido ou de um livro de Tolkien: duendes, elfos, gobelins e dragões. Fredera, o guitarrista que entrara no lugar de Toninho Horta, era macrobiótico, pesava 47 quilos e nisso pelo menos uns três quilos eram de cabelo e barba, uma selva preta que tudo fazia para engolir o par de oculozinhos redondos, firmados precariamente no montinho arredondado do nariz. Por duas ou três vezes aceitei seu convite para uma sopa de bardana ou uma xícara de habu, em sua casa em Santa Tereza, frugais acepipes servidos reverencialmente por aquela espécie de guru barbudo, metido em um sedoso quimono estampado com rubros florões, que reentrava na sala com duas tigelinhas na mão, em atitude silenciosa e cônscia desses momentos rituais, tudo exaltado pelo aroma místico do incenso queimando e espargindo suas essências em finas volutas; momentos, de resto, raros, pois na maior parte do tempo Fredera era um irreverente. Depois, puxava ao violão:

No Nepal tudo é barato
No Nepal tudo é muito barato
No Nepal tem uma praça
Todo mundo joga lá dinheiro
Quem não tem tira o que precisa
E quem tem bota lá de novo...

Quanto ao resto do povo, não sei, mas de minha parte tratava de comer bem — e muito. Os desjejuns de Maria Mynssen eram tônicos e fortificantes. Paraense, ela abria o dia da casa com sumo de açaí derramado sobre tapioca grossa e comido às largas colheradas.

Quase não pensava mais nos meus antigos camaradas de movimento estudantil. Brevemente alguns deles reapareceriam em todos os jornais, trocados pelo embaixador americano sequestrado.

Márcio Borges

CAPÍTULO 5

Para Lennon e McCartney

Quase sem que eu me desse conta, Lô havia se transformado de um menino curioso, sempre por perto, cismado e silencioso, num jovem bonito, de olhar penetrante e ideias profundas, compositor refinado e fecundo. Desde aquela tarde em que fizéramos nascer "Clube da Esquina", junto com Bituca, Lô estava compondo cada vez mais e melhor. No apartamento do Jardim Botânico compusera com Beto "Equatorial" (letra minha) e "Feira Moderna" (coautoria de Beto, letra de Fernando).

> *Feira moderna, um convite sensual*
> *oh, telefonista, se a palavra já morreu*
> *o meu coração é morto*
> *o meu coração é velho*
> *e eu nem li o jornal...*

O Som Imaginário realizou a versão definitiva dessa música. As intenções de Zé Rodrix de tal maneira impregnaram a melodia que dela nunca mais puderam se separar, passando a fazer parte integrante da música, especialmente aquele *riff* que acabou virando marca essencial.

Na rua Divinópolis escrevemos "Alunar", que tinha como introdução um desenho de violão muito original e marcante. A letra dizia:

> *Alunar, aterrar*
> *lá em casa minha mãe*

não parou de pensar:
tudo bem com nosso deus
alunar, aterrar
assegure o amanhã...

Bituca ouviu e me falou:
— Dá vontade de gravar tudo o que ele faz.

Havíamos descoberto com igual prazer como era bom ter Lô crescendo a nosso lado. Ele era o próprio caminho novo que todo compositor, mais cedo ou mais tarde, procura. Eu, no apogeu de meus 23 anos, teria me sentido obsoleto e ultrapassado, como predissera certa vez no CEC, se não estivesse justamente compondo e criando com ele, dezesseis anos e seu gás novinho em folha.

* * *

Bituca não podia concorrer ao 1º Festival Estudantil da Canção de Belo Horizonte porque não era nem estudante nem amador, mas eu e Lô inscrevemos "Clube da Esquina" assim mesmo, omitindo o nome de nosso parceiro, com seu consentimento. Inscrevemos ainda "Equatorial". Por sua vez, Tavinho Moura inscreveu "Como Vai, Minha Aldeia", de modo que concorri com três músicas.

As apresentações foram no auditório da Secretaria de Saúde, mesmo local onde um ano e pouco antes nossa passeata tinha sido dissolvida a golpes de espada. Nivaldo Ornellas escreveu dois lindos arranjos para "Clube da Esquina" e "Como Vai, Minha Aldeia". Marilton interpretou a primeira e o próprio Tavinho, a segunda. Na hora da apresentação da minha terceira concorrente, "Equatorial", a apresentadora Lady Francisco se embaralhou um pouco com as fichas e leu:

— E agora a próxima concorrente: EQUATORÍU! De Lú Borges e Beth Guedes!

Meus parceiros eram totalmente desconhecidos. Por isso, quando logo após o anúncio da apresentadora entraram os cabeludos Lô e Beto, o auditório inteiro caiu na gargalhada, esperando duas mulheres, obviamente. Ambos ficaram nervosíssimos mas se saíram a contento, para usar a horrível linguagem dos locutores esportivos, aliás bem adequada ao clima de torcida organizada que imperou no auditório durante o 1º (e único) FEC. Foi ali que ouvimos falar pela primeira vez nos nomes dos novatos Túlio Mourão, que apresentou um tema progressivo e místico chamado "Refractus", e Marco Antônio Araújo, com um *rock* futurista, de letra doidona, chamado "Spaço-Manguin Bizinguim Bizingó". Bituca assistiu tudo dos bastidores. Nivaldo ganhou o prêmio de melhor arranjo.

Mas quem faturou mesmo o primeiro lugar foi a canção "Águas Claras", dos fluminenses Paulo Machado e Eduardo Lage, interpretada por Eduardo Conde. Eu e Tavinho ficamos com o segundo lugar.

Depois da entrega dos prêmios, fomos todos para a rua Divinópolis comemorar, inclusive Conde e Paulinho, os grandes vencedores da noite. Tavinho, ao violão, repetia apropriadamente os versos:

... uma igreja e a casa cheia, cheia...

Leise, eterna namorada de Fernando, estava na cozinha preparando uma macarronada. Mamãe Maricota e seu Salomão também confraternizavam com os filhos e os amigos dos filhos, tomando cerveja no meio da turma. Papai não perdia a chance de pegar um no canto e arriar filosofia. Mamãe o repreendia, vendo-lhe a sofreguidão cervejeira:

— Não vá exagerar, hein, Salim.

Na saleta de piano, Lô convocou a mim e ao Fernando para ouvirmos um tema que acabara de compor ali na hora, no meio daquela confusão de irmãos, amigos e cervejada. Todos os que estavam por perto na hora se acercaram do piano, para ouvir o tema de Lô. Então, depois de executá-lo por diversas vezes, a ponto de todos estarmos cantarolando os "lá-lá-lás" em uníssono com ele, sem erros, Lô parou de tocar e nos propôs:

— Então? Vocês dois não querem meter uma letra nisso não?

— Só se for agora — respondeu Fernando.

— Qual é o tema que você pensou pra ela? — perguntei.

— Na verdade, eu estava pensando na parceria do John e do Paul... nas parcerias, né. A gente aqui, também fazendo as nossas... e eles nunca vão saber. Mas pode ser outra coisa qualquer que vocês sentirem — Lô se apressou em dizer.

— Por mim esse tema está ótimo — disse Fernando.

— Eu faço a primeira parte e você faz a segunda — combinei com ele. Providenciei canetas e papel e nos trancafiamos no quarto de meus pais. Eu não queria perder a festa, nem Fernando. Em menos de meia hora, portanto, estávamos de volta à saleta do piano, bem a tempo de pegar a saída da macarronada de Leise. Já havia até alguns de prato na mão, ao redor do piano, quando Lô cantou pela primeira vez os rabiscos que colocamos diante dele, na estante do piano. Na minha parte estava escrito:

> *Porque vocês não sabem*
> *do lixo ocidental*
> *Não precisam mais temer*
> *Não precisam da timidez*
> *todo dia é dia de viver*
> *Porque você não verá*
> *Meu lado ocidental*
> *Não precisa medo não*
> *Não precisa da solidão*
> *Todo dia é dia de viver...*

Na parte de Fernando estava escrito:

> *Eu sou da América do Sul*
> *eu sei vocês não vão saber*
> *Mas agora sou cowboy*
> *sou do ouro, eu sou vocês*
> *Sou do mundo, sou Minas Gerais.*

Daí, fomos com disposição à macarronada da Leise, convictos de que acabávamos de compor uma bela música — apesar da rapidez. Quanto ao nome, ficou sendo o que Lô sugeriu: "Para Lennon e McCartney".

* * *

Aproveitamos a estada de Eduardo Conde e Paulo Machado na cidade e fizemos um *show* no teatro Marília, que dirigi com Fernando. Conde cantava seu repertório bossa-nova-toada mineira da época e declamava Fernando Pessoa. Em um momento comovente, exibíamos uns *slides* do velho casarão no bairro dos Funcionários, onde Conde passara parte da infância. Projetávamos num telão uns líquidos oleosos que derramávamos num recipiente transparente colocado sobre um retroprojetor. Esse efeito teria sido genial, se não o tivesse posto a perder um simples detalhe, causador daquela situação para mim tão detestável e constrangedora, que era a de provocar risos num momento dramático, como acontece, por exemplo, quando Calígula, vivido intensamente pelo ator de província, ergue o braço para cometer o trágico matricídio e vê que não provocou um *frisson* emocionado mas sim fez o público cair na gargalhada, pois, na pressa de entrar em cena ou envolvido em concentração mais elevada, simplesmente se esqueceu de tirar o relógio do pulso. No meu caso, em meio às lindas ondas coloridas que se embatiam no telão atrás de Conde, enquanto este se consumia numa interpretação grandiloquente e visceral, destacou-se nitidamente o indesejado fundo do recipiente transparente e sua marca, visível como um carimbo, debochada como um palavrão: PIREX. Além de tudo, essa marca industrial, de tão conhecida, tinha até virado gíria, significando: doido, alienado mental, pirado...

* * *

O espanhol de minha irmã mostrou ser gente boa, simples e trabalhador. Tornei-me seu amigo e ajudei a amansar Marilton. Em pouco tempo Manolo e Sandra ficaram noivos e casaram.

* * *

O dia em que Três Pontas foi invadida pelos hippies nunca chegou a ser inscrito nos "ananais" da história da cidade (como dizia Bituca debochando), mas bem poderia ser o título de uma crônica que narrasse aquela semana de maio de 1970, ocasião das Bodas de Prata do casal Zino e Lília, pais de meu amigo. Antes de mais nada: a cidade recebeu a todos de braços abertos, conhecidos e desconhecidos. Ninguém pagou nada, nem hospedagem nem rango.

Os convidados e os não-convidados de Bituca começaram a chegar de véspera, aos poucos, de ônibus, de carro, de carona. Vieram das cidades vizinhas, Alfenas, Varginha, vieram de Belo Horizonte, Rio e São Paulo; até da Bahia vieram. Chegaram em seus colares e pulseiras, coloridos de panos, cabeludos nos modos e no falar, em tudo e por tudo diferentes do povo local. Eu vim do Rio de Janeiro no fusca de Luís Afonso, com ele e sua namorada Vânia Dabus e o fotógrafo Cafi. Os Borges vieram de Belo Horizonte na Kombi que papai Salomão comprara recentemente, determinado a resolver os problemas de transporte coletivo da família. Como de outras vezes, fiquei hospedado na casa de Bituca (não abria mão de minhas prerrogativas). Minha família ficou hospedada na casa ao lado, com a família Chaves, amiga e vizinha dos Silva Campos.

De toda parte continuavam a chegar forasteiros, dessa vez os amigos dos amigos, os que tinham ouvido dizer e vindo conferir. O hotel Ouro Verde superlotou. No dia D, 27 de maio de 1970, Três Pontas estava completamente tomada pelos visitantes alienígenas. A barba e cabelos descomunais de Fredera, junto à sua magreza e pés descalços, causaram pavor em algumas criancinhas, na praça Cônego Vitor. Muito fumo foi queimado na Sapolândia, dentro de carros suspeitos, com placas de fora. Evidentemente, seu Zino e dona Lília não conheciam a centésima parte dos visitantes e permaneceram alheios às atividades hippies na cidade, absortos que estavam na condigna recepção de seus próprios convidados e na vivência íntima dos elevados significados daquela data que comemoravam com a mesma dignidade e amor que os mantivera unidos até ali.

Depois do fim de semana, o movimento da cidadezinha voltou ao normal, ou quase. Alguns amigos mais chegados permaneceram na cidade, eu inclusive. Na manhã de segunda-feira pegamos dois carros e seguimos em caravana para um lugar chamado Paraíso. Era uma colina elevada, de onde se tinha uma vista panorâmica da região inteira. No topo da elevação havia um descampado mais ou menos plano e nossa ideia era bater uma "pelada" no alto do morro. Depois de uma viagem de uns quinze minutos, chegamos ao local, todos animadíssimos para disputar um saudável "ranca". Só que o energúmeno responsável por trazer a bola, a dona do espetáculo, a esférica, a gorduchinha, o balão, a pelota, o objetivo em si, esqueceu tudo isso lá embaixo. A fissura de jogar bola era tamanha que resolvemos então proceder como se bola houvesse. Sorteamos os times, Bituca saiu de goleiro do meu (só atuava nessa posição — e mal). Formamos dois times de cinco jogadores cada e encenamos um jogo incrível e louco, com jogadas espetaculares, dribles desconcertantes, lançamentos de quarenta jardas, tudo sem bola. Ou melhor, com bola invisível. Por causa de um gol que Bituca jurava ter tirado para escanteio e Wagner jurava ter entrado no cantinho, meu goleiro abandonou a posição e foi atuar de... juiz. Com Bituca de juiz e eu no gol, o jogo terminou empatado de tão truncado que ficou. Tanto que dali a pouco as imaginações retrocederam, o bom senso armou sua retranca de sensação de ridículo e o prélio tornou-se inviável. Bituca suspendeu o jogo, por excesso de peso na cancha. Entramos nos carros e despencamos na vida real. Não me lembro de todos os participantes, mas entrego aqui: Toninho Horta, Lô Borges, Milton Nascimento, Wagner Tiso, Márcio Borges, Luís Alves, Jacaré, Bucha... quem mais? Alguém aí me fale. Alfredo, Plácido, Renatinho, Cafi...

* * *

Da Copa de 70, apenas a final pude acompanhar do jeito que queria: ao lado de minha família, na rua Divinópolis. Meus compromissos de trabalho no Rio haviam me retido, mas na véspera da final viajei para Beagá e domingo de manhã estava em casa.

* * *

Às sete horas da noite daquele mesmo domingo, rouco, exausto, excitado e tricampeão, estava na esquina da avenida Afonso Pena com a rua Tamoios, centro, para onde me dirigira para ver a festa popular, depois de ter torcido escandalosamente e chorado nos braços de meus irmãos a cada gol ou jogada emocionante do time brasileiro. De dentro de um carro, alguém gritou meu nome. Era Schubert Magalhães. Estava no banco de trás com sua mulher Marília e mais outra pessoa. Cheguei perto e vi que era a indiazinha, a pequena atriz do seu filme, a que me dissera "não" no dia do casamento da irmã. Tinha se tornado uma moça atraente. Havia mais duas pessoas no banco da frente, uns primos.

— Vamos lá pra casa comemorar — Schubert abriu a porta; — entra aí e senta no colo da Duca.

Obedeci com prazer e rumamos para sua casa recém-construída, no bairro Dom Bosco. A viagem era longa, tínhamos de varar um bom trecho da avenida Amazonas, atravessar uns cinco ou seis bairros. Eu no colo da indiazinha, impregnando minhas roupas com seu perfume. "Essa camisa eu não lavo." Esse contato forçado de nossos corpos, espremidos dentro do carro, deve ter desfeito de algum modo a rigidez de suas convicções anteriores a respeito da distância que nos deveria impor nossa diferença de idade. Na casa de Schubert, sentou a meu lado e preferiu minha companhia a qualquer outra coisa que viessem lhe oferecer ou que pudesse desviar sua atenção de nossa conversação:

— Não, não — dizia impaciente à tal pessoa e logo se voltava para mim: — continua, continua.

Dessa vez consegui marcar um encontro com ela. No dia seguinte fomos assistir "O Aventureiro do Mississipi" no Cine Metrópole. Dentro do cinema, o contato prolongado de nossos braços nus transmitiu-nos, junto ao calor, à adrenalina e ao pulsar descontrolado de meu coração, a certeza de que estávamos namorando.

Nos encontros seguintes fomos mais longe. Voltei à mansão da Barroca e assumimos nosso romance diante de seu Carlos Elias e de dona Neli, seus pais. Estes haviam vendido aquela magnífica propriedade e estavam de mudança para um apartamento que possuíam na rua Rio de Janeiro, a dez passos da Standard Ogilvy & Mather BH, onde eu trabalhava naqueles dias, conforme antecipei.

Depois de um tempo suficientemente longo para nós e bastante curto para nossos pais, um dia Duca decidiu:

— Nós vamos nos casar e ter um filho chamado José Roberto.

Eu disse:

— Sim.

Quando Bituca a conheceu, não só deu o seu aval como ameaçou:

— Sou padrinho do primeiro filho.

— Você já tem afilhado demais, Bituca. Eu quero um exclusivo.

Evidentemente, nem eu nem ele estávamos brincando.

Duca destoava da nossa roda porque não bebia uma gota de álcool. Mesmo assim eu e Bituca a levamos para conhecer nossa árvore e uma garrafa de vodca. Meu parceiro me dizia:

— Se um dia você perder a Duca, me perde junto.

(Jules e Jim e Catherine?)

* * *

Na hora marcada — oito da manhã — encontrei-a na rodoviária. Ela estava radiante, os reflexos do sol doirando seus cabelos, muito simples, exalando frescor dentro de um minivestido de brim azul que realçava sua pele morena e as pernas bem torneadas. Íamos passar o fim de semana numa cidadezinha chamada Nova Era, distante umas duas horas de Belo Horizonte. Era onde moravam seus queridos tios Fernando e Francisca, de quem tanto me falava (considerava-os os menos caretas da família) — e era a primeira vez que sua mãe deixava a gente viajar junto.

Dentro do ônibus repousei minha cabeça em seu colo e repassei mentalmente a melodia que Lô me dera uns dias antes, ele ao piano, eu em pé ao lado, escutando e decorando. Era um tema delicado, porém de forte "personalidade", se é que podemos dizer isso de uma sucessão de sons, por mais "pessoal" nos pareça. Fazia um céu límpido de um azul suave e luminoso. Comecei a cantarolar a melodia baixinho, aconchegado ao colo de minha namorada. Embalado pelo balanço do ônibus, entrei num devaneio, desses em que os elementos da natureza se nos afiguram extraviados de sua essência, fazendo, de repente, uma nuvem tornar-se o perfil de um gigante ou, quando faltam nuvens, transformando o próprio céu num oceano profundo e silencioso, e se acaso uma ave corta nosso campo de visão, ela é adornada pela imaginação com os atributos de um peixe-voador ou os de um iate de velas içadas ao vento, e se o devaneio vai além, podemos sentir o balanço do mar e até mesmo enjoar, ou ter vertigens. Nesse peculiar estado de vigília, recebi uns versos que fui fazendo encaixar na melodia que trauteava quase sem ruído:

Vento solar e estrela do mar
a terra azul da cor de seu vestido...

E repetia uma variante:

Vento solar e estrela do mar
um girassol da cor de seu cabelo

Só ficava nisso, repetindo esses quatro versos como um mantra.

Quando chegamos em Nova Era, fomos acomodados em quartos separados; ela com as priminhas, eu com o priminho. Era um quarto confortável e cheiroso, equipado com uma escrivaninha onde, mais tarde, de banho tomado, almoço feito, passeios realizados, sentei-me para trabalhar a tal letra do ônibus.

Foi um final de semana inesquecível. Passeei com Duca pelos campos, namoramos numa casa semiabandonada da Fazenda Japuré, pertencente ao tio. Quando voltamos para Belo Horizonte, domingo de tarde, "Um Girassol da Cor de Seus Cabelos" estava prontinha. Outra vez dentro do ônibus, cantei para ela a música inteira:

> *Vento solar e estrela do mar*
> *a terra azul da cor do seu vestido...*

Estava apaixonado e queria me casar com ela, a indiazinha de *Aleluia*, que me tinha agora em seus braços.

* * *

Bituca, como "cequiano" honorário, foi convidado por Maurício Gomes Leite e Paulo Laender para compor a trilha sonora de *Tostão, A Fera de Ouro*, documentário de ocasião sobre o craque tricampeão. O filme ficou até bonitinho, mas as músicas ficaram geniais. Fernando, trabalhando como repórter na sucursal de *O Cruzeiro*, continuava afiado como poeta e letrista:

> *... nestes noventa minutos*
> *de emoção e alegria*
> *esqueço a casa e o trabalho*
> *a vida fica lá fora*
> *a fome fica lá fora*
> *e tudo fica lá fora...*

"Brasil está vazio na tarde de domingo, né, olha o sambão, aqui é o país do futebol..." Mesmo não tendo o espaço merecido nos veículos de comunicação, o prestígio de Bituca continuava a crescer, novidade levada boca a boca pelos estudantes, aos quais não cansava de visitar e para os quais se apresentava em espetáculos com a banda ou em trio, ou sozinho, do jeito que desse, nas universidades e nas escolas. Certo *show* no estádio do Mourisco, em Botafogo, reuniu umas três mil pessoas.

Bituca ainda enfrentava problemas do tipo: ser barrado no próprio *show*. Como aconteceu exatamente nesse do Mourisco: três mil pessoas se empurrando na fila, do lado de fora do estádio, e Bituca no meio do bolo, tentando convencer o intransigente porteiro de que era Milton Nascimento em pessoa — e precisava entrar, ora.

— E eu sou o Ronnie Von — caçoava o porteiro. — Você é o décimo crioulo de boné que chega aqui com essa história.

Superados esses problemas, Bituca demonstrava uma firmeza cada vez maior em cena. Já conseguia cantar todas as letras sem errar ou vacilar um só instante, e isso, por si só, me emocionava até as lágrimas. Talvez chorasse também por pressentir que as multidões acabariam por nos afastar um do outro. As grandes plateias cantavam nossas letras em uníssono e isso me deixava orgulhoso e confiante. O mais curioso era notar que aquela massa era absurdamente heterogênea. Nos *shows* do meu amigo tímido cada vez mais público, via-se gente de todas as idades, aparências e cores, do careta de terno ao ripongão mais escrachado, passando por crianças lourinhas, vovós entusiasmadas e estudantes de esquerda, todos comungando, na mesma vibração, daquele poderoso ecumenismo bituquiano.

* * *

— Você precisa conhecer o Cid — disse Tavinho.

Estávamos na Cantina do Lucas e o tema de nossa conversação tinha chegado em coleções e colecionadores. O Cid em questão era seu parente e tinha uma das mais espetaculares discotecas particulares de Beagá.

— Vou te levar lá sábado que vem.

Seu parente recebia aos sábados.

No primeiro sábado, cheguei lá acompanhando Tavinho. A casa de Cid Gonçalves era formidável; parecia saída diretamente das páginas de Walt Disney: aquela casa que todos sonhamos ter quando crianças, em pedra, vidro e madeira, de traços macios, plantada no meio de um jardinzinho mimoso, numa ruazinha tranquila do bairro mais aprazível de Patópolis. O dono da casa era dono também de uma língua ferina e de uma ironia rascante que beirava a crueldade. Afundado em sua poltrona de couro, no meio do salão, comandava a reunião com mão de ferro, fosse captando a atenção de seus convidados para determinado detalhe de trompas durante a abertura do *Navio Fantasma*, a soar com perfeita fidelidade acústica de um par de caixas planas Quad, das quais ressaltara previamente as qualidades de absoluta fidedignidade, fosse então quando, interrompendo abruptamente o som do disco pelo meio, alcançava um volume qualquer de *Em Busca do Tempo Perdido*, abria uma página de forma igualmente aleatória e decretava:

— Wagner é muito chato. Isto é que é genial, ó: "O Marquês de Palancy, com o pescoço estendido, o rosto oblíquo, o grande olho redondo colado contra o vidro do monóculo, deslocava-se lentamente na sombra translúcida e parecia não ver o público da orquestra, qual um peixe que passa, ignorante da multidão de visitantes curiosos, por trás da parede envidraçada de um aquário. Por um momento parava, venerável, resfolegante, musgoso, e os espectadores não poderiam dizer se ele estava sofrendo, dormindo, nadando, pondo um ovo ou simplesmente respirando". — O anfitrião dava então uma gargalhada única, seca e terrível. Depois continuava lendo em voz alta, duas, três páginas, emitindo sempre essa curta gargalhada para pontuar ou sublinhar os trechos mais notáveis. Com igual arbitrariedade interrompia a leitura e voltava aos discos, que guardava na parte inferior de uma estante de seis metros de comprimento. A parte superior era ocupada por um milhar de livros e bricabraques.

Ao final da reunião, que encerrou na hora que bem quis, dizendo: "Bem, acabou, agora cada um vai dormir em sua casa", levou-nos até a porta. Eu mal trocara duas palavras com ele, intimidado pela personalidade tão forte e marcante daquele homem que era (só agora eu o notava) miúdo e franzino, mas que no seu pedaço parecia e se comportava como um rei. De qualquer forma, tinha conseguido despertar meu imediato interesse por Proust. Foi assim que descobri que Cid, afinal, procurava imitar o Barão de Charlus em suas *boutades* e ditos de espírito, bem como em certa rudeza de maneiras que considerava de bom-tom.

— Bela, a sua casa — comentei.

— Copiei do Pato Donald. Volte sábado que vem, pois sua ingenuidade me comoveu — disse-me com sarcasmo. — E traga sua namoradinha.

* * *

No sábado seguinte, levei Duca comigo. Nádia, mulher de Cid, era uma anfitriã calorosa e sem afetação. Cid repetiu o desempenho do sábado anterior: discos e leituras de Proust. Nos sábados subsequentes fomos novamente convidados e de tal forma frequentamos Cid e Nádia durante aquele ano, que acabamos chamando o casal para apadrinhar nosso casamento, o qual pretendíamos realizar o mais breve possível. Isso consistia no tempo de juntar uma grana e reformar as três salas de aula da escolinha de dona Maricota (fechada definitivamente por cansaço de minha mãe), transformando-as num barracão capaz de nos abrigar pelo menos nos primeiros meses, pois pretendia me mudar para o Rio tão logo me casasse. Foi exatamente o que fiz.

* * *

Enquanto isso, no Rio, Bituca entrava novamente em estúdio para gravar seu segundo disco pela Odeon. Esse trabalho registrava o repertório do *show* e incluía também três músicas de Lô: "Alunar", "Para Lennon e McCartney" e "Clube da Esquina". Gravava ainda "Amigo, amiga", com letra de Ronaldo (ausente) e as músicas novas que fizera com Fernando e Ruy Guerra: "Maria 3 Filhos" e "Canto Latino". Tinha ainda "Durango Kid", parceria de Toninho Horta com Fernando, "A Felicidade", de Jobim e Vinicius e a música de Bituca que mais me emocionava, tanto pela melodia pungente como pela letra memorável: "Pai Grande":

> *Meu pai grande*
> *inda me lembro*
> *e que saudade de você*
> *dizendo eu já criei seu pai*
> *hoje vou criar você*
> *inda tenho muita vida pra viver*
> *Meu pai grande*
> *quisera eu ter sua raça pra contar*
> *a história dos guerreiros*

trazidos lá do longe
trazidos lá do longe
sem sua paz
De minha saudade vem você contar
De onde eu vim
é bom lembrar
todo homem de verdade
era forte e sem maldade
podia amar, podia ver
todo filho seu seguindo os passos
e um cantinho pra morrer.

Dentro do estúdio, teve hora que foi preciso quase amarrar Zé Rodrix para ele não entrar em tudo quanto era faixa, tocando órgão, flauta *block* tenor, ocarina, assovio de caça, flauta tenor transversa, percussão, voz, sininhos, tudo. Foi realmente uma participação de muita personalidade, a dele. Algumas de suas criações dentro do estúdio passaram a fazer parte integrante da música, como aquela divisão que prepara a segunda parte de "Para Lennon e McCartney": Tum-dum-tum-tutum-dum... Eu sou da América do Sul..." O resto do povo do Som Imaginário, Wagner, Tavito, Fredera, Luís Alves e Robertinho, estava no melhor de sua forma, com o repertório superensaiado. Bituca ainda colocou dentro do estúdio Lô, para tocar violão e cantar suas próprias músicas, Naná Vasconcelos, para as polirritmias e "garrafas esvaziadas" de sempre, e Dori Caymmi, para reger "Alunar". Produção executiva, Mariozinho Rocha ("Baiãozinho toca/e mostra que também tem bossa...").

Chamei Kélio Rodrigues para fazer a capa do disco e este deu ao visual "colete de couro-colar de ossinhos" que Bituca usava nos *shows* as suas próprias tintas. No traço do "Cabrito", Bituca virou um rei negro à Milton Glaser/Seymor Schwartz, visto de perfil. Plástico e dinâmico. Esse motivo se multiplicava da capa do disco à barra do encarte, numa programação gráfica muito bonita que incluía cartazes e selos. Bituca ainda não tivera tratamento gráfico tão requintado em seus discos. Por falar nisso — e antecipando a história —, nos discos seguintes esse cuidado com a programação visual viria a ser uma constante. Por coincidência ou não, outro artista gráfico oriundo do Grupo de Criação, Noguchi, o Japonês, por duas vezes criaria capas para discos de Bituca.

Fim das gravações. Para Lô tinha sido a experiência de sua vida. Pelo entusiasmo que ele demonstrava ao retornar do Rio, mamãe percebeu que seria difícil fazer aquele menino voltar às aulas como um qualquer simples estudante secundário. Caberiam nele, como numa veste tecida sob medida, os versos de Ruy Guerra que Bituca acabava de gravar:

> *Teus poucos anos de vida*
> *valem mais do que cem anos...*

* * *

Na Standard BH, Simão Lacerda era um chefe que não enchia o saco. Tinha acabado de ir morar com Rejane, a moça do "curralinho", como falava Itaíbis Vilela, já que a gerente de tráfego da agência trabalhava numa pequena área balaustrada de madeira, cercada e à parte. Às vésperas de meu casamento, compus a letra de "Tudo Que Você Podia Ser" na minha sala de trabalho, sob as vistas de um *paste-up* chamado Brito e de um estagiário de nome Roberto, a quem eu apelidara Bocão, apelido que pegou e foi logo diminuído para Boca, pois vinha bem a calhar com seu largo e constante sorriso. Para compor a tal letra, parti de lembranças recentes do filme de Elia Kazan que não saía de minha cabeça, *Viva Zapata*. Minha inspiração foi Marlon Brando morrendo picotado de balas, cercado e traído na praça estreita:

> *Com sol e chuva*
> *você sonhava*
> *que ia ser melhor depois*
> *você queria ser o grande herói*
> *das estradas*
> *tudo que você queria ser...*

Brito tinha um sotaque nordestino, era pequeno, usava óculos de grau e tinha a cabeça chata:

— Porreta, bicho. Daonde tu tira tanta ideia?

— E quem mandou você ficar olhando por cima do meu ombro?

— Pensei que era texto de anúncio.
— Também não seria da sua conta. Sai fora, cabrito.

Aí Roberto, o estagiário, abriu o bocão numa risada, e eu, imediatamente, com a moral de veterano:

— E você aí, ô Bocão, vai fechando essa caçapa.

Já que não tinha mesmo ninguém trabalhando, Itaíbis parou de rafear o que estava fazendo e me perguntou:

— Sabe a última do Ajuricaba?

E antes que eu respondesse ele continuou:

— O Fulano (Fulano era um "contato" muito, mas muito chato, daqueles que chegavam às seis horas da tarde de sexta-feira com um enorme pedido de serviço para um anúncio de varejão de página inteira, com setenta ilustrações de máquina de lavar, fogão, geladeira etc., para sair no domingo) chegou pro Ajuricaba e disse numa ocasião dessas: "Aí, Ajuricaba, quando eu morrer você vai mijar na minha sepultura, não vai não?" E Ajuricaba: "Eu não. Não gosto de entrar em fila".

* * *

Convidei Simão Lacerda para ser meu padrinho de casamento. Era um modo de prestar um reconhecimento ao amigo, mais do que ao patrão que tolerava minhas escapadas, minhas faltas e atrasos no retorno depois do almoço, pois sempre me delongava em casa de minha noiva. Como que para dificultar e encomprirar as horas que eu tinha de passar na agência, Duca morava bem vizinha dali. Em tais circunstâncias era-me difícil me concentrar nas tarefas que tinha a realizar na Criação e meu chefe tinha uma razoável compreensão de minhas dificuldades. Bem, razoável já era mais do que suficiente, e ei-lo mui guapo e elegante, de gravata vermelha, na Igreja da Pampulha, pontualmente à hora marcada no convite de meu casamento, convite este que tinha como epigrama uns versos de Mallarmé que eu escolhera com Duca, representativos do que significava aquela cerimônia meio ridícula, para a qual eu deixara mesmo crescer um bigodinho à Cantinflas, para parecer mais velho: "... *fiançailles dont le voile d'ilusion rejaillit son hântise ainsi comme le fantôme d'un geste...*", enlace cujo véu de ilusão reflete seu trato assim como o fantasma de um gesto... Já meu outro padrinho, Cid Gonçalves, quis me dar uma lição e não compareceu, deixando sua mulher Nádia vir sozinha. O pintor Rubem Dario, grande amigo, o substituiu no altar. Cid se mirava cada vez mais em Palamede de Charlus; digo, não no sentido das perversões sodomitas do genial personagem proustiano.

Bituca veio do Rio exclusivamente para a ocasião. Nico, nosso caçula, seu "afilhado", nunca mais tinha sentido nada na cabeça, desde o tombo que eu lhe dera. Os ossos haviam se consolidado e agora, aos nove anos, estava curado. Pelo menos estava, até a hora de sair para a Igreja da Pampulha. Já todo arrumadinho, com roupinha branca comprada a crédito no Magazin Guanabara, escapuliu da vista de mamãe e foi arranjar briga na rua, provocar uns garotos maiores do que ele. Levou uma paulada de um deles no meio da cabeça e caiu desmaiado. Os garotos fugiram correndo, abandonando o corpo inerte de meu irmãozinho. Foi trazido para casa ainda desmaiado. Bituca e não sei quem mais o levaram para o hospital. Mamãe e papai foram para a igreja. Dali a algumas horas, Bituca retornou com Nico, já fora de perigo. Meu irmãozinho teria de recomeçar todos os cuidados a que fora obrigado durante anos e dos quais só muito recentemente fora dispensado, pois a antiga fratura tinha reaberto em parte.

A cerimônia durou uns poucos minutos, devido ao inacreditavelmente longo atraso da noiva, extrapolando em muito as mais folclóricas tradições. Casados, tomamos champanhe na porta da Igreja, recebemos os cumprimentos de praxe, entramos no automóvel que a trouxera e seguimos para o apartamento de seus pais. Dali, de roupas já trocadas, seguimos direto para dentro de um ônibus que nos levou a São Paulo. Passamos uma noite e um dia dentro do quarto de um hotel perto da rodoviária. Depois embarcamos para Foz do Iguaçu e de lá para Porto Alegre, onde entramos numa livraria e compramos os sete volumes de *Em Busca do Tempo Perdido*, longo epítome de nosso breve amor. Visitamos Paulinho Lagoa, o *Joãozinho* de meu filme, que agora morava em casa de uma tia gaúcha e trabalhava num armazém macrobiótico no bairro de Petrópolis.

Uns dez dias depois, estávamos de volta a Belo Horizonte, onde fomos habitar o barracão que eu mandara construir nos fundos da rua Divinópolis.

* * *

De volta de Londres, Ronaldo trouxe umas reproduções das bailarinas de Degas e nos deu de presente. Mandamos emoldurar e penduramos na parede da sala. O mesmo fizemos com um cacho de frutas feitas de latão, de gosto bizarro, que recebemos de presente de uma loura chamada Káritas, a quem eu não conhecia direito, mas se tratava da nova namorada de Bituca.

CAPÍTULO 6

Mar Azul

Primeiro eu e Bituca descobrimos um poema de Garcia Lorca sobre Santiago de Compostela. Na mesma noite tive um sonho onde uma nave luminosa, em forma de triângulo vasado, descia em meu quintal e dela saía um homem igualmente luminoso, de túnica branca e longas barbas e me dizia, ou antes, me incutia, pois não movia os lábios: "Construa sua vida como uma obra de arte". Em seguida, aconteceram várias coincidências envolvendo o nome Tiago, ou suas variantes Jacques, James, Jacó, chamando tanto a atenção de Bituca tanto quanto a minha e nos colocando em alerta. Em pouco tempo o nome, pronunciado ou lido, passou a saltar à nossa frente com nitidez e sonoridade diferente das demais palavras, adquirindo para nós o peso de um encargo, sinalizando uma passagem, um vão. Fomos nos aprofundando no assunto. Prometíamo-nos percorrer os Caminhos um dia, dormir em velhas ermidas, reviver lendas navarras... Projetávamos também a realização de um musical — *Os Caminhos de Santiago* — para virar disco, filme, *show* multimídia, *songbook* etc., juntando o trabalho de todo mundo, Lô, Fernando, Ronaldo, Nelsinho...

* * *

Bituca estava deitado ao lado de Káritas, na casa dela em São Paulo. Não estava dormindo, não tinha bebido ou fumado nada. Mas sentiu uma coisa muito, muito esquisita. De repente sua consciência como que se desdobrou, se distendeu, saiu para fora de si. Primeiro viu seu próprio corpo deitado ao lado de Káritas. Depois decolou de vez, viajou, subiu para longe. Chegou num ponto indefinível, onde um ser imaterial lhe apareceu e perguntou: "Você quer ficar aqui ou vai querer voltar?" Muito assustado, Bituca voltou instantaneamente para dentro do próprio corpo. Estava agitado. Cutucou Káritas:

— Você me viu fazer alguma coisa?
— Ham?
— Você me viu fazer alguma coisa, aconteceu alguma coisa comigo?
— Como assim? O que foi, Nascimento?
— Bicho, eu saí do corpo. Não foi sonho.

* * *

Nosso projeto *Caminhos de Santiago* permaneceu no nível dos presságios até que escrevi os primeiros versos:

> *Santiago buscava meninos*
> *Nas ruas de Belo Horizonte*
> *nos prédios de Copacabana*
> *Três Pontas, Chile e Bahia*
> *Mas ele nunca contava*
> *Achar a cidade vazia...*

Continuava por mais uns cinco ou seis versos e não passou disso.

Bituca tinha que cumprir contrato e gravar um LP para a Odeon. Não dava sequer para pensar em *Santiago*. Isso era nosso projeto multimídia, balé etc.; favor não confundir as coisas.

— Vamos fazer um álbum duplo — Bituca "viajou".

— Um disco com princípio, meio e fim, que não seja só um apanhado de canções. Um disco conceitual. — Ronaldo vinha insistindo nisso.

Parêntese: nossos discos devem muito de sua unidade a essa insistência de Ronaldo, que sempre se manteve vigilante, para não misturarmos alhos com bugalhos.

— Isso, isso, isso — concordou alguém.

A ideia, então, foi convidar Lô para dividir o álbum duplo. Além de tudo, seria o primeiro álbum duplo produzido no Brasil.

Discussões com a diretoria da Odeon: "Você está louco. Álbum duplo não vende".

"Se vocês quiserem, bem. Se não, tem outras gravadoras..."

Adail Lessa, diretor de elenco, "pai dos artistas" segundo as palavras de Bituca, batalhou de novo e conseguiu dobrar o resto da diretoria.

— O Lessa é o pai dos artistas. Aquilo não existe. Nada que se fale desse homem chega perto do valor que ele tem.

Bituca tratou de esvaziar as gavetas. Lô também estava cheio de temas novos. Cada um dos três letristas da turma (eu, Ronaldo e Fernando) ficou com um monte de melodias para criar. (Eu detestava que me chamassem letrista!)

* * *

Até por uma questão de proximidade, a maioria de minhas parcerias nesse trabalho veio a ser feita com Lô, e pelo mesmo motivo Ronaldo ficou cheio de parcerias com Bituca, lá no Rio. Enquanto isso, Gal lançou o primeiro álbum duplo produzido no Brasil. Não importa. O nosso estava chegando. Ronaldo estava em plena forma. Num intervalo de poucas semanas escreveu para Bituca "Cais", "Cravo e Canela", "Um Gosto de Sol" e "Nada Será Como Antes". Ainda teve tempo e inspiração para escrever para Lô "O Trem Azul" e "Nuvem Cigana" a partir de uma fita cassete que meu irmão lhe entregara. De minha parte, tinha escrito "Os Povos" sobre música de Bituca... "Ê minha cidade, aldeia morta, anel de ouro, meu amor/ na beira da vida a gente torna a se encontrar só..." E ainda "Um Girassol...", "Tudo que Você Podia Ser", "Estrelas" e "Trem de Doido", para músicas de Lô.

Telo, meu irmão número dez, oito anos, punha o violão de Lô sobre a cama, entre suas perninhas arreganhadas, e fazia posições com os dedos. Quando viu, Ronaldo ficou impressionado. E disse com o maior bom humor, pois todos sabiam que não tocava nada:

— Toca melhor do que eu... Aliás, isso não é vantagem — completou.

E rimos muito.

Num clima de verdadeira fraternidade foi concebido e criado o disco duplo que viria a se chamar, naturalmente, *Clube da Esquina*. A rua Divinópolis 136 tornou-se o epicentro da coisa toda. Mais especificamente, meu barracão nos fundos, onde morava com minha indiazinha.

* * *

 Antes das gravações do álbum duplo, voltamos a Diamantina. A revista *O Cruzeiro* queria realizar uma reportagem conosco e lá estávamos, sempre acompanhados pelo carro de reportagem da revista. Formávamos um bando barulhento que só se deslocava coletivamente: eu, Bituca, Fernando, Lô, o fotógrafo Juvenal Pereira e um estudante de direito amigo de Fernando, Ildebrando Pontes. Fomos hospedados num hotel colonial, muito bonito e bem-arrumado. Meu quarto ficava numa ala do velho casarão que dava para a praça principal, enquanto o de Fernando tinha janelas que se abriam para uma igreja e o cemitério da cidade. Com toda a certeza isso foi a inspiração que teve para nos mostrar, certa manhã, à mesa onde fazíamos o desjejum, a letra que havia escrito ali, durante a noite, sobre um tema que Lô lhe passara:

PAISAGEM DA JANELA

Da janela lateral do quarto de dormir
vejo uma igreja, um sinal de glória
vejo um muro branco e um voo pássaro
vejo uma grade, um velho sinal
Mensageiro natural de coisas naturais
quando eu falava dessas cores mórbidas
quando eu falava desses homens
sórdidos
quando eu falava desse temporal
você não escutou
você não quer acreditar
mas isso é tão normal
você não quer acreditar
e eu apenas era
Cavaleiro marginal
lavado em ribeirão
cavaleiro negro que viveu mistérios
cavaleiro e senhor de casa e árvores
sem querer descanso nem dominical

Cavaleiro marginal banhado em ribeirão
conheci as torres e os cemitérios
conheci os homens e os seus velórios
quando olhava da janela lateral
do quarto de dormir
você não quer acreditar
mas isso é tão normal
você não quer acreditar
mas isso é tão normal
um cavaleiro marginal
banhado em ribeirão.

Terminado o café da manhã, saímos a andar a pé pela cidade. Numa pracinha, avistamos uma Kombi com o logotipo da revista *Manchete*. Nós, com *O Cruzeiro*. Por curiosidade nos aproximamos para identificar quem era aquela personalidade que estava sendo fotografada pela outra equipe. Chegamos perto. Elegantemente sentado num banco da pracinha, de terno escuro, sapatos de cromo reluzente, sorriso de modelo profissional, gestos estudados de quem estava acostumado a tais sessões de fotos, lá estava o ex-presidente Juscelino Kubitschek. Ildebrando não se conteve. Aproximou-se correndo e tascou um abraço apertado no lendário chefe de Estado:

— Ô Nonô! Que prazer, Nonô, dê cá um abraço, meu velho.

O presidente, afável, ficou de pé para ver que bando era aquele que chegava em alvoroço. Insuflado pelo abraço desabusado que Ildebrando lhe dera, fiz o mesmo, só que sem o desplante de chamá-lo pelo apelido familiar. Pelo contrário, lembrei-lhe meus dez anos de idade, quando JK era governador de Minas, e fui o mais reverente que pude:

— Presidente, que honra abraçar o senhor. O senhor foi meu paraninfo quando completei o primário no Instituto de Educação.

— Eu me lembro muito bem, meu filho. — O Presidente sorria e correspondia a meu abraço, acostumado a essas manifestações de carinho do povo brasileiro.

Após rápida negociação entre as duas equipes de reportagem, as apresentações formais foram feitas e ali mesmo improvisamos uma rodada de seresta.

Fernando propôs:
— Canta "Beco do Mota".

Nós todos rimos e o presidente, como bom diamantinense e portanto sabedor de que se tratava do beco dos puteiros, riu também.

Bituca começou:

> *Clareira na noite, na noite*
> *Profissão deserta deserta*
> *Nas portas da arquidiocese*
> *Deste meu país...*

E desfiou tudo, até o final:

> *... Diamantina é o Beco do Mota*
> *Minas é o Beco do Mota*
> *Brasil é o Beco do Mota*
> *Viva meu país!!!*

O presidente deu um sorriso formal:
— Vocês são de morte!...

Tanto a *Manchete* quanto *O Cruzeiro* registraram esse momento em fotos — e algumas delas, muitos anos depois, foram terminar expostas por detrás de vitrines, no memorial erguido em honra a JK, em Brasília.

No entanto, a reportagem sobre nós saiu um tanto ridícula e exagerada, nos chamando de "Beatles brasileiros".

* * *

Um dia Lô me apareceu lá em casa com um rapaz cabeludo, de sotaque nordestino. O cabra era músico, tocava um violão arretado de bonito e, de resto, ele todo fazia uma bonita figura, jovem, traços fortes de um chefe indígena esculpido em totem de madeira, cabelos longos e lisos a deitar-lhe pelos ombros. Nunca soube direito como Lô o conhecera. Depois me disse que o cabra simplesmente tinha aparecido em Belo Horizonte querendo conhecer nossa turma de música. Era admirador de nosso trabalho, que acompanhava disco a disco lá de sua Fortaleza. Estava descendo para o Sul a fim de tentar a sorte como compositor e cantor — ele e uns colegas universitários — e tinha parado uns dias em Belo Horizonte para nos visitar, pois achara em nós muitas afinidades com seu próprio trabalho. Seu nome era Raimundo Fagner. Mamãe gostou dele, especialmente de um trecho de música que ele cantava sem parar, com voz anasalada e rascante, que tornou-se depois sua marca inconfundível:

> ... o tempo voa
> a vida não perdoa
> e a chuva cai...

Logo depois, Fagner foi para o Rio e fez bonito no Festival Internacional da Canção daquele ano, com "Cavalo Ferro". Foi morar na Travessa Santa Leocádia, em Copacabana, exatamente no prédio em que moravam agora Ronaldo Bastos e o fotógrafo pernambucano Cafi, que tanta importância assumiria depois na documentação fotográfica de nosso trabalho. Ronaldo namorava Marisa Gandelman, filha de um advogado especialista em direitos autorais. O cunhadinho Léo tinha apenas uns oito anos de idade e era pouco maior do que um saxofone.

* * *

Tomei ácido sozinho e fui ao Saloon. Indescritíveis horrores eram as pessoas. Não era *bad*, era uma forma de olhar. O monstro em cada um, capas de pele. Entretanto, nada com o que não pudesse lidar. Força dirigível. Mesmo assim, firmei propósito de jamais facilitar com aquelas coisas lúcidas da mente expandida. Mas Duca quis e tomei de novo, junto com ela. Saímos de madrugada e nos sentamos na esquina do Clube. Vislumbramos as realidades superiores. Aumentamos nosso amor. O indizível se perfez.

* * *

Sandra, minha irmã número três, deu à luz uma linda garotinha chamada Mônica. Às vezes, precisava sair com Manolo e, como morava perto da rua Divinópolis, ali mesmo em Santa Tereza, convocava meus serviços de babá, os quais eu cumpria em dupla com Duca. Foi ao lado do berço de Mônica que completei a letra de "Trem de Doido":

Noite azul, pedra e chão
amigos num hotel
muito além do céu
nada a perder, nada a combinar
depois que esse trem começa
a andar, andar...

Sandra era professora de português e eu gostava de caçoar a respeito disso. Assim, de certa vez que me perguntou, como de praxe, o que havíamos feito com sua filhinha, respondi:
— Pu-la na cama e fi-la dormir.
Caímos na gargalhada, o que acabou acordando a menina. Manolo, que nunca chegou a dominar bem a língua portuguesa e falava coisas do tipo "vife de baca", demorou quinze anos para entender a graça daquela frase, se é que jamais a compreendeu algum dia.
Eu continuava trabalhando na Standard e morando nos fundos da casa de meus pais, recém-casado e preparando meu pulo para o Rio. Era difícil juntar dinheiro porque agora não era mais um cara sozinho. Duca não sabia cozinhar nada. Nos primeiros meses, quando não comíamos fora, passávamos a ovos estrelados e salada de alface. Mamãe era muito discreta e só aparecia no nosso barracão quando a chamávamos. Andava preocupada com Lô:
— Mas esse rapaz não quer mais saber de estudar, só quer saber do Bituca...
— Ele não é mais uma criancinha, mãe.
— Não para mais em casa.
— Vai gravar um disco, ora. Tem de ensaiar.
— Mas em Niterói?
Verdade. Os ensaios estavam sendo feitos em Niterói.

* * *

Não estava dando mais para morar no apartamento do Jardim Botânico. Os moradores oficiais, isto é, Bituca, Lô, Beto e Jacaré, já não encontravam mais paz para viver ali. Os vizinhos se tornaram abertamente hostis àquele bando de "malucos". Chegavam ao cúmulo de fazer ligações anônimas à polícia com denúncias absurdas. Bituca chegou mesmo a ser convocado ao SNI e de lá levado para a cadeia. Jacaré estava avisado: "Se eu demorar mais do que uma hora e meia, pode chamar alguém pra me tirar". Ele tentou sair da enrascada invocando o nome de uma tia de Jacaré, advogada.

— Sou sobrinho da Fabiane...

Essa advogada, avisada por Jacaré, rapidamente liberou Bituca, pois nada constava contra ele, afinal de contas.

Nessa altura das hostilidades com os vizinhos, José Mynssen propôs ao grupo:

— Que tal ir morar em Mar Azul?
— Onde?
— Nunca ouvi falar.

* * *

A casa enorme, de estilo bizarro, com varandas em arco e colunatas, erguia-se apoiada num pedaço de rochedo saliente da encosta coberta de vegetação tropical. Atingia-se a praia por um longo lance de escadas estreitas. De uma das varandas, repleta de vasos com folhagens e samambaias, via-se, à direita, a pequena enseada aninhada num U feito de pedras e areia branca, e adiante, o mar aberto e, do outro lado da baía, as montanhas do Rio de Janeiro a encerrar o horizonte. À esquerda, a praia de Piratininga espichava seus quilômetros a perder de vista, entre o Atlântico e a lagoa assoreada. O recanto era chamado de Mar Azul pelos pescadores. Afinal, tinham alugado aquele casarão, a despeito das lendas locais que consideravam o lugar mal-assombrado. Ali seria o QG da turma, durante a batalha do disco duplo. Logo foram chegando os outros, Rubinho e Sirlan, de Belo Horizonte, Wagner Tiso, Tavito, Roberto Silva e Luís Alves, vindos do Rio. Às vezes, os ensaios iam até tarde e uma porção deles dormia lá, mas no dia-a-dia a casa era mesmo habitada por Bituca, Lô, Beto e Jaca. De manhã bem cedinho Bituca tirava todos da cama, para um mergulho no mar. Ronaldo e Cafi também frequentavam o local. O fotógrafo pernambucano registrava tudo atrás de suas lentes. Apesar dos banhos de mar matinais, nem tudo era programa-saúde naquele casarão. Como de costume, as garrafas vazias começaram a fazer parte do *décor*. A quantidade consumida era uma temeridade, tendo em vista que Bituca estava com a agenda cheia, tinha dois *shows* marcados no MAM — Museu de Arte Moderna do Rio — e um álbum duplo para ensaiar e gravar, tudo nos próximos dias. E as garrafas aparecendo vazias...

* * *

Fernando completou em parceria com Bituca: "Saídas e Bandeiras", "Pelo Amor de Deus" e "Ao que Vai Nascer". Bem devagar, aos poucos, mineiramente, o Din-Din-Lin ia se tornando o parceiro preferido de meu velho Vituperatus.

Bituca compôs ainda uma linda homenagem à sua mãe e deu-lhe seu nome: "Lília". Um instrumental daquele tipo "isso não dá pra pôr letra".

* * *

O MAM estava superlotado naquela noite. Uma multidão colorida e bonita se comprimia pelo espaço estranho para um *show* — um saguão enorme, cheio de rampas. Normalmente apreensivo nessas horas, naquele momento eu estava apavorado, pois desde que saíramos de Mar Azul via com angústia cada vez maior o estado em que mergulhava meu amigo. Nossa chance — assim considerávamos eu e Jaca — era que até o exato momento do *show* Bituca melhorasse daquele porre — se não bebesse mais nada. Em suma, um milagre. Lô me olhava com expressão preocupada:

— Pois é, bicho, quando a gente assustou ele já estava assim...

— Calma, bicho, vai tudo dar certo.

O clima entre os músicos do Som Imaginário era de extrema tensão. Só mesmo Bituca permanecia alheio e descontraído, naquele estado de infantilidade em que o álcool costuma colocar suas vítimas, antes de fazê-las tombar. O pior é que sua resistência estava naquele auge de intoxicação, em que bastavam um ou dois tragos para deixá-lo bêbado. E tinha entornado uma garrafa inteira de vodca. Agora mal se aguentava em pé. O espetáculo não pode parar.

O Som Imaginário entrou primeiro em cena e abriu o *show*. O povo ululou de alegria, ignorando o drama que rolava nos bastidores, até que o drama irrompeu em cena. A introdução musical já havia se prolongado uns oito compassos além do convencionado. Os músicos se entreolhavam, sem saber o que fazer a não ser repetir indefinidamente a introdução. Finalmente, Bituca surgiu com o microfone na mão. Da plateia subiu uma aclamação ensurdecedora, exclamações de prazer, assobios de aprovação, antecipações da grande alegria de ouvir meu amigo e sua voz que começava a virar lenda, principalmente entre os estudantes. Naquela noite, tal prazer não se cumpriu e ninguém chegou a ouvir sequer um "Ôi" de Bituca. Ao erguer o braço num gesto de saudação ao público, ele perdeu de vez o precário equilíbrio que o mantinha balançando como um pêndulo e desabou para trás, estatelando-se sobre a bateria de Robertinho Silva. Sua queda perfurou o bumbo, que rolou do pedestal, levando pratos e caixas de roldão, num estrondo sem nexo. O baterista, em gesto arisco, teve tempo de pular de lado, pois a queda foi meio em câmera lenta, o que só fez torná-la mais dramática. Bituca ficou lá, caído, os olhos arregalados, a mente entorpecida, longe. Os músicos correram a levantá-lo e o retiraram de cena. Da plateia soou um "Oh!" consternado. O guitarrista Fredera, num reflexo, tomou o microfone de voz e pediu atenção do público, que agora se alvoroçava em milhares de vozes desencontradas, cada qual querendo se convencer de que realmente tinha presenciado aquilo. Eu, abraçado a uma coluna, chorava amargamente.

— Por favor, pessoal, atenção por favor. Silêncio!

Silêncio se fez e Fredera continuou:

— O que vocês estão vendo aqui é o resultado de oito anos de opressão e ditadura, que crucifica o artista e o povo... — e fez um discurso de uns dez minutos, ouvido por todos com a maior atenção e no qual, por artes da retórica (o barbudo guitarrista tinha sido professor de Português e Literatura), convenceu a plateia de que o porre de Bituca era, sei lá, ideológico. Nas suas inspiradas palavras, o tombo assumiu a grandeza de um sacrifício, comparável à de um monge vietnamita se imolando em fogo por amor à pátria.

De repente, o vozerio indistinto da multidão subiu e se transformou num refrão organizado, acrescido do som das palmas ritmadas que marcavam as sílabas, agora pronunciadas em uníssono pela plateia emocionada:

— Mil-ton! Mil-ton! Mil-ton! Mil-ton! — os milhares de vozes e claps das palmas foram acelerando até um paroxismo: "Milton! MILTON! MILTON!", cada vez mais altíssono e aplaudido. Só depois dessa homenagem é que as pessoas começaram a se dispersar. Eu sempre costumava sair dos bastidores para ver o *show* do ponto de vista da plateia e estava misturado ao público quando tudo aconteceu. Naquela noite, como consolo às minhas próprias lágrimas, pude perceber que várias pessoas saíram chorando do MAM.

* * *

Káritas era uma mulher loura, bonita, inteligente e rica. Tinha um bom nome para um furacão. Conhecera "Nascimento" (era como ela chamava Bituca) em São Paulo e desde então impusera a si mesma (e agora impunha a Bituca, um pouco à sua revelia) a missão de salvá-lo dos maus empresários, acompanhá-lo sem trégua, vesti-lo, ensinar-lhe boas maneiras, adular seu ego, cobrir-lhe de presentes e penduricalhos e, de quebra, ser sua mulher, amiga, amante, mãe e camarada.

De acordo com seu ritual particular, Bituca a levou à rua Divinópolis para conhecer a família Borges. Káritas tratou mamãe como se as duas fossem colegas de sala, talvez companheiras de quarto numa "república", tal a intimidade instantânea que se estabeleceu entre as duas. Não só era inteligente; era culta e espirituosa. Citava os filósofos, particularmente Nietzsche, e mostrava conhecer de cor trechos inteiros dos compositores eruditos, embora incapaz de reproduzir corretamente as melodias que tentava entoar por cima do som dos discos, nas audições que promovia quer em Belo Horizonte, no meu barracão da rua Divinópolis, quer no Rio, em seu apartamento da rua Sá Ferreira, quer em sua bela casa situada num bairro chique de São Paulo. Graças àquela mulher, Bituca ainda estava de pé. Ela lhe incutia mais amor próprio do que eu mesmo fora capaz de o fazer. Acendia seu ânimo, acenava-lhe com as delícias da vida, do prazer e do dinheiro; impedia assim que ele se comportasse como o gênio que é sugado de volta para dentro da garrafa.

* * *

Por essa época, eu praticamente não andava mais com a turma de cinéfilos de Beagá, com exceção de Sérvulo, que se mudara para o Rio e continuava amigo de Bituca, do pessoal de música. A realidade me levava cada vez mais para longe de meu sonho de dirigir longas-metragens. Bituca, compondo para filmes e atuando como ator (em *Os Deuses e os Mortos*, por exemplo), estava muito mais próximo do cinema nacional do que eu próprio. De minha parte, considerava isso apenas mais uma ironia das tantas que a vida me reservava.

Para a gravação do álbum que dividiria com Lô, Bituca colocou dentro do estúdio uma turma bem representativa de suas afinidades musicais. Eu mesmo continuei em Belo Horizonte, trabalhando na Standard, criando condições para me mudar. Minha parte, que eram as letras, já estava feita. No Rio, no velho estúdio de dois canais da avenida Rio Branco, tinha muita gente capaz de ajudar Bituca e Lô a realizar um trabalho competente. Bituca, dentro de um estúdio, era simplesmente espetacular, quando conseguia não ficar bêbado. E muitas vezes era espetacular mesmo bêbado. Eu nunca vi tanto talento numa pessoa só.

Na gravação de *Clube da Esquina*, o Ponto dos Músicos estava representado: Rubinho Batera, Wagner Tiso, Toninho Horta, Paulinho Braga.

O Edifício Levy estava representado: eu, Lô, Beto Guedes. (Os Beavers estavam representados.)

O Colégio Estadual estava representado: Fernando, Tavito, Nelson Ângelo.

O Rio de Janeiro, cidade natal de Bituca, estava representado: Robertinho Silva, Ronaldo, Luís Alves, Paulo Moura, Eumir Deodato.

A capacidade de Bituca era especialmente esta: ajuntar os iguais, segundo sua história pessoal.

Em Belo Horizonte, eu aguardava notícias.

* * *

Dois meses depois, Lô estava de volta à rua Divinópolis, alegre e satisfeito. Quer dizer, como todo músico exigente, alegre e insatisfeito. Sempre haveria um solo que poderia ter ficado melhor, uma nota que poderia ter soado mais precisa, uma passagem que poderia ter sido refeita. Chegou com Bituca, Káritas, Ronaldo Bastos e o fotógrafo Cafi. Tinham trazido a fita gravada do disco e resolvemos promover uma audição no meu barracão. Convidamos todo mundo que tinha a ver. Foi a primeira vez que o rapazola Murilo Antunes pisou na rua

Divinópolis. (Eu o conhecia de vista, de certa "turma da Pavuna" que fazia ponto no centro da cidade, rua Tupis esquina com rua Rio de Janeiro. Toninho Horta, seu primo Lúcio Borrachinha, um certo Belfort e o compositor Arnaldo "Gongis Moon" também frequentavam esse determinado lugar. Murilo ainda não era letrista.). Tavinho Moura também compareceu. Meu "primo" Elder, companheiro de infância, também estava lá com sua mulher Nôra. Fernando e Leise, mais Nelson Ângelo, meus irmãos, mamãe e papai, superlotamos a pequena sala de meu barracão. Bituca havia trazido especialmente para essa ocasião um compositor que estava começando a aparecer na época, um amigo recente, o qual eu só conhecia através de suas aparições na tevê. Era Paulinho da Viola. Com esse time em campo, demos início à primeira audição oficial do álbum duplo que resumia nossa fase "rua Divinópolis/Mar Azul". O disco se chamava *Clube da Esquina*.

* * *

Cafi saiu fotografando todo mundo que via em Santa Tereza: os amiguinhos de Telo e Nico, minha sobrinha Mônica, a família Borges. Nosso amigo Juvenal Pereira também fotografou bastante. A ideia era fotografar todas as pessoas que tivessem a ver direta ou indiretamente com o trabalho: amigos, parentes, companheiros, profissionais envolvidos, e publicar as fotos de todos no disco, sem exceção. Cafi e Ronaldo cuidavam de leiautes e execução. Cafi, em Três Pontas, durante as bodas de prata dos pais de Bituca, estivera fotografando gente e paisagens. Uma dessas fotos, aliás, foi escolhida para capa do disco. Mostrava dois garotinhos anônimos, à beira de uma estradinha de terra, de cócoras. Um branquinho e um crioulinho. No caminho de Friburgo, onde os pais de Ronaldo tinham uma fazenda, Cafi fotografou uma nuvem que seria o poster do disco (por falta de verbas para o fotolito, a nuvem virou apenas mais um quadradinho em preto e branco, perdido em meio a dezenas de fotos, na parte central do álbum duplo).

Durante sua curta estada em Belo Horizonte, Paulinho da Viola engrenou uma longa conversa técnica com meu primo Elder, este com toda razão orgulhosíssimo de Flávia e Fúlvia, o lindo par de gêmeas que sua mulher, Nôra, acabara de dar à luz. O fato é que domingo, depois do almoço de dona Maricota, Paulinho foi tão insistentemente convidado por meu primo para visitar suas filhas que resolveu aceitar. Lá fomos nós no carrinho azul de Elder até a sua casa, que ficava numa ladeira íngreme atrás da igreja de Santa Tereza. Nôra ficou surpresa:

— Paulinho da Viola na minha casa, não acredito!

O compositor tomou as gêmeas no colo, brincou com elas... e continuou seu papo especializado com Elder, a respeito de marcenaria, que era uma paixão dos dois. E tome termos técnicos, caixilhos, travações, marchetas...

Noutro carro chegou Cafi (e não sei mais quem) e fotografou Elder com as duas gêmeas, uma em cada braço. Fazia um daqueles domingos luminosos e claros, com céu de poucas nuvens polpudas, alvas e arrendondadas, um daqueles domingos em que a gente olhava para o fim da rua envolta na luz onírica do crepúsculo róseo e podia enfim satisfazer até o mais recôndito da alma a expectativa raramente tão apropriada e condizente que Belo Horizonte carrega em seu próprio nome.

Na semana seguinte, promovemos uma segunda audição da fita, dessa vez na casa dos Brant, na rua Grão Pará. Rolou cerveja e clima de festa. Depois da audição, Nelsinho pegou um violão e mostrou suas músicas de harmonia inesperada, altamente criativa. Tavinho Moura se aproximou, sem tirar os olhos das mãos de Nelsinho. Depois chamou o violonista-compositor num canto e pediu-lhe umas dicas de harmonia. Nelsinho pigarreou e respondeu com boa vontade sincera:

— Claro, bicho. Vamos combinar. Um dia desses eu te ensino umas escalas novas, umas inversões...

Para encerrar, fizemos uma terceira e última audição na casa de Schubert Magalhães, onde eu começara meu namoro com minha indiazinha.

* * *

Depois de meses de trabalho, o álbum duplo ficou pronto. Agora era divulgá-lo, fazer *shows*, viajar. José e Maria Mynssen haviam se desligado do trabalho da gente. No momento, quem "quebrava o galho" como empresário era Mané Gato, amigo de Bituca dos tempos de Três Pontas (e Edifício Levy). Quando ficamos sabendo o local do *show* de estreia do *Clube da Esquina*, eu e Ronaldo achamos muito, muito esquisito. Era um teatro sem tradição, completamente fora do roteiro, escondido entre umas alamedas da Cruzada Eucarística São Sebastião, na Fonte da Saudade. Chamava-se Teatro da Cruzada Eucarística São Sebastião.

— Assim não dá. Isso não é nome de teatro. Bota Teatro Fonte da Saudade — sugeriu Ronaldo.

Pequeno e desconfortável. O clima para uma estreia não era nada favorável, e não só pelo tamanho do teatrinho. É que as primeiras críticas do disco não foram nada boas. Os resenhistas tinham achado tudo muito pobre e descartável e sem ter o que dizer, e coisas desse tipo. Um chamou a voz de Lô de "chinfrim". Outro escreveu que meu amigo era compositor de uma música só (referia-se a "Travessia") e que determinados versos meus (citados por mero acaso, já que ele desancava tudo) "rolavam como pedras dentro do ouvido", de tão desagradáveis e malfeitos. Um outro decretou: "Milton Nascimento está acabado". Além disso, Tavito e Robertinho Silva estavam à beira de um colapso nervoso, Ronaldo não aturava Mané Gato e Bituca não dava nenhum sinal de estar disposto a maneirar na bebida.

CAPÍTULO 7

Nada Será como Antes

Não sei com qual intenção, talvez reproduzir as montanhas de Minas, alguém espalhou pelo palco uns montinhos de cupim, ridículos e sem sentido. Os músicos se acotovelavam por entre os montinhos: o Som Imaginário, mais Beto, Lô e Naná. No dia da estreia, a imprensa e outros convidados ocuparam as cadeiras da frente. O teatro tinha cento e poucos lugares e não estava lotado. Aliás, eu e Ronaldo nos surpreendíamos em ver como, afinal, um bocado de gente tinha descoberto onde ficava o teatro da Cruzada Eucarística São Sebastião. O *show* teve início. Bituca estava sóbrio. Etney e Ivanzinho eram os dois contrarregras. Nos *shows* de Bituca, cada um queria ser mais bicha do que o outro. Com trejeitos muito eficientes, punham tudo nos lugares, violão, instrumentos, copinhos d'água e copinhos de uísque, dependendo do banquinho. Para esse *show* haviam regulado estritamente o consumo de álcool no camarim. Como disse, a imprensa ocupou os lugares da frente. Alguns haviam escrito mal sobre o disco. O *show* começou. Beto Guedes, acometido de um acesso de vergonha e timidez, aquele frangote de Montes Claros, tocou grande parte das músicas de costas para o público, procurando sempre se postar de frente para algum dos músicos. O mais tarimbado era Wagner Tiso, milhares de bailes, competente, tranquilo, afável, bem-humorado, ligeiramente embriagado. Lô, logo no início de sua parte afundou a cabeça no pescoço e só olhou para as próprias mãos, enquanto tocava violão e guitarra. Mesmo Bituca cantou nervoso, esqueceu algumas letras. O Som Imaginário se atrapalhou em algumas convenções de entrada e saída de solos. Estreia sofrível. Irritadíssimo, Ronaldo brigou com Mané Gato, tão logo o *show* terminou. Clima tenso entre nós.

Naturalmente, os críticos foram horríveis. Ficavam querendo comparar Bituca com Caetano e Chico Buarque, não entendiam nada daquele ecumenismo inter-racial, internacional, interplanetário, proposto pelas dissonâncias atemporais de Bituca. Desprezavam os achados de Chopin e o zelo beatlemaníaco do menino Lô. Eu culpava nossas letras, principalmente as minhas, por grande parte daquele fracasso. Só os estudantes gostavam daquilo. O marido de minha tia Alfa, o carioca Silvinho, cento e dez quilos, disse no tom de quem dá um conselho vital, como quem avisa sobre os males do cigarro a um fumante inveterado:

— Tem que ir no Chacrinha. Tem que fazer música fácil, de refrão. Tem de parar de fazer essas músicas pra intelectual. Intelectual não vê televisão nem compra disco.

(Da minha parte eu bem que tentava, mas só saíam aquelas coisas complicadas.)

Na quarta ou quinta noite do *show Clube da Esquina,* no meio de um número musical, interrompendo as frases de um solo que se tornara por demais alucinado, Tavito começou a gritar e teve uma crise nervosa em cena. Urrava e chorava como um bebê de noventa quilos fazendo birra. Sapateou sem sair do lugar e espatifou sua viola de doze cordas. O público ficou horrorizado. E isso ainda não foi tudo.

Finalmente, umas noites depois, aconteceu também com Robertinho. Durante um solo de bateria, algo se rompeu dentro dele. De início, foi só uma recusa em seguir a convenção da música e retomar a levada depois do *chorus* destinado a ele. Solou um minuto inteiro. Dois minutos. Três minutos. Os músicos se impacientaram. Wagner riu. Cinco minutos. Lô e Beto começaram a ficar com medo, com aquelas caras de quem quer sair de perto de um rastilho que vai queimando em direção à bomba. Robertinho, cada vez mais furioso, ignorou umas tentativas de aplauso vindas do público, ficou em pé, quebrou as baquetas e começou a ranger os dentes. Um som rouco e abafado saía de sua garganta, um ataque apoplético, era o que parecia. Como um autômato fora de controle, saiu chutando tudo, com gestos mecânicos e sem interromper o ruído que vinha da garganta. Continuou com aquilo no camarim, enlouquecido, sem dar ouvidos a ninguém. Saiu do teatro meio empurrado meio carregado, sem parar o ataque. Entrou à força no carro que o levou embora urrando e gemendo.

A temporada de lançamento do disco *Clube da Esquina* foi suspensa por falta de condições psíquicas de seus participantes.

Bituca caiu doente. Mas assim que se restabeleceu, voltou ao teatrinho para um segundo *round*. Dessa vez o *show* deslanchou. Foi mais bem divulgado, recebeu mais público. No quintal do teatro (imaginem um teatro no meio de um quintal) tinha até um cachorro. Pertencia ao zelador do lugar. Toda vez que Bituca cantava "Bodas", na parte do "... mata! mata! mata! mata!", com Robertinho acentuando cada "mata!" com um escarcéu de bateria, o cachorro começava a latir e saía correndo como doido. Só parava de correr e latir e voltava para sua casinha quando terminava essa música. Toda noite, durante dois meses, foi a mesma coisa: "Mata! mata! mata!" E o cachorro enlouquecia.

Por essa ocasião, o grupo americano Weather Report, do saxofonista Wayne Shorter, estava fazendo uma temporada no Teatro Municipal. Os americanos perguntavam por Milton Nascimento.

— Está solto por aí.
— Está acabado.
— Já era.
— *Milton is over.*

Foi o que ouviram como resposta. Mas eram caras insistentes e muitos dias depois, descobriram Bituca no teatrinho da Cruzada Eucarística, com o povo do Clube da Esquina. Certa noite, Etney chegou ao camarim e anunciou desmunhecando (Etney era um palitinho de magrelo e pequenino):

— Mister Milton! Hoje você tem na plateia Wayne Shorter e grupo!

Bituca tremeu. Mas nessa noite o *show* saiu lindo. Foi no camarim desse tal teatrinho que Wayne convidou Bituca para gravarem um disco juntos (que veio a ser o *Native Dancer*). Os músicos americanos reduziram o tamanho do seu próprio *show* para que os horários pudessem coincidir com os do Clube da Esquina. Saíam do Municipal e corriam para a Fonte da Saudade, isso durante uma semana, todas as noites.

Os críticos continuaram detestando. Apesar do boicote, o disco seguiu sua vida própria, devagar e sempre, independente dos críticos, independente de nós mesmos, conquistando adeptos fervorosos, primeiro no Brasil, depois no exterior, apesar das palavras desestimulantes dos jornais e dos horrores da estreia.

* * *

O motivo pelo qual não pedi demissão da Standard, Ogilvy & Mather do Brasil BH foi que saí sem avisar. Simplesmente juntei meu dinheirinho e fui comprar cigarros. Não voltei mais. Depois de seis meses morando nos fundos da rua Divinópolis, eu e Duca nos mudamos para o Rio. Aluguei um apartamento no Jardim de Alah. Tinha como pagar adiantado três meses de aluguel, mas isso não foi necessário, devido ao nome e à ficha cadastral de nosso avalista: doutor Vitor Nunes Leal, tio de Duca e ex-ministro de Estado do governo JK.

Era um pequeno prédio de três andares, de fachada de pedra, bem ao lado do restaurante Alpino. Da janela da sala víamos uma nesga do Atlântico, nada mais que um naco de azul entre a parede de fundos de um outro prédio mais bem situado e o telhado de um posto de gasolina.

Foi a primeira vez que nos sentimos verdadeiramente livres. Eu tinha dez irmãos, fora Bituca; nunca conhecera nem de longe o recôndito significado da palavra "privacidade". O "quarto dos homens", qualquer "quarto dos homens", tinha sido durante toda a minha vida um espaço comunitário e eu nem mesmo imaginava por que diabos iria alguém precisar de uma coisa dessas, privacidade, até que Telo rasgava um Flecha Ligeira ou um Cavaleiro Negro meu — item de coleção — e eu ficava roxo de raiva, jurando sair de casa para ter um lugar só meu. Ou então quando chegava tarde e encontrava Bituca dormindo no meu beliche. Já que tinha então de me contentar com a cama de campanha desmontável, sempre de reserva atrás da porta, sonhava com suítes presidenciais e me condoía pelos que não tinham nem mesmo um teto para se abrigar embaixo.

Agora estávamos ali, num belo apartamento de dois quartos e um pedacinho de vista para o mar, dois mineiros a mais na Cidade Maravilhosa.

Mal botamos os pés na rua demos de cara com outro casal de mineiros: Eid Ribeiro, diretor de teatro, e Virgínia Mata Machado, minha ex-colega do Estadual. Conhecera um irmão dela, José Carlos, não muito de perto, durante o Movimento Estudantil. Presentemente o casal morava no "prédio dos jornalistas", como era chamado o conjunto residencial no início da Ataulfo de Paiva, e portanto éramos vizinhos. Passamos a nos visitar com frequência. Virgínia tinha uma gatinha siamesa chamada Kitty.

* * *

Antes que meu dinheiro acabasse, comecei a procurar emprego. Edson Braga, marido de Maria Mynssen, me apresentou a Franco Paulino, que por acaso morava pertinho de nós, em Ipanema. Era um redator publicitário dos mais requisitados. Ficou de ver o que podia fazer.

* * *

Certa noite Bituca passou lá em casa e me levou para jantar com Eumir Deodato na Barra da Tijuca. Duca não quis ir. Era um recanto de pescadores no meio de uma ilhota, que atingíamos por uma tosca pontezinha de madeira. Comemos peixe e conversamos sobre música, naturalmente.

No meio do jantar algo pulou em meu colo, arranhando minhas coxas com força, e me deu um baita susto. Logo depois surgiu sobre a mesa a carinha miúda de um bichaninho de meio palmo, rajado e vulgar. Eumir saudou:

— Chegou Fritz, The Cat.

O gato sem-vergonha de Robert Crumb. Aquele bichinho ainda não o era, mas tinha tudo para tornar-se um de marca maior. Por enquanto, avançou no meu prato e dividiu comigo o finzinho do meu peixe. Depois se aninhou em meu colo e lá ficou, enquanto terminávamos o vinho e pagávamos a conta. Ao sairmos, Fritz veio atrás de nós, miando e choramingando, indignado. Resolvi levá-lo comigo.

— A Duca vai botar os dois pra fora — sentenciou Bituca ao me trazer de volta. Não quis nem entrar. — Eu não. Segura essa sozinho.

— Duquesa, esse é o Fritz — fui logo apresentando ao entrar em casa.

Minha jovem mulher não reagiu como Bituca predissera, mas exatamente ao contrário:

— Ôi, chaninho, quer leitinho? Esses marmanjos já deram leitinho pr'ocê? Vem, toma leitinho...

Assim, Fritz incorporou-se à nossa vida e começou sua rápida jornada rumo ao merecimento do nome que Eumir lhe dera, premonitoriamente.

* * *

Káritas, elegante comerciante de bricabraques de luxo, com loja e casa na região dos Jardins, em São Paulo, possuía também um flat na rua Bulhões de Carvalho, Copacabana, onde costumávamos nos encontrar para ouvirmos Bituca compor seus temas ao piano Phillipe Henri Herz-Neveu. Sua namorada loura incutia em meu amigo algum senso de economia, algum tino comercial, porque Bituca era relaxado ao extremo.

* * *

Quando eu menos esperava, Lô chegou no Jardim de Alah com mala, violão e apetrechos: uma guitarra Fender Stratocaster, um baguinho, plugs e fios. Quer dizer, veio para ficar. Tinha assinado contrato com a Odeon para gravar seu próprio disco e estava ali para trabalhar.

Começamos a compor freneticamente. Era um tema atrás do outro; qualquer motivo virava música. Lô me falou de Thaís, sua namoradinha, e eu criei "Não se apague essa noite" para ela:

> *Eu queria levar você*
> *ao deserto sem nome...*

Conversamos sobre Bauzinho e o povo do Clube. Lô saiu tocando:

> *Uma rua, um buraco*
> *ficam sentadas umas pessoas*
> *e eu fico sentado com elas*
> *e a gente olha a paisagem*
> *e a gente é a paisagem...*

Folheando um caderno velho meu, Lô encontrou uns versos que lhe inspiraram "Eu sou como você é":

> *Meu irmão eu sou*
> *como você é*
> *nasci do mesmo escuro*
> *e ando por aí...*

Os temas foram se multiplicando, eu e Lô vivendo os dias trancafiados dentro de meu apartamento, compondo praticamente todos os temas do disco. Duca se entediava.

* * *

Na hora de entrar no estúdio, tínhamos uns quinze temas novinhos em folha. E Lô continuava compondo:

> *Por que ando triste eu sei*
> *é que eu vivo na rua*
> *espero um pouco mais...*

Inventava instrumentais de títulos estranhos: "Toda essa água", "Vai-vai-vai"... Apesar de tudo, era apenas um adolescente longe de casa, às vezes muito inseguro. Novelli e Nelsinho Ângelo foram companheiros e irmãos mais velhos, na hora que Lô precisou deles dentro do estúdio. Outro que colaborou bastante com sua experiência de instrumentista do Beco das Garrafas foi o pianista Tenório Jr. Beto Guedes também veio de Belo Horizonte, junto com Sirlan. Este último não podia participar do disco de Lô, como não pudera participar anteriormente de *Clube da Esquina,* devido a cláusulas de seu contrato individual com certa gravadora que prometia oferecer-lhe todas as condições para um superdisco, pois Sirlan causara sensação no Festival Internacional do ano anterior com a música "Viva Zapátria", feita em parceria com o jovem poeta Murilo Antunes. Decidido a participar do disco de meu irmão de qualquer maneira, Sirlan abriu mão de seu nome nos créditos, escondido sob o pseudônimo de *De Jesus.*

Flávio Venturini e Toninho Horta também se dedicaram de corpo e alma ao disco. Rubinho baterista idem. De forma que, mais do que uma "cozinha" espetacular, formou-se um grupo solidário e atencioso, pronto para intervir criativamente toda vez que Lô era tomado pelas dúvidas, o que, de resto, aconteceu poucas vezes, pois meu irmão número seis quase sempre sabia exatamente o que queria, da introdução da primeira música ao detalhe do encarte. Só não fazia ideia de como deveria ser a capa do disco, pois recusara de antemão aquela coisa manjada e "comercial" de um título romântico e um close de rosto. Eu já havia sugerido de tudo. A ideia que Lô mais apreciara era "Lô Borges" escrito com pincel atômico sobre um papel pardo desses de embrulhar carne. Despojadíssima ideia.

Cafi, exibindo para nós dezenas de *slides* onde Lô aparecia belo como um jovem Narciso, dizia:

— É só escolher, Lô. Tá tudo aí.

Mas Lô não se decidia. Então sugeri:

— Se não quer mostrar a cara, mostra o pé.

— É isso aí — ele concordou imediatamente.

— Pô, falei brincando.

— Que nada. É isso aí. A capa do disco vai ser meu tênis.

— Essa muxiba imunda que você não tira do pé.

— É a cara desse disco de estrada...

Cafi torceu o nariz e objetou com seu jeito pernambucano:

— Mar Lô, com tanta foto tua bonitinha da gota e tu qué pô logo esse tênir muxibento? Marrapaz...

— Tênis muxibento mas numa foto linda, cheia de clima. Isso é com você, véio — Lô concluiu.

Assunto encerrado. Cafi caprichou o melhor que pôde e fotografou aqueles frangalhos.

Na hora de selecionar entre as dezessete músicas gravadas quais as que entrariam no disco, Lô não quis — ou não soube — tirar nenhuma.

— O limite da boa qualidade técnica é cinco, no máximo seis faixas por lado — disse o técnico. — Mais do que isso prejudica a qualidade do som.

— Então corta você, vai. Escolhe cinco e corta. — Lô malcriado.

O disco saiu com todas as faixas que foram gravadas. A Odeon não quis apostar no produto, mesmo porque Lô era muito instável. A divulgação do disco foi fraca. Se fôssemos depender daquelas vendas michas para sobreviver, melhor seria mudarmos de profissão.

* * *

No momento em que eu recomeçava a relaxar das tensões advindas do trabalho do "disco do tênis", Sérvulo Siqueira reapareceu em minha vida. Chegou falando de macrobiótica; era sua última descoberta. Por coincidência, eu lembrava-me das sopas de bardana em casa de Fredera e das páginas curiosas que tivera a chance de ler em sua casa, especialmente um livro que estava fazendo adeptos entre os músicos: *Sois todos Sampaku*, de Sakurasawa Nyioti (os gêmeos Paulo e Cláudio Guimarães estavam impressionados; Luís Afonso e Chico Lessa também — só não gostavam é da abstemia que a macrô verdadeira impunha).

Quanto tocou a campainha, Lô estava tocando violão num dos quartos e Duca estava na cozinha, preparando salada de alface e ovos cozidos. Atendi a porta.

— Então, Sibarita, pensou que escapava de mim, hein. — Sérvulo abriu seu largo sorriso, me deu um abraço rápido e foi entrando. — Está bem instalado, hein, Sibarita.

Ele próprio estava morando em casa de sua tia Cecília, em Santa Tereza. Almoçava na Associação Macrobiótica de Copacabana. Achei coincidência.

— Não é coincidência. Somos almas gêmeas.

Lô saiu do quarto, cumprimentou Sérvulo e também se interessou pelo assunto:

— E aí, bicho, a comida é boa?

— Só experimentando. É diferente. Mastigando bastante dá pra saborear.

Duca também se animou com a conversa; resolvemos experimentar uns dias.

— Tem de começar com dez dias de arroz, que é para limpar.

— Dez não. Cinco.

Da visita de Sérvulo em diante, passamos a nos encontrar todos os dias à hora do almoço na Associação Macrobiótica. Em menos de dois meses, tornamo-nos radicais. Não bebíamos nem água, só chá. Perdi dez quilos rapidamente. Lô outro tanto. Duca teve que ir a Belo Horizonte sozinha e os parentes tomaram um susto com sua magreza. Mamãe me escreveu uma carta: "... precisa alimentar essa menina direito. Achei a Duca muito magra e fraca..."

Mantivemos o rigor até o dia em que Lô, cansado da disciplina, comprou uma lata de leite condensado. Fez dois furinhos na tampa e mamou a lata inteira, caminhando sozinho pelas ruas de Ipanema. Desnecessário narrar em detalhes o mal que passou, consumindo-se em cólicas e desesperadas idas ao banheiro.

A verdade é que alguma coisa de muito séria e profunda a respeito do equilíbrio de tudo, assim como dos alimentos, nós aprendemos com as experiências radicais daqueles dias macrobióticos.

* * *

O apartamento do Jardim de Alah foi insistentemente visitado por meus amigos belorizontinos, que achavam o maior barato eu morar tão perto da praia mais badalada do mundo. Num espaço de poucos meses apareceram lá em casa meu irmão Marilton, inimigo número um de Fritz The Cat, Bauzão e Cabecinha, Bauzinho, Sílvio Henrique e sua irmã Maria Sílvia. Nenhum ficou menos do que uma semana. Portanto, minha casa continuava cheia e a privacidade um sonho para o futuro.

Quando descobri que o vizinho do andar de cima era ninguém menos que Raul Seixas, o Rauzito "doce doce amor onde tens andado digas por favor", apertei um, guardei no bolso e subi. Então estava mais do que explicada a "maresia" que eu andara sentindo algumas vezes lá de baixo. Bati campainha e esperei. Ele atendeu com aquela cara sonsa:

— Pois não.

— Ôi, bicho, sou teu vizinho aí de baixo.

— Eu já ouvi. Tu também faz um som?

— Eu não. Meus irmãos. Eu faço letras. Também já te ouvi lá da minha cozinha. E senti o perfume de seu incenso.

— Vamos entrar, maninho.

Apresentou-me sua mulher americana. Entramos num papo tipo maluco-beleza *avant la lettre*. O pai dela seria um militar americano, alto funcionário da NASA, Pentágono, ou coisa que o valha, e o casal cometia suas inconfidências, me contando segredos de Estado (americanos!), conversas sobre OVNIs aprisionados e guardados secretamente, ETs dissecados e outras bizarrices desse tipo.

Daquela vez em diante, passamos a nos frequentar regularmente. De manhã, saíamos bem cedinho (era inverno) e caminhávamos pela praia. Conversávamos sobre *O Despertar dos Mágicos, Eram os Deuses Astronautas*. Antes de retornarmos ao pequeno prédio onde morávamos, a gente passava num botequim pé-sujo que tinha no final da Visconde de Pirajá, para uma média de café com leite e pão com manteiga na chapa. Por vezes encontrávamos no caminho o escritor mineiro Silviano

Santiago, belorizontino como eu, vizinho do prédio ao lado. Silviano sempre me pedia notícias de Bituca e do pessoal de música.

Essa rotina com Raulzito durou poucos meses e logo foi quebrada quando Duca ficou grávida. Virgínia também estava grávida e sua amiga Tessy Callado também. Uma noite nos reunimos no apartamento do casal mineiro. Tessy levou seu marido Márcio Pereira. Alguém sugeriu que deveríamos alugar um casarão e morar juntos, nos moldes das comunidades hippies americanas. Pelo visto, era minha sina. Meus projetos de privacidade deixavam, afinal, de ter importância com a gravidez de Duca.

Obviamente, nem passava pela minha cabeça que aquela simples reunião iria dar uma guinada nas nossas vidas, e que a decisão de morar juntos nos levaria ao epicentro de um terremoto contrarrevolucionário que nos causaria grande terror.

E custaria, até mesmo, a vida de alguém.

* * *

Nelson Ângelo não só estava namorando a cantora carioca Joyce como estavam gravando um disco juntos, no mesmo estúdio da Odeon, na avenida Rio Branco. Uma tarde fui visitá-lo na gravação.

— Ôi, Hirto. Estou justamente precisando de você. Agora mesmo.
— Então manda.
— Seguinte: o pessoal está dentro do estúdio, pronto para gravar o vocal, só que não tem letra... mas você vai pôr letra neste minuto... e nós vamos gravar na sequência. Topa?
— Mas, assim, de repente?
— É curtinha...

Esses meus amigos... Peguei um pedaço de papel e me encostei numa caixa de som, dentro da sala da técnica.

— Pode soltar.

Ouvi a música umas duas vezes inteiras, escrevendo palavras sem preocupar-me com a formação de sentido, mas simplesmente com a duração e sonoridade das sílabas, procurando mapear a "prosódia" da melodia (conforme Paulo Sérgio Valle me explicara minuciosamente em sua casa, durante certos ensaios de "Viola Enluarada" com Bituca, dando-me mesmo este exemplo: "Cú-ida-do cân-tor/pra não fá-lar pá lavraer-rada..."). Depois de ouvir a base umas três vezes, tinha um mapa razoavelmente equivalente ao som que o vocal entoava na gravação. Então escrevi, de uma só vez, em menos de dez minutos, e estendi o papel a Nelsinho, que esperava a meu lado. Estava escrito:

> *Pula do muro cai do cavalo*
> *pula que eu quero ver*
> *sombra no escuro, verde-maduro*
> *corre que eu quero ver*
> *salta de lado, tiro cruzado*
> *dança que eu quero ver*
> *corta de canivete que eu quero ver*
> *segura que é agora que eu quero ver...*

Curta e grossa.
— Maliciosa, hein, Hirto. Vou lá gravar.
Intitulamos "Tiro Cruzado". Nelsinho entrou no estúdio, pôs a letra manuscrita na estante e deu início a uma longa série de gravações dessa música. A partir dali ela correu mundo, primeiro na versão de Sérgio Mendes e depois com Tom Jobim & Miúcha, para falar apenas de duas das várias gravações que aquela despretensiosa canção teve mundo afora. Infelizmente para nós, os autores, tal prestígio nunca reverteu em grana, pois éramos ainda muito inocentes e não conseguíamos dimensionar direito tudo aquilo, *copyrights* etc. Eu, que nunca assinara nada com ninguém, passei a receber correspondência de alguma Bash, Barkin & Guesas, C.P.A.s a respeito de um contrato de "Tiro Cruzado" com uma tal de Berna Music, pelo qual me remetiam, um ano depois, meus direitos autorais correspondentes ao período, um cheque de... quatro dólares e trinta e cinco centavos!

* * *

Milton Miranda não tinha nada com isso. Continuou cumprindo sua palavra. Deu chance a Novelli, Danilo Caymmi, Toninho Horta e Beto Guedes de gravarem um LP reunindo composições dos quatro, com total liberdade de criação. Para esse disco compus a letra de "Caso você queira saber" sobre música de Beto. Fredera contribuiu com o verso "... corpo e rosto em pedra/ (sei o que me fere em você...)". Essa também foi feita dentro do mesmo estúdio.

* * *

Quando a EMI-Odeon se mudou para as novas instalações da rua Mena Barreto, Milton Miranda coroava de êxito sua administração arejada e brilhante. Coroava literalmente, pois até o Príncipe Charles baixou em Botafogo. Agora podíamos contar com dois grandes estúdios, mesas modernas, com vários canais, o que aumentaria bastante nossos recursos fonográficos. Os principais técnicos da casa tinham ido fazer cursos de especialização em Londres, antes de instalarem as novas e poderosas máquinas. Novos ares moviam o Brasil, enfunando as velas da precária nau chamada Milagre Econômico. Realmente a economia crescia disparadamente, mas eu não via a miséria sumir das ruas. Havia progresso visível, tevês a cores nas lojas, sofisticação dos meios de produção e comunicação, aumento de investimentos estrangeiros, mas os párias e deserdados continuavam lá onde sempre haviam estado, à margem de tudo isso. Antes se via uma ou outra criança abandonada na rua; agora, a gente já nem reparava mais, tantas que elas eram.

Cada vez que alguém gravava uma música de minha autoria eu assinava automaticamente um contrato de cessão de direitos com uma das editoras da EMI-Odeon. Aquilo me intrigava; sempre saía com a impressão de estar dando algo meu para os outros, a troco de nada. Para mim aquela história de edição e direitos autorais era um cipoal intransponível. As editoras de músicas existentes ou pertenciam às próprias gravadoras ou pertenciam a famílias de sobrenome italiano, fatos que estabeleciam em minha cabeça suspeitíssimas conexões. De qualquer modo, tentava me desemaranhar daquelas dúvidas à medida que minha produção musical crescia e era colocada no mercado através de discos e *shows*. Ronaldo estava comigo nesse destrinchamento. Conversamos informalmente com o consultor jurídico da Odeon, dr. João Carlos Éboli, homem imparcial, que nos informou nada haver na legislação que proibisse um autor de abrir sua própria editora. Ele mesmo não sabia por que ninguém ainda o tinha feito e, aliás, não via nisso muitas vantagens. Nós éramos os primeiros autores a levantar a questão. E quais as vantagens de o autor ter sua própria editora? A principal delas — talvez a única — era manter a obra em nossas próprias mãos, enfeixando numa só coisa direitos morais, patrimoniais e autorais. Isso nos daria a oportunidade de editar mais do que as partituras obrigatórias, um song-book, por exemplo. A ideia de editarmos o livro de nossas canções, com fotos, produção gráfica, ilustrações, pautas, cifras etc., foi que nos levou em frente. Ronaldo e eu enfrentamos bravamente as filas de cartórios, as burocracias das juntas comerciais, e conseguimos a papelada necessária. Tudo pronto, formamos uma sociedade que reunia os quatro principais parceiros de nosso grupo: Bituca, Fernando, eu e Ronaldo. Porém, não tínhamos como administrá-la, não tínhamos nem mesmo uma reles salinha. A solução nos foi apontada novamente pelo dr. Éboli. Nada existia que impedisse a própria Odeon de administrar nossa editora, bastando para isso que assinássemos os acordos certos. Foi o que fizemos. A Três Pontas Edições Musicais Ltda. tornou-se então realidade, integrada ao grupo editorial da própria EMI-Odeon.

* * *

Como previra em nosso curto namoro, Duca estava grávida de um menino: José Roberto. E queria fazer o parto em Belo Horizonte. Antes de partirmos, combinamos com Eid, Virgínia, Tessy e Márcio que voltaríamos para morar no casarão que Eid havia descoberto e alugado em Santa Tereza. O lugar estava meio decrépito mas uma boa reforma daria um jeito. Quando voltássemos, tudo estaria pronto.

Nosso filho veio ao mundo no dia 24 de maio de 1973. Seu parto foi complicado. Duca ficou bastante ferida e recebeu mais de vinte pontos, talvez por imperícia do médico, que esperou demais por uma dilatação que acabou não acontecendo. Quando ele se dignou a partir para uma cesariana, o bebê já havia rompido tudo.

Passamos o primeiro mês de vida do bebê em Belo Horizonte, em casa de meus sogros. Dona Maricota, vovó zelosa, foi quem curou seu umbiguinho.

Um dia, lá estava eu envolvido com fraldas e mamadeiras quando subitamente a campainha tocou e imediatamente a casa virou um alvoroço. Escutei Maria, a velha ama preta de Duca, gritar a seu modo:

— Ixe! Ave Maria!

Na sala, dona Neli começou a chorar. Seu Carlos Elias pedia calma. Os meninos Gute e Pedro (irmãos de Duca, um de sangue, outro de criação) falavam alto e não se entendiam. Acabei de trocar José Roberto e fui ver que confusão era aquela. O motivo de tamanha balbúrdia foi a chegada de Schubert Magalhães, ou antes, foi o estado em que ele chegou com Fernando Brant. Os dois haviam viajado, juntamente com Bituca, para o Rio. Fernando dirigia seu carro quando sofreram um acidente na estrada. Nada grave, mas Schubert batera com a cabeça e agora ali estava completamente catatônico, alheio e imbecilizado. Seus olhos saltavam para fora das órbitas e sua aparência geral era realmente chocante. Fernando se justificou o melhor que pôde e se retirou, deixando conosco aquela espécie de múmia viva em que se transformara meu amigo cineasta.

Schubert permaneceu naquele estado por uns três dias. Depois, lentamente, começou a se recuperar. Primeiro voltou a falar, mas estava desmemoriado. Não reconhecia ninguém, não sabia o que estava fazendo ali, não reconhecia nem a própria mulher Marília. Aos poucos recobrou também a memória, mas quando eu e Duca retornamos ao Rio com o nosso bebê de um mês e pouco, meu amigo ainda era um pálido arremedo daquele cara brilhante e incisivo que pontificava nas mesas da Cantina do Lucas, discorrendo sobre cinema, política, filosofia e revolução com verve e maestria. Na verdade, depois do acidente nunca mais achei que Schubert tivesse algum dia voltado a ser o mesmo. Depois fiquei sabendo que Schubert, desde antes, já estava sofrendo de hipertiroidismo.

* * *

No Rio, Franco Paulino me apresentou a Carlos Pedrosa, diretor de criação, que me contratou como redator da L&M, agência dos publicitários Lindolfo de Oliveira e Márcio Murgel. Em menos de três meses, trabalhei ali com outros dois diretores de criação, Leopoldo Serran e Pedro Galvão. Alta rotatividade. A agência ficava no centro da cidade, rua México, pertinho da antiga Odeon.

* * *

Rua Almirante Alexandrino 2926, Santa Tereza, Rio. Quando esvaziamos o último caixote de mudança no nosso novo quarto, Duca foi para a janela. Tínhamos uma vista bastante alta, uns duzentos metros acima da rua Barão de Petrópolis que descia rosqueando pelas ladeiras do lado norte. Lá embaixo, distinguíamos o Maracanã, a Ilha do Governador, a baía cinzenta sob o véu dos gases poluídos. No paredão do horizonte, sob o risco escuro que era a Serra do Mar, pequenas línguas ardentes eram os fogos da refinaria de petróleo, acesos dia e noite. A janela imensa, compatível com a altura do pé-direito do casarão, abria para dentro de nosso quarto de paredes grossas e duas portas; uma que dava num estreito vestíbulo e outra que abria para o quarto da frente sul da casa, onde havíamos montado e decorado com móbiles e luminárias o recanto de nossos bebês. Na verdade, eram três berços e três bebês, pois Virgínia e Tessy também haviam parido seus respectivos robustos garotões, Tiago e João. Esse segundo quarto estava exatamente no nível da rua e dava frente para o barulhento ponto do bonde Dois Irmãos. Pelo lado de dentro do casarão, alcançavam-se os dois andares inferiores por lances sucessivos de escadarias de madeira, os primeiros retilíneos e contíguos, os que desciam do segundo andar em forma de caracol. No andar do meio, a cozinha dividia espaço com um grande quarto, um salão e uma varanda cuja coluna solitária sustentava o vértice do meu quarto, no andar de cima. O terceiro andar, o da base do casarão, construído diretamente sobre a rocha, muitos metros abaixo do nível da rua, tinha um pé-direito esdruxulamente alto, as quatro grossas paredes subindo por uns seis metros, apenas para possibilitar ao casarão alcançar a rua lá em cima. Seus velhos e dispendiosos encanamentos de cobre estavam arruinados há pelo menos cinquenta anos e foi necessário substituí-los por outros novos. Não dava para tornar a embutir um sistema hidráulico dentro daquelas espessas paredes. Agora, como que atado pelos novos canos de PVC branco que o circundavam pelo lado externo, expostos como finas fraturas, o velho casarão assumia a aparência de um paciente terminal, ligado artificialmente a tubos que o mantinham precariamente naquele estado decomposto.

Nem eu nem Duca, nem qualquer outro morador de nossa pequena comunidade, fazíamos a mínima ideia do que nos aguardava naquele casarão. No momento, tudo era novidade. Depois que arrumamos nosso quarto e verificamos que José Roberto, Tiago e João dormiam como três anjinhos, descemos para o salão do andar do meio. Havia uma menininha de quatro anos de idade sentada confortavelmente em meu sofá, folheando uma revistinha em quadrinhos. Nunca a vira antes.

— Olá — cumprimentei.

— Olá. — Ela levantou os olhos em minha direção durante uma fração de segundo e logo tornou a se concentrar na revistinha.

— Eu moro aqui — falei estupidamente.

— Eu sei — ela respondeu sem levantar os olhos.

— E você, onde mora?

A menininha me olhou com expressão de enfado, deu um suspiro impaciente e voltou aos quadrinhos.

— Não quer conversar comigo?

— Não.

— O que você está fazendo na minha casa, então?

— Não é sua casa.

Nesse ponto da nossa gélida conversa, Tessy nos interrompeu e fez as apresentações.

— Marcinho, essa é a Letícia, nossa vizinha. Letícia, esse é o pai do José Roberto.

— Qual que é o Zé Roberto? — finalmente Letícia deixou de lado a revistinha e interessou-se minimamente pela minha pessoa.

— É aquele que tem um penachinho de cabelo por cima da orelha — repliquei.

— Ah, sei. Um que está de pijaminha azul.

— Todos três estão de pijaminha azul.

— Não, é um azul mesmo. Não é um azul assim não. Um azul azul — ela explicou.

— Claro, é esse mesmo. — A conversa estava ficando ótima.

— É lindinho. Quantos aninhos ele tem? — Letícia, quatro anos, foi maternal em seu tom de voz.

— Nenhum aninho. Ele tem seis meses só. E você, quantos anos tem?

Ela respondeu com quatro dedos.

— Como é seu nome todo? — perguntei.

— Letícia Menescal Pereira da Silva — respondeu sem titubear, bem treinadinha.

— Você é nossa primeira visita.

— Eu vim aqui quando o moço tava pintando.

— Onde você mora?
— Naquela casa li, ó.
Da janela da sala avistei as paredes bem próximas da outra casa. Tinha mais ou menos o mesmo estilo e velhice do nosso próprio casarão. Nesse momento uma mulher chegou à janela e gritou, desafinando as vogais agudas:
— Letíííííciiiia!!!
— Sua mãe está chamando — falei.
— Tchau — ela se levantou e saiu correndo porta afora. Subiu correndo as escadas exteriores, de alvenaria, que também davam no nível da rua.
Puxei assunto com a mãe, já que ainda estávamos à janela.
— Gracinha, ela. Veio nos fazer uma visita.
— São muito entronas, essas meninas. Você vai ver. Não dá moleza pra elas não.
— São quantas?
— Quatro meninas. E um menino. O menino é mais na dele, mas essas meninas...
— Benza Deus...
— Bom, boa tarde.
Saímos da janela. "Vai ser divertido morar aqui", pensei.

* * *

Durante dois meses nossa comunidade foi feliz e livre. Eid escrevia suas peças teatrais, eu compunha minhas músicas com Bituca, Lô e Beto (agora ouvindo fitas), Márcio estudava seu saxofone, fazíamos as refeições em família, cuidávamos com igual carinho dos nossos bebês. Virgínia, Tessy e Duca cuidavam dos detalhes e a casa parecia uma ilha de paz, a salvo das correntezas daquele Rio cada vez mais turbulento. Queimávamos um em silêncio, à noite, depois que as crianças dormiam. Então púnhamos um som baixinho e curtíamos numa boa, fora do tempo, puros, inofensivos. As Menescais nos adotaram como seu bando favorito de malucos. Elas eram Letícia, quatro, Regina, seis, Maria, oito e Alice, dez, filhas de dona Ione e seu Jorge, netas de dona Andréia, irmãs de João, oito, e sobrinhas de Kiko, quatorze, todos moradores da casa ao lado. Uma família e tanto. Logo ficamos amigos e nossos dois casarões passaram a formar praticamente uma só comunidade. Sob pretexto de cuidar dos bebês, cada dia era uma Menescal que teimava em ir ficando, apesar dos brados retumbantes de dona Ione à janela. Pela amizade sincera e amor que logo desenvolvemos por aquele bando de crianças, nós nos anestesiávamos dos estigmas e miasmas virulentos que exalavam do Brasilzão pós-AI-5. Santa Tereza era diferente do resto do Rio. Vizinhos tornavam-se amigos, todos se conheciam pelo nome próprio. O motorneiro Alô-Alô cumprimentava um por um seus passageiros:

— Alô alô, seu Fulano. Alô alô, dona Fulana.

Então, certa tarde, ao chegar em casa muito agitada, Virgínia se viu transformada subitamente numa terrível espécie de oráculo, tal a quantidade de olhos que se arregalaram diante dela quando disse:

— Gente, tenho uma coisa muito séria pra falar com'cês. Tentou continuar pausadamente, bem ao seu estilo manso e maneiro, mas já tinha se traído. — É meu irmão.

* * *

Eis o que tínhamos de decidir: José Carlos, seu irmão, havia se comunicado com a família depois de muito tempo de clandestinidade. Estava envolvido até o pescoço com a guerrilha rural. No momento estava escondido numa capital do Nordeste, talvez Fortaleza, e precisava de um esconderijo provisório no Rio, de onde deveria seguir até São Paulo, para contatos vitais aos seus planos. Abriríamos o nosso casarão? Eu votei sim, claro, lógico que sim. Duca ponderou:

— Mas, e a segurança das crianças?

Tessy concordou com ela e pediu mais detalhes a respeito das consequências de nosso possível envolvimento.

— Na verdade, eles já sabem tudo a nosso respeito.

Senti-me imediatamente paranoico:

— Como assim?

— Eu sou irmã de um dos caras mais procurados pela repressão — Virgínia explicou. — E você também. É artista, parceiro do Milton... E a Tessy, filha do Antonio Callado, você acha que eles não sabem?

— 1984 — falou Eid. (Mais um que citava Orwell.) — É o olho de Big Brother, pangaré.

O tom brincalhão de Eid me descontraiu. Olhei para ele, alto, magrelo, permanentemente encurvado meio de lado, tipo bom para ator coadjuvante, de rosto característico, nariz proeminente, queixo pequeno, aquele que sempre faz o amigo desengonçado do xerife nos faroestes série B.

— Falando sério. Não tem problema nenhum. Ele está em segurança há muito tempo. Trabalha como operário numa fábrica, tem endereço e tudo. Com nome falso, né. Tem mulher e filho. Mas vem sozinho. — Eid deu sua força.

Então todos concordamos. José Carlos chegaria completamente anônimo, de aparência mudada e documentos falsos. Sentíamos a obrigação revolucionária de dar uma força, uma espécie de heroísmo difuso e atávico. Brevemente o medo e o terror se instalariam entre nós.

* * *

Num verão de quarenta graus, arrefecido pelos bons ventos de Santa Tereza, José Carlos chegou conforme o esperado, mas não chegou sozinho. Trouxe consigo uma mulher de idade indefinível, pequenina, de pele curtida e traços nordestinos. Como não disse seu nome, para nós ela passou a ser a Grauninha. Eram diferentes de nós, em nossas roupas floridas e cabelos longos. Vestiam-se discretamente, aparência careta. Mesmo assim reconhecíamos neles a vanguarda de uma revolução que varreria o mundo. Era preciso mudar o mundo, nisso uma geração inteira concordava, em Belo Horizonte ou Pequim.

Grauninha precisara fugir de onde tinha vivido, no norte, pois seu marido era líder de ligas camponesas — consideradas subversivas e tornadas ilegais pela ditadura. Ela própria estava ameaçada de morte, por isso José Carlos a trouxera. Poderia passar perfeitamente por empregada doméstica, pois ninguém, nenhuma pessoa, nenhum órgão de repressão, secreto ou não, ninguém mesmo conhecia seu rosto no sul. Era uma mulher altamente politizada, que pensava e agia como guerrilheira, vendo e apontando ideologia até na maneira de se trocar uma fralda de bebê. Ali estava todo mundo precisando se reeducar.

O irmão de Virgínia passou entre nós alguns dias descontraídos; assistiu tevê no meu quarto, queimou um comigo, sem preconceito, brincou com os bebês, foi para a cozinha preparar o almoço; enfim, levou uma vida hippie normal, pequeno-burguesa no conteúdo, *drop--out* na aparência. Mas nas horas calmas da noite, no silêncio do casarão adormecido, ele nos narrou sua odisseia desde os dias em que entrara para a clandestinidade, embrenhara pelo sertão brasileiro, tornara-se guerrilheiro. Falou de ataques a napalm, comunidades rurais liberadas, milícias populares, soldados enlouquecidos por crises de consciência, guerra civil não-declarada, sob estrita censura. Fiquei horrorizado. José Carlos tinha um desprendimento tão grande, uma estatura moral tão elevada, um amor tão verdadeiro e altruísta pelo povo miserável, que nós todos, maridos e mulheres, ficamos apaixonados por ele.

Até que um dia o terror chegou.

* * *

Dia de feira livre em Santa Tereza.

— Quer ir comigo? — Duca convidou. Estava um dia tão normal e ensolarado que José Carlos resolveu romper suas estritas normas de segurança e aceitar o convite.

Sacolas à mão, pegaram o bonde ladeira abaixo e apearam no local da feira. Escolhiam repolhos e tomates quando José Carlos se alarmou:

— Vamos voltar pra casa.

— Ainda falta comprar — Duca ia enumerar alguns itens, mas foi interrompida:

— Agora. Vamos voltar agora.

Então Duca compreendeu a prioridade da ordem, deu-se conta de quem estava lhe falando:

— Vamos rápido. — Suas pernas bambearam.

Pegaram o bonde que os trouxe ladeira acima, com a feira inacabada, ele em silêncio. Duca perguntou:

— O que houve, por que saímos correndo?

— Te falo em casa.

Uma vez dentro de casa, reuniu todos os moradores. Então falou:

— Fui descoberto. Estou sendo seguido. Peguei o reflexo de guardar o rosto de cada pessoa que vejo mais de uma vez. Hoje, na hora em que íamos sair para a feira, notei um homem de calça marrom e camiseta branca passando umas duas vezes do outro lado do passeio. De repente, dou com ele de calça jeans e camisa laranja, olhando pra mim na feira, uns quinze minutos depois... Para mim está claro. Isso basta. — José Carlos leu em nossas expressões a paranoia e o medo escritos em linhas tão claras que tratou de nos encher de esperança: — Por outro lado, eles não sabem que nós já sabemos. Estamos em vantagem.

Eid, para descontrair, seguindo sua índole teatral, deu uma gargalhada:
— Ah, cambada. Daqui a pouco os homens vão meter o pé na porta... que nem o *Diário de Anne Frank*...
— Por enquanto não tem perigo algum. Eles não vão invadir, só vão ficar seguindo para ver se eu abro mais algum ponto. Nós temos essa vantagem. Outra coisa: eles não sabem quem é a Grauninha. Vamos agir como se nada tivesse acontecido, enquanto a gente prepara um plano de fuga...

* * *

Fazia um calor de derreter os miolos. Continuei trabalhando na L&M, como se nada houvesse acontecido.

Em casa, a tensão era evidente. Um consertador de fogões entrou casa adentro sem ser chamado, foi empurrando Virgínia e descendo as escadarias, na intimidade do casarão:
— Não, não, eu tenho certeza que foi daqui que chamaram, deixa eu ver logo esse fogão — e foi invadindo até a cozinha, espichando o pescoço, querendo ver dentro dos quartos.

Foi preciso Eid retirá-lo na marra:
— Saia desta casa agora mesmo, senão te dou porrada.

O consertador de fogões não voltou. Mas veio um vendedor de cotas de algum clube campestre e também invadiu a sala. Duca, mais esperta, não o deixou transpor a porta, quando o canalha comentou:
— Puxa, que casa bonita, se importa d'eu dar uma olhada?
— Me importo sim. O senhor se ponha daqui pra fora agora mesmo.

Depois de alguns dias, eles não faziam mais questão de despistar. Ao contrário, agiam como se quisessem que nós os víssemos. Observavam do alto do morro em frente, de binóculos, bem visíveis, bem descarados. Nós, cá de baixo, fazíamos gestos obscenos para mostrar que também os víamos.

Certa manhã de muito calor, eu e Duca fomos acordados por um barulho ensurdecedor, vindo da direção da janela que havia dormido aberta. Quando abri os olhos, vi um grande helicóptero flutuando no ar, bem na minha frente. De dentro dele um homem nos espionava com enormes binóculos, que deviam estar lhe mostrando até mesmo os buracos de nossos poros. O olho aéreo do Big Brother. Pulei da cama e corri até a janela, gritando:

— Filho da puta! Vai espionar a puta que o pariu! Filho da puta. — Eu estava sufocado e tonto de ódio; berrava e chorava desesperado. O helicóptero deu uma súbita guinada e voou para longe. Fiquei lá, berrando impropérios e chorando. Duca fechou a janela e me tirou de lá:

— Vem, Marcinho. Deixa pra lá. Não vamos perder a cabeça não que é pior.

O cerco se fechava. Tínhamos de fazer alguma coisa.

* * *

— Chegou a hora de ir embora — disse José Carlos. Despediu-se de mim e me deu um maço de carteiras de identidade falsas, todas com seu retrato, atadas por elástico: — Dê um sumiço nessas coisas. Entregou seus livros de presente para Eid e Virgínia. Grauninha saiu pelo quintal, que era uma pirambeira íngreme e dava fundos para um lote vago na rua Barão de Petrópolis. No Catumbi, entrou dentro de um ônibus e nunca mais foi vista por algum de nós. José Carlos saiu empurrando um carrinho de bebê vazio, como quem vai dar uma inocente voltinha no bairro. Em tais ocasiões não era seguido, quando íamos, por exemplo, tomar uma cerveja no bar do Neném, na entrada do morro dos Prazeres. Sem observadores por perto, abandonou o carrinho, desceu até Laranjeiras, tomou um ônibus em direção ao centro da cidade, desceu no meio do caminho, pegou outro ônibus para a zona sul, tornou a descer e finalmente embarcou num terceiro ônibus, do qual saltou mais adiante e seguiu a pé até uma esquina onde o aguardava um carro que o levaria a São Paulo. "Nunca vou direto para um ponto", lembrei-me dele dizendo. A última vez que o vi foi quando saiu pela porta da frente empurrando o carrinho de bebê vazio e nem olhou para trás.

* * *

Vendedores e espiões pararam de nos importunar. Nem por isso a paranoia no casarão diminuiu. Tessy e Márcio se mudaram logo depois, com seu filhinho João. Nossa comuna perdia assim, de repente, um terço de sua população.

* * *

Mal acabáramos de respirar fundo e voltar à vida normal, à nossa porta bateram dois novos problemas: a mulher de José Carlos e o filhinho do casal. Avisada por ele de que nosso ponto era seguro, viera sem saber que o marido já havia sido descoberto e fugira. Ela agora era um problema nosso e uma coisa era evidente: não podia ficar muito tempo conosco. Nossa pequena experiência com José Carlos nos transformara em estrategistas razoáveis. Contatamos a família de Virgínia e expusemos nosso plano, que era o mais simples possível: entregá-la sã e salva — e o quanto antes — à sua família em Belo Horizonte. Um carro nos esperaria na entrada da BR-3. Nós a entregaríamos exatamente às cinco da manhã e voltaríamos imediatamente para o Rio, a tempo de eu retomar meu trabalho na L&M no expediente da tarde. Com uma boa desculpa por ter faltado a parte da manhã, eu não levantaria suspeitas. O problema é que nenhum de nós tinha carro. Pensamos em Dionísio, vizinho e amigo de Ronaldo Bastos, pessoa confiável, um não-conformista como nós. Eid e eu o procuramos e explicamos o drama. Dionísio topou no ato. Acontece que seu carro estragou antes da hora marcada para a viagem secreta. Fui então atrás de outro amigo que reunia as duas qualidades essenciais para a empresa: era confiável e possuía carro. Maurício Mendonça, o Maurício Maestro, não recusou a convocação Dionísio fazia questão de ir junto, e portanto, no dia marcado para a viagem, apresentou-se conforme o planejado. Passei o dia dentro da agência, trabalhando normalmente, criando anúncios institucionais para os Correios. Despedi-me dos colegas de trabalho com um "até amanhã" e segui direto para o ponto de encontro. Maurício e Dionísio me esperavam dentro do fusca. Seguimos para Santa Tereza, onde fizemos embarcar a mulher de José Carlos e o filhinho do casal.

Partimos pela avenida Brasil, tomamos o rumo de Belo Horizonte. Conversa pouca, tensão, um choro do menininho. A mulher de José Carlos não parecia calma, mas contida dentro de si à força, como que submetida às amarras invisíveis de um medo inominável. Estranha viagem. Paramos uma vez para fazer xixi num posto deserto, na madrugada espessa de neblina.

O sol, antes de aparecer, enviou sua aurora cor de cobre, com desmaiados tons róseos que se transformaram em ouro, depois em gema pálida e difusa dentro da bruma que voltara a pairar sobre a estrada, encobrindo a massa escura dos montes. Belo Horizonte já podia ser pressentida no cintilar esparso de luzes que acompanhavam a estrada com intensidade cada vez maior, até que o Fusca chegou ao ponto combinado, na entrada da cidade. O menininho dormia. Sua mãe estava silenciosa e triste. Despediu-se de nós com gratidão e desceu com o filho. Outro carro a esperava na margem oposta da estrada.

Fizemos meia-volta e recomeçamos a percorrer em sentido contrário os longos quilômetros que nos trariam de volta ao Rio. O dia se firmara de vez, dissipando as brumas e instalando na manhã um azul febril, endurecido pela luz causticante do sol de verão. Não voltávamos mais descontraídos do que tínhamos vindo, só que agora ousávamos conversar sobre coisas triviais, o que era bem melhor que o silêncio e a falta de assunto da viagem de ida:

— Estou com fome.
— Mais na frente a gente para.
— Correu tudo bem, né?
— É, correu. Precisa abastecer.
— Aproveitar e tomar um café.
— Eu não estou nem um pouco cansado.
— Eu bem que queria dar uma espichada nas pernas.

À proporção que avançávamos, o tempo foi fechando um pouco. Na altura do trevo de Congonhas encontramos chuva. Um ligeiro chuvisco de verão, que transformara instantaneamente a poeira do asfalto numa nata fina e deslizante. Mais adiante vinha uma curva fechada. Dionísio viajava no banco de trás; eu, ao lado de Maurício Maestro, que dirigia o fusca. A curva se aproximou. A velocidade de nosso carro era alta. Maurício freou dentro da curva. Erro fatal. O carro derrapou e rodou, completamente fora de controle. Chocou-se contra o barranco do acostamento e capotou duas vezes. Quando parou novamente sobre as quatro rodas, estava destruído. Dentro do carro foi uma confusão. Num momento, eu estava deitado sobre a concavidade que era o teto do carro, noutro momento estava de boca no freio de mão. Foi tudo tão rápido que não entendi nada. Quando o carro parou de capotar e tudo terminou, escutei a voz de Maurício:

— Dionísio! Marcinho! Vocês estão vivos?
— Eu estou.
— Eu estou.

Com dificuldade, saímos de dentro do carro arruinado. Dionísio nada sofrera. Maurício Maestro tinha um pequeno corte na testa, do qual corriam uns filetinhos de sangue. Eu sentia apenas uma dor horrorosa no rosto, proveniente da parte superior de minha boca. Lembrei-me de casa, do plano de voltar ao trabalho como se nada houvesse acontecido, senti que tinha tudo ido por água abaixo e entrei em pânico. Comecei a choramingar que nem um menino fazendo manha:

— Ai, meu Deus. E agora? Como nós vamos voltar? Eu tenho de estar no Rio antes das duas, vamos fazer o carro funcionar, vamos embora antes que a polícia chegue, ai, meu Deus...

— Que besteira, Marcinho. Você já viu o estado do carro?

— E agora, meu Deus do céu, quê que eu vou fazer? Vou pegar uma carona, eu tenho de pegar uma carona — e fui tratando de voltar para a estrada. Tínhamos rolado uns 150 metros para fora dela e estávamos dentro do mato. Maurício me segurou pelo ombro e me sacudiu:

— Calma, cara. Você não vai mais a lugar nenhum. Já viu seu rosto?

Não. Ainda não tivera nem tempo, tamanha a minha aflição, tamanha a minha recusa em aceitar que aquilo realmente estivesse acontecendo conosco. Levei a mão ao meu lábio superior. Vi sangue em meus dedos. A maior parte, aliás, estava caindo para dentro de minha boca. Tinha cortado a parte superior dela. Um talho saía da base de meu nariz e se prolongava horizontalmente uns cinco centímetros, como uma segunda boca paralela à primeira. Esse oitavo e indesejado buraco de minha cabeça precisava ser fechado antes de qualquer outra providência.

* * *

Resumindo tudo: a mulher de José Carlos se salvou com seu filhinho, mas o resto do plano foi um fracasso. Fomos levados num carro da Polícia Rodoviária, atendidos no Pronto-Socorro de Congonhas e liberados depois de assinarmos os autos relativos ao acidente. O carro de Maurício foi guinchado para uma oficina daquela cidade. Meus dois amigos ficaram para acompanhar toda aquela operação e portanto nos separamos. Tomei um ônibus para Belo Horizonte. Cheguei na rua Divinópolis com o rosto deformado pelo inchaço e pelas ataduras que cobriam os seis pontos que levara para fechar a "segunda boca". Contei tudo a meus pais; eles ficaram muito preocupados. Telefonei para o Rio, pedindo para avisar em casa que havia acontecido um imprevisto mas que estava tudo bem. À noite, embarquei num ônibus da Cometa e voltei para casa.

No dia seguinte, com o rosto inchado e as ataduras tão evidentes, não pude inventar uma desculpa corriqueira. No trabalho, chamei Pedro Galvão de lado e contei-lhe toda a verdade. Ele me aconselhou a sair de circulação e me deu férias remuneradas.

Não demorou para termos notícias de José Carlos. Péssimas notícias: ele caíra em São Paulo. Todos os nossos esforços tinham sido em vão. O que sua família tinha conseguido saber é que ele se encontrara com dois homens de confiança em São Paulo e com eles embarcara num outro carro, com destino a uma pequena propriedade rural de sua família, no interior de Minas. Ali pretendia se refugiar até que as coisas esfriassem. Só que algo saíra errado e não tinham conseguido ir muito longe. Na saída da rodovia Fernão Dias, caminhões militares interceptaram as pistas e capturaram José Carlos com os outros dois homens. Obrigados a se deitar no asfalto, algemados pelas costas e encapuzados, foram levados separados para algum quartel na cidade, os dois homens num dos caminhões, José Carlos no outro. Alguns dias depois, os dois homens foram libertados. Porém, não constava nenhum registro da prisão de José Carlos. Oficialmente, isso não existia. A família se mobilizou, apesar da rígida censura à imprensa e aos órgãos de comunicação. Todos sabíamos que José Carlos devia estar isolado dentro de algum quartel na capital paulista e temíamos o pior. Para a repressão, ele era simplesmente um "procurado".

* * *

Uma farsa estava sendo montada pelos órgãos de repressão, tanto os oficiais quanto os paramilitares (como a famigerada OBAN — Operação Bandeirantes — que recrutava jovens da classe média alta para treinamento antiguerrilha e caça aos "comunistas").

Na verdade, José Carlos já estava morto. Tinha falecido devido à crueldade das torturas de que fora vítima indefesa, nas masmorras da ditadura. Só que eles nunca admitiriam isso, evidentemente.

A primeira face da farsa teve a cara da censura e o vídeo da TV Globo. Eu estava com Marilton no apartamento que ele alugara em Copacabana e onde estava morando desde pouco tempo, recém-casado com a mineira Maria Carmem. Era hora do Jornal Nacional, mas só prestei atenção ao locutor Cid Moreira quando seu rosto foi subitamente substituído por uma foto 3x4 que tomou conta de toda a telinha e sua voz adquiriu um tom dramático e aterrador. Na foto reconheci imediatamente o rosto de José Carlos, enquanto a voz do locutor narrava para todo o Brasil uma mentira absurda, noticiando que nosso amigo tinha sido baleado e morto durante um tiroteio com a polícia, nos arrabaldes de... Recife, Pernambuco.

Minha reação foi histérica e infantil. Dei um pulo da cadeira e comecei a bradar, brandinho os punhos na direção da imagem de Cid Moreira:

— Mentira! Assassinos! Assassinos! Ele morreu em São Paulo! Torturadores assassinos!!! — e caí sentado, abatido pela revolta, pelo desespero, pelo medo, pela dor, tudo junto.

* * *

Quando cheguei em casa, a pequena comuna já sabia das más notícias. Chorei nos braços de Duca, ao lado do berço de nosso filhinho José Roberto. Poucos dias antes, José Carlos o carregara no colo com tanto jeito e carinho. Agora, era apenas um cadáver mutilado, dentro de uma urna de metal selada e lacrada, guardada por soldados armados. Pelo retângulo de vidro só se via o seu rosto, apenas o suficiente para não deixar margem a dúvidas. Era ele mesmo.

Milton Nascimento, Caetano Veloso e Chico Buarque no show do Canecão. A ditadura corria solta. A arte resistia.

Outra História

3

"... ESPERO UM POUCO MAIS
E APRENDI
A SER COMO O MACHADO
QUE DESPREZA O PERFUME
DO SÂNDALO..."

LÔ BORGES, 1973

"Milagre dos Peixes": gravação ao vivo no Teatro Municipal de São Paulo, 1974.

CAPÍTULO 1

Milagre dos Peixes

Em pleno regime de censura, Fernando Brant estava escrevendo bem demais, sem concessões e sempre com as metáforas mais adequadas ao momento. Ele e Bituca formavam uma dupla cada vez mais brilhante. Por falar em meu amigo Manículas Prospectus, Bituca agora morava num apartamento no Bairro do Peixoto. (Nunca ficava mais de seis meses num lugar só. Impressionante.)

— Você devia morar num *trailer*. Ou então numa carroça de circo.

Puxa, cada dia Bituca morava num lugar... Mas, voltando a Fernando: ele acabara de escrever mais uma obra-prima (como eu considerara antes "Outubro" e depois "Sentinela"). Quer dizer, quando se tem três obras-primas é como num páreo em que três espetaculares cavalos cruzam tão juntinhos a faixa de chegada que mesmo no *photochart* pernas, cabeças e corpos se superpõem tão exatamente que formam uma única silhueta. "Milagre dos Peixes", por refletir a atualidade de meus próprios sentimentos naqueles dias sombrios, ganhou na minha predileção por um risquinho de luz a mais, um quase nada que me fez considerá-la então — e para sempre — a única e verdadeira obra-prima de Fernando:

> *Eu vejo esses peixes e vou de coração*
> *eu vejo essas matas e vou de coração*
> *à natureza*

*Telas falam colorido
de crianças coloridas
de um gênio, televisor
e no andor de nossos novos santos
o sinal de velhos tempos
morte, morte ao amor*

*Eles não falam do mar e dos peixes
nem deixam ver a moça, pura canção
nem ver nascer a flor
nem ver nascer o sol
e eu apenas sou um a mais, um a mais
a falar dessa dor, a nossa dor
Desenhando nessas pedras
tenho em mim todas as cores
quando falo coisas reais
e num silêncio dessa natureza
eu que amo meus amigos
livre, quero poder dizer:*

*Eu tenho esses peixes e dou
de coração
eu tenho essas matas e dou
de coração*

De certa forma, foi no ambiente sugerido por "Milagre dos Peixes" que me inspirei, quando fiz a letra de "Clube da Esquina 2", alguns anos depois. Naquele momento, continuava traumatizado pelos acontecimentos recentes, o acidente de carro, a morte de José Carlos.

* * *

Bituca e eu amávamos a "Suíte dos Pescadores", de Dorival Caymmi e sonhávamos compor algo com a mesma inspiração.

Foi pensando o tempo inteiro no velho e querido *Algodão* que havíamos composto "Hoje é dia de El Rey". Nossa suíte falava dos conflitos entre duas mentalidades, duas gerações, pai e filho dialogando num clima de alegorias pesadas e atmosfera musical densa e expressionista.

Para nosso desespero, ao submetermos a letra à censura, ela não só foi vetada na íntegra como ainda Bituca foi chamado para depor no DOPS. Eis a letra censurada naqueles dias negros:

Filho — *Não pode o noivo mais ser feliz*
não pode viver em paz com seu amor
não pode o justo sobreviver
se hoje esqueceu o que é bem-querer
Rufai tambores saudando El Rey
nosso amo e senhor e dono da lei
Soai clarins pois o dia do ódio
e o dia do não são por El Rey

Pai — *Filho meu ódio você tem,*
Mas El Rey quer viver só de amor
sem clarins e sem mais tambor
Vá dizer: nosso dia é de amor

Filho — *Juntai as muitas mentiras*
jogai os soldados na rua
nada sabeis desta terra
hoje é o dia da lua

Pai — *Filho meu cadê teu amor*
Nosso Rey está sofrendo a sua dor

Filho — *Leva daqui tuas armas*
então cantar poderia
Mas nos teus campos de guerra
hoje morreu a poesia

Ambos — *El Rey virá salvar...*

Pai — *Meu filho você tem razão*
mas acho que não é em tudo

Se o mundo fosse o que pensa
estava no mesmo lugar
pai você não tinha agora
e hoje pior ia estar

Filho — *Matai o amor, pouco importa*
mas outro haverá de surgir
O mundo é pra frente que anda
mas tudo está como está
hoje então e agora
pior não podia ficar

Ambos — *Largue seu dono e*
procure nova alegria
se hoje é triste e saudade pode matar
Vem, amizade não pode ser
com maldade
Se hoje é triste a verdade
Procure nova poesia
Procure nova alegria
Para amanhã...

Bem, não deixava de ser um pouco aquela história do "dia-que-virá", que me soava tão antipático e primário em termos políticos. Mas era música popular, era lindíssima, e a censura, inadmissível. Nossa ideia era convidar Caymmi para cantar as partes do pai. Bituca chegou a fazê-lo. Tremíamos de emoção só de pensar naquela vozeirão soltando: "... Filho meu..." Agora a música estava arriscada a ficar fora do disco. Só mesmo a teimosia e a raiva de Bituca fizeram com que ela permanecesse no repertório:

— Vou gravar de qualquer jeito. Vou botar no som tudo o que eles tiraram na letra. Eles vão ver comigo...

Bituca estava irado.

* * *

Káritas ficou grávida. Bituca se comportou como o protótipo do cara que vai ser pai. Apalpava a barriga da mulher e fazia planos para o nascituro. Moravam separados; ela, em São Paulo; ele, no Rio. Decorrido o prazo regulamentar, como diria um cronista esportivo, Pablo nasceu. Ganhou de presente uma música de Bituca com letra de Ronaldo, uma cantiga de aparência infantil mas de melodia intrincada e sutil, carregada de emoções complexas. A letra não fazia muito sentido, mas soava muito bem, combinação esta que pode ser perfeitamente uma característica das grandes letras de música popular:

>*Meu nome é Pablo, Pablo, Pablo*
>*como um trator é vermelho*
>*Incêndio nos cabelos*
>*Pó de nuvem nos sapatos*
>*Pablo, Pablo*
>*Nasci num rio qualquer*
>*Meu nome é rio*
>*E rio é meu corpo*
>*Meu nome é vento*
>*E vento é meu corpo*
>*Incêndio nos cabelos*
>*Pó de nuvem nos sapatos*
>*Como um trator é vermelho*
>*Incêndio nos cabelos*
>*Pablo é meu nome*
>*Meu nome é pedra*
>*E pedra é meu corpo...*

"Meu bem, meu amor" todo mundo já escreveu. Trator vermelho, nuvem nos sapatos, incêndio nos cabelos, aquilo sim, era puro Salvador Dali.

* * *

Nossa vez de estrearmos os estúdios novos da Odeon chegou com o disco *Milagre dos Peixes*. Todos nos sentíamos no auge de nosso potencial criativo. Bituca, no auge de seu amor por minha família, especialmente por Lô, Nico e Telo. Meu irmão caçula vivia dependurado em Bituca.

— Quem vai cantar "Pablo" é o Nico — Bituca decretou.

Passaram dias ensaiando: "Meu nome é Pablo, Pablo, Pablo...", Nico com aquela vozinha de criança — claro, só tinha oito anos... Para não despertar (mais) ciúmes, Bituca teve de chamar também Telo, nove. Minha mãe não queria soltar assim seus dois caçulinhas, mas Bituca chegou lá em casa invocando suas prerrogativas de irmão número doze e obteve dela a permissão de levar os dois moleques para o Rio. Viajaram de trem Vera Cruz. Os dois meninos não foram a única novidade do disco, o primeiro de linda e longa série que Bituca gravaria nos estúdios novos da Odeon. Para este trabalho, Robertinho Silva e Luiz Alves foram substituídos por Paulinho Braga (Ponto dos Músicos) e Novelli. Beto Guedes, Toninho Horta e Lô também ficaram de fora, cuidando de seus próprios trabalhos. Em compensação, Naná Vasconcelos e Maurício Maestro estavam de volta, Sirlan afinal tocaria com a "pá" e Nivaldo Ornellas também daria enfim sua contribuição, como melhor saxofonista de sua geração e amigo de Bituca desde o Ponto dos Músicos. Wagner Tiso, Nelson Ângelo e Paulo Moura permaneciam como *time-base*. Gonzaguinha chegou de última hora e participou de uns vocais. Fernando Brant coordenou a produção artística com seu jeito tranquilo e conciliador. No final, decepcionado com a interferência da censura, prometeu a si mesmo que jamais produziria outro. Os técnicos Nivaldo Duarte, Toninho e Darcy tornaram-se nossos bons camaradas, não se incomodando em varar noite após noite com a "pá", muitas horas além do período estipulado pela gravadora.

Outra novidade. Bituca tinha se tornado agora grande amigo de Noguchi, o Japonês, meu ex-companheiro dos tempos do Grupo de Criação. Noguchi continuava morando no Rio, casado com Bebel, a ex-secretária da gravadora mineira Bemol.

Além desse time, Bituca reforçou seu trabalho com ninguém menos que a cantora Clementina de Jesus — a genial Clementina — para cantar "Os Escravos de Jó", com letra de Fernando.

Com letra de Fernando... Pensando bem, desde que eu deixara de ser seu único parceiro, era Bituca quem escolhia qual de nós poria letra em qual canção de sua lavra. Eis aqui uma coisa em que ele sempre foi decidido e firme: no rigor de sua produção musical. Nunca cheguei a entender claramente seus critérios de distribuição de melodias. Não eram claros. Mas eram rigorosos. Quando nos mostrava os esboços que logo depois se transformariam em canções clássicas de seu repertório, eu achava perfeito o seu tino; sempre me cabiam canções que adorava, ainda que uma vez ou outra tenha ficado com ciúmes na hora da distribuição. Na criação do álbum *Clube da Esquina*, por exemplo, gostaria de ter ficado com a canção que virou "Nada Será como Antes" e entregue "Os Povos" a Ronaldo. Assim como antes tinha desejado a canção que virou "Sentinela" e criado "Outros Povos" pouco à vontade, achando que ali Fernando é quem "lavaria a égua". Ainda bem que nenhuma dessas trocas rolou, graças a Deus, e tudo aconteceu como tinha de ser. (Johnny Alf gravou "Outros Povos": "... na cidade que você nassss-ceu...") Noutras vezes, porém, eu ficava injuriado — e acho que com razão.

"Os Povos", aliás, proporcionou a meu parceiro uma das grandes emoções de sua vida. Foi na Venezuela, onde a música participou de um Festival de Música Latino-Americana. Por causa de sua marcante presença na cena desse encontro que reunia os melhores nomes da cultura latino-americana, Bituca foi assediado por um grupo de garotos venezuelanos de seus treze anos de idade, no máximo. Um deles tomou a palavra e deu uma explicação totalmente revolucionária para as metáforas da minha letra. Bituca ficou abismado com a profundidade das ideias contidas na cabeça daquele garoto. Tinha os traços índios, era pobre mas altivo. Um guerreiro. Durante sua estada na Venezuela, Bituca tornou a vê-lo algumas vezes. Fizeram uma espécie de pacto de amizade. Pouco tempo depois, o garoto mandou notícias: tinha pegado em armas, ido ser guerrilheiro, desaparecendo nas montanhas de sua pátria.

* * *

Era 1974. Lô torceu descaradamente para a Laranja Mecânica de Cruyiff & Cia; ninguém nunca tinha visto algo parecido, o surpreendente carrossel holandês parecia um formigueiro em torno da bola. Para o time brasileiro, era o início de um jejum que duraria décadas (se ao menos pudéssemos imaginar tão distante futuro...) Mas para Bituca foi um ano de virada. Como dizia Sérvulo: "Do desbunde à pompa e circunstância". Acho que sei o que queria dizer com isso. Bituca tinha dado uma volta completa e agora estava de novo no prumo. Cônscio do peso de seu nome. Mais controlado. Depois, havia Káritas e agora Pablo.

Até então tinha sido sempre aquela coisa meio marginal. Fazia o maior sucesso entre estudantes e *drop-outs* em geral; música boa para viagem, *sit-ins* e manifestações políticas. Fazia *shows* ao vivo sensacionais. Quanto à venda de discos e arrecadação de direitos autorais, estava sempre aquém do razoável. Mas naquele ano algo diferente estava acontecendo. A Emi-Odeon começava a enxergar o potencial comercial daquele príncipe negro que juntava multidões, vivia cercado de "doidões" e quase não vendia discos. Começaram a pensar: "Bem, talvez a culpa seja dos doidões..."

A produção preparada para *O Milagre dos Peixes* já mostrava que a gravadora queria investir. Havia uma orquestra sinfônica dentro do estúdio, com músicos eruditos do calibre do *cello* Peter Dauesberg, ou do *spala* Giancarlo Pareschi. E o que mais Bituca quisesse. Milton Miranda e Adail Lessa acreditavam mais do que nunca no potencial do meu bom Ludwig von Betúcious. Na gravação do "Tema dos Deuses", até o venerando maestro Radamés Gnatalli chegou junto da rapaziada: escreveu o arranjo e regeu a orquestra. A produção gráfica do álbum, projeto de Noguchi, também foi cara e bem cuidada. Para coroar, havia também um novo empresário para Bituca, um nome bastante conhecido no meio, Benil Santos, empresário de estrelas. Quer dizer, era uma virada.

A prova definitiva de que o prestígio do artista Milton Nascimento estava mais em alta do que jamais estivera desde "Travessia" chegou com o convite para apresentar o *show O Milagre dos Peixes* com orquestra sinfônica e o Som Imaginário na reinauguração oficial do Teatro Municipal de São Paulo, que passara por demorada reforma.

Era mesmo uma virada.

* * *

— Vamos filmar — falei para Sérvulo.
— Do desbunde à pompa e circunstância. Vamos filmar — concordou.

Certa manhã de domingo nos reunimos e conversamos sobre o assunto num apartamento do Bairro do Peixoto, enésima residência de Bituca no Rio. Nossa ideia era transformar *O Milagre dos Peixes* num projeto multimídia.

— Vamos filmar tudo.

O *show* já ia ser gravado e transformado em disco ao vivo. A Odeon estava montando um sofisticado estúdio dentro do Teatro Municipal, em São Paulo.

— Temos de registrar visualmente essa metamorfose.

— Doctor Bituca and Mister Milton.

Sérvulo agora era professor de cinema e jornalista. Continuava mais aspirante a cineasta do que nunca. Com o aval de Bituca, partimos para a pré-produção. Eu estava mais feliz do que uma criança que acaba de ganhar um presente ardentemente desejado, e duplamente, pois não só voltaria a filmar depois de tantos anos, como o faria justamente com Bituca e Sérvulo, meus mais antigos amigos.

Convidamos Geraldo Veloso e José Sette de Barros Filho para fazer som e fotografia. Já trabalháramos juntos em *Joãozinho e Maria*, éramos irmãos de sangue, como índios de faroeste.

"Vou fazer o documentário mais genial dos últimos tempos". "Vou fazer do Bituca o ator mais genial do Brasil", eu ficava delirando, pensando apenas muito vagamente em como arranjaria dinheiro para tanta genialidade. Aí misturava Odeon, Benil Santos, o próprio Bituca, quem sabe o pai do Sérvulo...

Tínhamos em mente registrar o mais amplamente possível aquela transformação qualitativa. Isso envolveria filmagens em Três Pontas, Belo Horizonte, Rio e São Paulo, além de reutilização de imagens antigas, fotos, cenas de cinegrafistas, tudo o que pudesse nos auxiliar na composição daquele painel do antes e do depois.

O começo do fim de nossas ilusões cinéfilas aconteceu no dia em que pusemos os pés no escritório do empresário de Bituca e ele, digamos... escorregou como sabonete. Desistiu. O projeto todo já estava caro demais e a Odeon não ia colocar dinheiro no nosso filme. Ele, Benil, muito menos. *Sorry, babies.*

— Vamos filmar de qualquer maneira — decidimos eu e Sérvulo.

O pai de Sérvulo bancou os negativos.

* * *

O próximo capítulo de nossa odisseia paralela ao grande evento oficial poderia se chamar *Quatro Gênios num Fusca*, como teria preferido Sérvulo, ou *O Exército Brancaleone Ataca em São Paulo*, o que seria mais adequado à mambembice a que vi reduzido meu grandioso projeto de fazer um superdocumentário, crônica e registro de uma época blablablá Milton Nascimento. O primeiro título anteciparia apenas e muito bem a penúria de nossa viagem a São Paulo no carro de Zezinho Sette. De madrugada, o fusca quebrou na estrada.

— É o alternador — disse algum espertinho.
— Fusca não tem alternador, ô burro. É dínamo.
— Então foi o dínamo.

Sei lá o que foi. Estava espremido entre três marmanjos, câmera, latas de negativos, gravador Nagra, fios e malas. Desconfortável demais para me dignar a dar um bom palpite. Zezinho conseguiu fazer o carro pegar e seguimos viagem. Chegamos em São Paulo junto com a luz do dia e a garoa. Vimos amanhecer na Via Dutra, presos a um interminável engarrafamento. São Paulo, sem dúvida.

* * *

Pelo menos o hotel a Odeon pagava. Antes assim. Pudemos então ficar junto do resto da rapaziada, músicos e equipe técnica. Mesmo assim, nosso projeto estava irremediavelmente desmontado. Quando muito, conseguiríamos um simples e precário registro daquele *show*.

Alojados e de banho tomado, propus:
— Vamos começar logo a filmar para ir esquentando. Vamos rodar umas internas.

Descemos para o quarto de Bituca e o encontramos num estado de ânimo colaborador. Acendemos a parafernália, rodamos uns planos dele se olhando no espelho, só para tirarmos a virgindade do filme.

Depois fomos dormir, porque precisaríamos de todas as nossas energias nos dias seguintes.

* * *

Nos dias seguintes, 7 e 8 de maio de 1974, sofri as duas piores dores de cabeça de que posso me recordar. Problemas.

Tanto teve o *show* de Milton Nascimento de belo e aclamado quanto nosso filme sobre Bituca de marginal e desprezado.

Tudo contribuiu para o sucesso do *show*: a boa fase do artista, a contribuição generosa de tantos talentos como os de Paulo Moura, Wagner Tiso, Toninho Horta, Nivaldo Ornellas, Novelli, Mauro Senise, todo o Som Imaginário, uma orquestra sinfônica!, uma infraestrutura profissional e cara, coisa de multinacional — e, não por último, um repertório exemplar!

Tudo contribuiu para o fracasso do filme: faltou verba e faltou sorte. Logo na filmagem do primeiro ensaio, Zezinho Sette caiu com a câmera na mão, numa cena ridícula em que, de olho grudado no visor, foi se afastando, se afastando... e desapareceu dentro do fosso. Sonoplastia tipo CATAPLUM! Num átimo saí correndo para o acudir:

— Machucou, Zezinho!?

— Quê, me machuquei! Você tem que saber é da câmera. Cadê a câmera?

A câmera estava quebrada. A interrupção das filmagens também quebrou meu clima, que já não era dos melhores. Zezinho saiu imediatamente à procura de um pronto-socorro de câmeras. Tinha razão — era uma linda Beaulieu dezesseis milímetros, blimpada, novinha, perfeita. Quando foi recuperada, aí foi a luz do palco que não se adequou às necessidades cinematográficas — ou vice-versa. Cada vez que Zezinho Sette acendia seus *photofloods* a plateia chiava: "Apaga isso aí! Quero ver o *show!* Eu paguei!" Não dava para filmar direito só com a luz do palco. Então já não estávamos conseguindo nem mesmo a simples e precária documentação do *show*...

Mais problemas. O *show* ao ar livre, no dia seguinte, no *campus* da USP, era nossa grande chance, digo, a do filme. Só que ainda no hotel ficamos sabendo que o espetáculo tinha sido proibido pela polícia. *"Oh no!"*, dizia Bituca melodramaticamente, com voz cacarejante, só de gozação. Resolvemos ir assim mesmo. Enchemos o ônibus fretado com a parafernália de praxe e tocamos para a USP. O *campus* estava cercado de camburões do DOPS e tropas de choque. Mas lá dentro a multidão ululava, solta.

O sucesso do *show Milagre dos Peixes* foi ainda maior nessa sua versão ao ar livre, no anfiteatro do *campus* da USP. Milhares de jovens se sentaram na relva das colinas, sob sol e ventania, e se empoleiraram em árvores para ouvir Milton e o Som Imaginário comandarem aquele imenso barato.

Os olhos da Beaulieu dezesseis milímetros blimpada, passeando nas mãos do Zezinho Sette por entre aquela multidão colorida, captavam viagens de ácido, amor livre e rodadas de baseados, a Woodstock dos oprimidos, sua versão Terceiro Mundo. A nos lembrar disso, fora do *campus* a repressão vigiava de dentro de seus camburões e caminhões armados.

Também aqui o que auxiliou no sucesso do *show* decretou o fracasso final do filme. Pois, se o ar livre e a ventania nos cabelos acrescentam ao desempenho do artista a poesia viva da natureza, por outro lado tornam inaudível qualquer tentativa de sua gravação direta, num Nagra por exemplo. No fone, Veloso não conseguia ouvir nada senão o uivo furioso da ventania.

Essas dificuldades acabaram me irritando bastante. Uma cena: em meio à turbulência, vi Bituca se dirigir a um dos funcionários de seu empresário, para resolver algum pepino:

— Chama o Sérvulo, porque o Marcinho é muito explosivo.

A partir daí, teríamos por tarefa recompor o que não mais poderia ser: uma sinfonia cinematográfica irremediavelmente inacabada.

Na hora de ir embora, Veloso, Zezinho Sette e Sérvulo me levaram no fusca até a rodoviária. No meio de um engarrafamento, Sérvulo comentou:

— Uma boa epígrafe para o filme seria aquela frase do Paul Nizan "Os maus tempos passaram, foram os melhores anos de nossa vida".

— É muito triste isso — o comentário de Veloso resumiu a opinião de todos.

Entrei num ônibus para Belo Horizonte, onde Duca me esperava com nosso filhinho.

CAPÍTULO 2

Gran Circo

José Roberto completou um aninho. Demos uma festança no casarão. No meio de Menescais, Borges, Leais dos Santos, Gollos e Vazes, também vinham uns Velosos. Caetano, Moreno e Dedé aceitaram meu convite e nos deixaram muito orgulhosos. Duca já estava grávida de novo. Convidei Sérvulo para padrinho.

— Menino ou menina? — perguntou.

— Menino. — Já sabíamos.

— É o Gabriel. Como o Garcia Marquez, o Gabo; oh, como não? Pode crer, é o Gabriel. — Apalpou a barriga de minha mulher. — Esse aí é o Gabo. Gabriel, belo nome.

Pronto. Nos convenceu. Nosso filho já tinha nome e apelido.

* * *

Certa noite chegou no casarão um outro músico cearense. Vinha com sua namorada nordestina. O rapaz estava vestido com simplicidade, calçava alpargatas e na bagagem trazia farinha e carne seca. Era o cantor e compositor Belchior. Ou "Belquiô", como ele próprio pronunciava.

* * *

O *Clube da Esquina* tinha sido um disco estradeiro, cheio de motivos e citações de viagens, "Cais", "O Trem Azul", "Nada Será como Antes", "Saídas e Bandeiras". Já *Milagre dos Peixes* trouxera noções de transformação e metamorfose. Até a censura, podando e mutilando a maioria de nossas letras naquele álbum, serviu para dar ao resultado final aquela aparência híbrida, meio lagarta, meio borboleta, em que vozes soavam como instrumentos e instrumentos soavam como vozes, ambos se empenhando visceralmente em comunicar o conteúdo emocional e as conotações políticas das canções, tanto ou mais claramente do que nossas próprias palavras censuradas teriam conseguido.

Com o *Milagre dos Peixes*, Milton finalmente atingia grandes audiências. Tinha até conseguido comprar um apartamento na Barra da Tijuca, num prédio mais ou menos popular. Faltava ainda pagar algumas prestações, mas já era seu. Finalmente Bituca arranjava um canto mais ou menos definitivo para morar, ele que vagara por dezenas de endereços desde que saíra de Três Pontas tantos anos atrás, dormindo às vezes em pardieiros inomináveis, como o da Marquês de Itu, em São Paulo, e um outro no Catete, às vésperas do sucesso de "Travessia", sem falar nos intermediários.

* * *

Quando julgava que até que enfim poderia viver mais tranquilo e despreocupado, Bituca descobriu que estava quebrado. Seus empresários o tinham depenado, ao longo dos anos. No momento estava ameaçado de perder seu recém-adquirido apartamento. Seus amigos se mobilizaram. Maurício Tapajós foi quem organizou tudo. Caetano Veloso e Chico Buarque patrocinaram um *show* no Canecão. Milton subiu no palco com eles e ficou com a renda, podendo assim saldar seus compromissos e manter o apartamento da Barra.

* * *

Na tarde do dia 3 de janeiro de 1975 veio ao mundo Gabriel. Com um mês parecia um anjinho louro, de cabelos cacheados e tez rosada.

O filme permanecia inacabado. Sérvulo, por sua própria conta, conseguiu montar uma versão modesta, primeira tentativa de reordenar o caos. Continuei compondo com Bituca, com Lô e com Beto. Também fazia uma coisa ou outra com Tavinho, quando ia a Belo Horizonte. Numa dessas vezes, fizemos "Cruzada":

> *... não sei andar sozinho por essas ruas*
> *sei dos perigos que nos rodeiam pelos*
> *caminhos...*

O disco de Bituca daquele ano ainda não tinha nome. Fernando não queria mais produzir, por causa da censura. Ronaldo assumiu a frente da produção artística não só nesse disco mas pelos anos seguintes. Para esse trabalho, os músicos seriam os mesmos de sempre. O grande amigo do momento era Beto Guedes. Foi o período mais aberto de que me recordo de o presenciar vivendo em relação aos aspectos políticos, estéticos e filosóficos da vida. Bituca realmente queria fazer alguma coisa, reagir de alguma forma aos arbítrios da censura, no nosso caso particular, e dos Atos Institucionais, que tanto mal espalhavam pelo Brasil inteiro. Talvez minha proximidade com a tragédia de José Carlos da Mata Machado possa tê-lo sensibilizado de algum modo. Cantava com grande autenticidade de sentimentos os versos rasgados de Ronaldo:

>   *Agora não pergunto mais*
>   *aonde vai a estrada*
>   *agora não espero mais*
>   *aquela madrugada*
>   *vai ser, vai ser vai ter de ser*
>   *faca amolada*
>   *o brilho cego de paixão e fé,*
>   *faca amolada...*

Escrevi "Gran Circo":

>   *Vem chegando a lona suja*
>   *o grande circo humano*
>   *com a fome do palhaço*
>   *e a bailarina louca*
>   *vamos festejar*
>   *a costela que vai se quebrar*
>   *no trapézio é bobagem*
>   *a miséria pouca...*

Bituca assumiu plenamente minha alegoria. Pensou em se vestir de palhaço, bolou por conta própria uma coisa muito bonita e plástica, cena de grande emotividade. Seria uma espécie de Carlitos negro, se retirando de cena ao som de clarins. Bela ideia irrealizada.

Para garantir o equilíbrio climático do disco, Fernando trouxe a sua poesia lírica, louvando saudosamente o tempo que passou. Viajou instalado a bordo de extintos transportes, a Maria-Fumaça da Ponta de Areia, o avião da Panair do Brasil:

> *Ponta de Areia, ponto final*
> *da Bahia a Minas, estrada natural...*

E também:

> *... a primeira Coca-Cola foi*
> *me lembro bem agora*
> *nas asas da Panair...*

Eu andava também trabalhando num outro tema que Bituca me incumbira de "eletrificar" (como dizíamos brincando). Era uma canção que fizera para um jovem casal de amigos nossos, colegas de adolescência em Três Pontas, presente de casamento. Paulinha e Bebeto não deveriam saber de nada até a letra estar pronta. Bituca estava sentado diante do piano Stenway meia-cauda, no apartamento da Barra, eu em pé a seu lado:

— E aí? Já terminou "Paula e Bebeto"? — me perguntou.

— Não, bicho, ainda tá frio — respondi com franqueza.

— Ainda bem. Tem mais gente querendo ela.

— Tem mais gente querendo ela? Que papo é esse?

— Ó, conversa com o Caetano.

— Quê isso, Bituca.

— É sério. Conversa com ele. Liga pra ele agora.

Liguei. Caetano me explicou que tinha estado com Bituca uns dias antes e este lhe mostrara a melodia. Falei de coração:

— Olha, por mim tudo bem, é um prazer ver você compondo com o Bituca, genial.

Caetano me pediu para conversarmos um pouco sobre Paula e Bebeto, a quem não conhecia. Contei o que sabia, que também não era muito. Daí a poucos dias, Bituca me mostrou um manuscrito bastante longo, com a caligrafia do baiano:

> *Ê vida vida que amor*
> *brincadeira, à vera*
> *eles se amaram de qualquer*
> *maneira, à vera*
> *qualquer maneira de amor*
> *vale a pena*
> *qualquer maneira de amor*
> *vale amar...*

Cantei aquilo com mais gosto do que se eu próprio tivesse feito. Sempre tinha sido fã da poesia inesperada de Caetano, desde que Bituca me mostrara "Boa Palavra" no Bigodoaldo's, em frente a vários copos de batida de limão. Achava cinematográfico, diferente de um Vinicius de Moraes, que era uma espécie de pai intelectual de nós, letristas. Era uma maneira câmera-stylo de montar e desmontar a palavra, extraindo dela sua originalidade, igual quando eu era menino e ficava repetindo uma palavra até ela perder qualquer sentido e brilhar sozinha, puro som. De modo que usei essa experiência como um aluno aplicado, pois tinha nas mãos a rara oportunidade de cotejar dois textos com a mesma métrica, o mesmo tema, a mesma melodia, a mesma acentuação (a tal da prosódia). Isso talvez me revelasse algo do oculto processo criativo de alguém a quem admirava de verdade. Então cotejei nossos dois textos, palavra por palavra, som por som. O de Caetano era indubitavelmente superior. Soava melhor, mais macio, mais simples e "encaixado". Não só isso: pertencia a outra escala de valores, algumas oitavas acima da minha.

* * *

Quanto ao filme *Milagre dos Peixes*, Sérvulo e eu continuamos por algum tempo tentando aperfeiçoar o imperfeito. Fomos com Bituca para um estúdio particular e gravamos a música-tema do filme, uma versão sem letra de "Paula e Bebeto", com uma segunda parte que Bituca só gravou mesmo para o filme. Mesmo assim, o nosso ex-futuro documentário genial estava reduzido ao mero registro de algumas sequências musicais — aquilo que dez anos depois o mercado fonográfico chamaria de *clip*. Pior. Não tinha sequer a finalidade de um *clip*. Desisti do filme. Sérvulo teve que segurar o resto da batalha sozinho.

* * *

Abandonei também as agências de publicidade.

Nossa comunidade do casarão virou embaixada de *drop-outs* de variadas nacionalidades. Recebemos Dons, Donnas, Igors, Sullivans, Willies, Jeannes, Charles, Juans, Jeans-Pierres, uruguaios, tchecos, americanos, ingleses, argentinos, africanos e brasileiros, todos para estadas mais ou menos curtas. Era uma confusão administrável. Chegou ainda o ator mineiro Kimura Schittino, que eu conhecia da casa de Flávio Venturini em Belo Horizonte. Kimura, "O Minotauro". Chegou ainda Carlos Figueiredo, Bombay Brian em pessoa, vindo diretamente de um incêndio onde perdera tudo em Amsterdã, exceto a mulher Patsy, inglesa, e a filhinha Luar, que chegaram com ele. Agora morávamos todos no casarão.

No andar inferior, o terceiro, abrimos o Teatro Dinossauro, Eid, Kimura, eu e um certo Waldir. Virei ator. Ensaiava o Rei Ubu e arranjei um jeito hilariante de gritar: "Seu sarrafaçal de merdra! Belos tupinambores!..."

O casarão inteiro virou um teatro; morávamos em cena.

O ator Paulo Augusto de Lima também chegou de Ouro Preto, onde estivera preso com Julian Beck, Judith Malina e todo o pessoal do Living Theatre. Henricão do Oficina veio com ele. Dali a alguns dias chegaram mais três oriundos do Oficina, que se desmantelara em São Paulo, assassinado pela ditadura: Joel, Tuchê e Paulo Yutaka, três atores dos mais impressionantes que já vi atuar. Como se não bastasse, chegou também José Celso Martinez Corrêa. Este durou pouco lá em casa, e quando foi embora levou todo mundo para Lisboa, para participar da Revolução dos Cravos. Só ficamos Duca, eu, Eid e nossos filhinhos. No pouco tempo que Zé Celso ficou conosco, Eid o colocou para lavar pratos e arrumar a cozinha, com excessiva veemência:

— Pode ser gênio e tudo, mas aqui, meu velho, sujou, lavou.

José Celso tinha uma coisa visionária, me fazia pensar numa espécie *sui generis* de iluminado, e eu o admirava. Quando chegou no casarão, era o diretor de *O Rei da Vela* que eu via na minha frente. Me causou o mesmo *frisson* que senti no dia em que conquistei pessoalmente um autógrafo e um beijo de Janet Leigh, quando era menino. Agora, o que Janet Leigh fazia em Belo Horizonte quando eu era menino, não faço nem ideia. Hoje, acho que estava lançando *Os Vikings*, só pode ser. Do mesmo modo, não sei o que José Celso foi fazer lá em casa.

* * *

Joel, Paulinho Yutaka e Tuchê formavam um grupo que se intitulava Ananke. Na verdade, foram eles que transformaram o casarão inteiro num teatro. Colocaram todo mundo para ensaiar *As Criadas*, de Jean Genet, adaptada por eles, ou melhor, transcriada em *As Empregadinhas*, bem brasileira, bem suburbana e escrota.

Convidamos uma porção de gente do meio artístico para a "estreia"; até Ney Matogrosso apareceu para assistir.

A ação começava com uma gira de umbanda, onde as empregadinhas incorporavam suas pombas-giras e ganhavam forças para executar seu plano, que consistia basicamente em assassinar as patroas e roubar suas joias. Erasto Vasconcelos, um dos novos moradores do casarão, irmão do percussionista Naná, tocava os atabaques no início da peça. Depois, esta passava a se desenrolar por todo o casarão, em tempo e espaço reais. Assim, se a cena era no banheiro, lá iam os atores para o banheiro, movimentando-se por entre os espectadores-participantes, que se acotovelavam por todos os cômodos do casarão (com exceção do quarto dos bebês, que permaneceu fechado pelo lado de dentro, com as quatro irmãs Menescal trancafiadas fazendo as vezes de *baby-sitters* de nossos filhinhos). Foi verdadeiramente chocante.

Bituca não viu. Bituca raramente me visitava.

Com Mercedes Sosa: a voz da América.

Duca (à direita), Gilberto Gil, Paulinho da Viola e Chico Buarque no presídio Frei Caneca, em reunião com presos políticos.

3
CAPÍTULO

Pão e Água

Milton Nascimento aumentou muito seu *status* nacional e internacional com a série de discos que lançou entre 75 e 76. O álbum de "Gran Circo", "Simples", "Fé Cega, Faca Amolada" etc., acabou se chamando *Minas,* simplesmente porque um garoto (um de seus mil afilhados) sacou o óbvio, isto é, que MIlton NAScimento continha o nome de nosso estado...

O repertório do *Minas* era muito bom. Tinha uma homenagem a Leila Diniz, que falecera num desastre de avião. Tinha *Norwegian Wood* e "Caso Você Queira Saber" que por motivos técnicos saíram destacadas do disco, num compacto com Bituca e Beto Guedes. Tinha "Trastevere", uma música impressionante, com letra de Ronaldo:

> *... a cidade é moderna*
> *dizia o cego a seu filho*
> *os olhos cheios de terra*
> *o bonde fora dos trilhos*
> *a aventura começa*
> *no coração dos navios...*

No vocal dessa música teve de tudo: MPB-4, Golden Boys, Nana Caymmi, Joyce, Lizie Bravo, Olivia Hime... Aliás, a formação dos vocais do disco *Minas* era realmente eclética: Lizzie Bravo, Tavinho Moura, Bebeto (o homenageado da letra), Keller Veiga, Fernando

Leporace, Fafá de Belém, além dos meninos Marco Valério, Rúbio (o inventor do título "Minas"), Jacarezinho e André Luiz, tudo garotada de Três Pontas.

* * *

No *Geraes* eu fiquei de fora. Em compensação tinha Mercedes Sosa: *"Volver a los diecisiete después de vivir um siglo es como decifrar signos sin ser sabio competente..."* E o Grupo Água. E João Donato. E Francis Hime. E Edison Machado. E o cafezinho de seu Nonato. E um coro ainda mais maluco do que o do *Minas*: Miúcha, Georgiana de Moraes, o fotógrafo Cafi, o astro Chico Buarque, o diretor de arte Noguchi, o advogado Hildebrando Pontes Neto (o mesmo que abraçara Juscelino: "Ô Nonô..."), a dona de casa Bebel, mulher de Noguchi, o letrista Ronaldo Bastos. E o mais genial: quem regeu esse coro foi Ivanzinho, o contrarregra. Discão.

* * *

Bituca viajou para os Estados Unidos com Fernando Brant, Robertinho Silva, Novelli e Nelson Ângelo, para gravar seu segundo álbum norte-americano. Fernando foi como produtor artístico, mas quem acabou realizando de fato a função foi o americano Creed Taylor. Fernando fez o que sabia fazer muito bem: letras de músicas. A carta que recebi de Bituca me dava notícias disso:

"Manhã, depois de muito ouriço na gravação da última base do disco. Uma que eu e Fernando fizemos em inglês. Chama-se "Unencounter". A palavra não existia, mas passou a. Quanto a você, pô. Tô morrendo de saudade. E de dona Duca, Sêo Zé e sêo CataporaGaby. A família inteira. Não quero perder vocês nunca. Gravamos "Crença". O negócio tá feio. Acho que o engenheiro de som daqui vai gravar o disco do Lô e o nosso. No nosso vai ter Wayne Shorter e Cia. Vai todo mundo pra aí. O Clube da Esquina é foda. Eu ando muito bobo ultimamente. Apaixonado por todo mundo. E acho que tenho razão de estar assim. Novelli, Naná e Nelsinho mandam recomendações. Eu quero vocês perto de mim. Com todas minhas loucuras, tantas. Com tudo. Só assim posso me entender. Você me ajuda de verdade. Por isso sou tão chato. Cê sabe, WE HAVE TO CARRY THE WEIGHT. Não vou parar. O que foi feito de vera. TÁ DEMAIS.

Vão me apresentar ao Truffaut. Quer que diga alguma coisa? Ou que toque aquela? Cuida do Tavinho, cuida do Lô, de mim, dos amigos todos.

Principalmente de você e essas três coisas que te rodeiam.

E beba qualquer coisa por nós. Pelo que foi feito de nós. E pelo que faremos por nós.

Este é o Bituca. Né não?"

Era. Aquele era o Bituca.

* * *

Robertinho Silva me mandou um postal de San Francisco: "Passa bem longe de Los Angeles (...) Los Angeles, passa bem longe..." De San Francisco, no entanto, estava gostando: "... só falta a caipirinha do Diagonal, porque o resto tem de tudo, quase tudo: o bondinho de Santa Tereza, a ponte Rio–Niterói e muita rapaziada bastante jovem e botecos italianos. São Francisco dá pé".

* * *

O resultado dessa viagem foi o álbum *Native Dancer*, que selou definitivamente a amizade e a parceria musical entre Bituca e o saxofonista Wayne Shorter, destinadas a durar muitos anos.

Assim que retornou ao Brasil, Bituca fez uma visita ao casarão. O piano Phillipe Henri Herz-Neveu do flat de Káritas agora morava comigo, ligeiramente desafinado depois de ter passado de mão em mão. Bituca me mostrou "Unencounter". Não me lembro da letra em inglês. Logo depois Fernando fez também uma versão em português. Aí "Unencounter" virou "Canção da América":

Amigo é coisa para se guardar
debaixo de sete chaves...

Eu ainda amava e respeitava profundamente aquele saudoso amigo, ali na minha frente, dentro de minha casa. Amigo era isto: um frequentando a casa do outro, convivendo, repartindo o pão, as alegrias e as angústias, sabendo um do outro, querendo bem um ao outro, mostrando isso na prática, exercendo em presença — não somente um sentimento abstrato guardado dentro do peito, para inglês ver.

* * *

Ditadura, ano quatorze.
E eu que começara a ver aquilo adolescente... Já era casado e pai de dois filhos... Mas uma ditadura aos quatorze anos já está apodrecendo de velha. Essa senhora, aliás, já nasce velha e envelhece uma eternidade por dia. O que foi feito de vera?... "Vera Cruz" tinha sido minha tentativa de compor uma obra-prima séculos atrás. Um monte de anotações, fórmulas alquímicas, chega outro mago, interpreta aqueles signos do ancestral à sua maneira, produz um perfume diferente, que a todos inebria; contudo, o antigo não o consegue mais identificar, apenas para ele aquilo não tem cheiro algum. O que foi feito de vera? É de vera? O que foi feito... Bituca, em busca de suas respostas, vivia viajando. "As viagens formam a juventude", ouvíramos Jim dizer a Jules. Bem que eu também gostaria, mas a questão da grana era fogo. Tinha de trabalhar pesado para sustentar mulher e dois filhos pequenos. Meus direitos autorais não me rendiam quase nada. Sabia que estava sendo "currado", mas não sabia o que fazer quanto a isso. Era um cipoal denso e escuro. Minhas "investigações", sondagens a um e outro advogado comum, não pertencente ao círculo do *showbiz*, sempre me faziam lembrar aquelas sequências de filme de mistério, onde o ingênuo personagem dá de cara com certas evidências que apontam diretamente para debaixo de seu nariz — e descobre ali, bem próximo, bem disfarçado, o culpado de todos os seus dissabores, o ladrão em pessoa. O que foi feito de vera?

Bituca criou uma bela melodia, me mostrou e disse:
— É pra gente refletir sobre o que foi feito de vera.
Nós mesmos. Autorreferência. Citação de nossa própria obra, alguns anos depois. Era isso. Comecei a trabalhar.

Bituca pegou a mesma melodia e entregou a Fernando com a mesma observação. Fernando também se pôs a trabalhar na letra, um sem saber dos esforços do outro. Essa era exatamente a ideia de Bituca. Queria que fizéssemos letras diferentes, estanques — não como fizéramos antes "Para Lennon e McCartney", juntos, lado a lado, mas agora isolados, para que a reflexão de um não influenciasse a do outro. Não sei por quê. Bituca e seus critérios insondáveis...

Aquilo fazia parte de um projeto bem maior. Bituca novamente queria juntar todos os seus amigos no estúdio para outra celebração.

Tudo começou em Belo Horizonte, numa tarde em que Lô se aproximou de nós, deu um sorriso escancarado que colocou à mostra seus belos dentes e me falou:

— Ô Marcinho, você não quer me dar o Bituca de presente não?

Bituca andava mesmo reclamando muito no Rio, por Lô teimar em continuar morando em Beagá:

— Não aguento mais viver longe do Lô — me dizia.

Tínhamos visto meu irmão crescer debaixo de nossas barbas. E agora estávamos com saudade. Por isso tínhamos viajado até Beagá para nos encontrarmos com ele. Depois que Lô me pediu Bituca de presente, os dois decidiram fazer o *Clube da Esquina 2*. Ronaldo descolou aquela foto dos meninos de bunda pro ar e decretou:

— Taí a capa. (Era uma foto inglesa reproduzida num postal que Vicente Bastos, seu irmão, trouxera de Londres. Vicente era um cara genial. Talvez a pessoa mais inteligente que eu tenha conhecido. Na época barra-pesada foi liderança estudantil e teve que se exilar durante muitos anos. Depois voltou, quando pôde, e achou tudo muito diferente. Nos tempos da hepatite de Ronaldo, o anjo enfermo, talvez existisse mais amizade e, como diriam os ingleses, *"more concern"*.

A partir daí, Bituca começou a organizar o lado musical e Ronaldo, a produção. Meu irmão número doze escreveu "Que Bom Amigo" para presentear o Lô:

Que bom, amigo
Poder saber outra vez que
estás comigo

Dizer com certeza outra vez
a palavra amigo
Se bem que isso nunca deixou de ser...

O fato é que seis anos antes as coisas eram bem diferentes. Agora, minha turma atual não andava mais naquele "clube da esquina". O Teatro Dinossauro não estava lá. Don, Donna, Willie, Graham, Igor, Carlão, Patsy, Alice, Maria, Regina e Letícia Menescal não estavam lá. Nem Gollo, Dalva, Carlos João, Toninho Vaz, Naná, Cáo, Rama e Cláudia, Paulo Leminski; nenhum desses estava lá. Nem Eid, Virgínia, Kimura, Ananke. Digo sem maldade: essa era a minha "pá" — os de minha convivência cotidiana. As coisas são como são. HIC FILIUS LACRIMAT MATER NON AUDIT: esse foi o dístico de brasão que Paulo Leminski e eu criamos para essas ocasiões tão nobres. O velho ditado da cela: "Aqui o filho chora e a mãe não ouve". (A ser exibido nas portas de cadeia.)

* * *

No estúdio agora tinha estrelas demais, tietagem demais, muita gente querendo aparecer demais da conta, como se diz em Minas.

Bituca mesmo não tinha estrelismo nenhum. Mas num estúdio em que os convidados são Elis, Chico Buarque, Simone, Francis Hime etc., é evidente que fica "assim" de bicão. Mesmo assim, conseguíamos climas maravilhosos. Numa noite Bituca passou o arranjo de "Cais" e "Um Gosto de Sol" para tom maior e gravou tudo. Então mandou sair todo mundo de dentro do estúdio, explicou a Chico que ia gravar um improviso e queria sua opinião sobre o resultado. Tirou do bolso o poema que escrevera para Lô, "Que bom amigo". Mandou soltar o *play-back* e cantou de improviso, inventando na hora uma melodia que acompanhava ao mesmo tempo a letra do poema e a harmonia da base. Saiu de prima, como se dizia.

Chico Buarque:

— Você não vai refazer isso de jeito nenhum.

Entrou linda, como faixa de encerramento do disco, com direito a posteriores flautas, violinos, trompas e *cellos*.

* * *

Lembrou-me uma frase que lera em Guimarães Rosa que falava na sede do peixe. Escrevi:

> *Para o que o suor não me deu*
> *o fogo do amor ensinou*
> *ser o barro embaixo do sol*
> *ser chuva lavando o sertão*
> *qual Aleijadinho de Sabará*
> *e a semente das bananas...*

Aí um idiota pega a letra e me diz:
— Mas banana não tem semente.
— Nem o peixe tem sede. Nem o sertão tem chuva. Nem debaixo do sol tem barro, que é terra molhada. E nem o suor me deu o que o fogo do amor ensinou...
— Ah, bom.
Nada pior para um poeta do que ter que explicar seus versos. Ainda bem que nunca me considerei um poeta de fato. Apenas um cineasta frustrado fazendo letras de música:

> *Guaicurus Caetés Goitacazes*
> *Tupinambás Aimorés*
> *Todos no chão*
> *Guajajaras Tamoios Tapuias*
> *todos Timbiras Tupis*
> *todos no chão...*

Chamei Roger Mota, meu cunhado, casado com Sônia, irmã número quatro. Era um ex-militante político que passara dois anos na clandestinidade. Escrevemos a quatro mãos, sobre música do Lô:

> *... gira a roda da fortuna*
> *mói a vida, mói o sonho, mói o pão*
> *pão e água mal servidos*
> *para devorar...*

Tentei dar o meu recado:

*... nem vá dormir como pedra
e esquecer o que foi feito de nós...*

Porém, eram umas cem pessoas trabalhando para aquela superprodução. Difícil ser ouvido dentro daquela estrutura tão maciça e pesada. Se eu desaparecesse por dez dias, ninguém sentiria minha falta.

* * *

A turma de jornalistas de Santa Tereza, Luiz Gollo, Carlos João, Toninho Vaz, Ramayana, João Santana, Chico Jr., todos estavam empenhados na operação "Resista como puder". Fundavam jornais alternativos que acabavam no segundo número, rodavam de redação em redação, cavando espaço, lutando contra a censura. Essa também era minha turma.

Dentro do presídio Frei Caneca, os presos articulavam o movimento pró-anistia. Faziam greve de fome, reuniam-se com artistas, jornalistas e intelectuais, aproveitavam politicamente a "distensão lenta, gradual e segura", como queriam os presidentes militares. Aproveitavam politicamente sua recém-adquirida permissão de receber visitas. Meu amigo dos tempos de CEC, José Roberto Resende, era um desses presos. Como todos eles, tinha comido o pão que o diabo amassou por ter sido um jovem idealista primeiro e um guerrilheiro urbano depois. Passei a visitá-lo todas as quartas-feiras na cadeia. Uma vez Bituca foi comigo. Fiz camaradagem com alguns outros presos, especialmente com o jovem Alex Polari de Alverga, que escrevia e publicava poemas de excelente qualidade dentro do cárcere. Os presos fabricavam uma cachaça clandestina horrível, num alambique camuflado, onde destilavam álcool de qualquer coisa: casca de banana, de batata, de laranja... Horrível mas bebível. Essa também era a minha turma.

Certa vez levei Duca comigo, numa dessas visitas. Apaixonou-se por meu amigo José Roberto.

* * *

O pianista Tenório Jr. viajou acompanhando Toquinho e Vinicius numa excursão à Argentina, durante o golpe militar naquele país.

Estavam num hotel, Tenório desceu à rua para comprar cigarros e desapareceu. Nunca mais foi visto. Tínhamos ficado bastante amigos durante a gravação do disco do tênis, ensaiávamos em sua casa, Lô ao violão, ele ao piano. Era um cara que sempre estaria em nossos planos musicais. Nem eu nem meu irmão poderíamos imaginar que nunca mais o veríamos nesta vida. Tristes tempos...

© JUVENAL PEREIRA

Lô Borges em 1971, na rua Divinópolis – lugar do imaginário "Clube da Esquina" que encantou o mundo: nada mais que uma singela esquina de rua no bairro de Santa Tereza, em Belo Horizonte.

CAPÍTULO 4

A Via Láctea

14/04/1980

"Oui, Monsieur —

De acordo com nossas ausências, físicas, porque na cabeça e no coração isso não existe; poderia pintar em alguma cabeça, qualquer esfriamento entre nós houvesse. Mas, de minha parte, pode o mundo cair, podemos até xingar a mãe do outro, até a distância continuar a nos abraçar, que será um abraço. Eu te amo muito, te curto, conheço e sei que me conhece, e é por isso mesmo que somos assim. E se a gente deixasse de se amar, eu não entenderia mais nada. Só que é um amor complicado, lógico, já que somos quem. Hoje em dia, tenho um amigo que me deixa alegre como nós éramos, que me leva juventude e me bota pra caminhar. Sabe o que quero fazer com ele? Andar a rua Rio de Janeiro inteira, olhar árvore por árvore, reclamar das coisas que mudaram, mas principalmente lembrar o que já senti nela, de alegria, dor e desespero. E o tanto de esperança que ela já me deu e me consolou. Principalmente uma certa árvore que tenho de reencontrá-la. Como já encontrei o conto que escrevi a respeito dela. Se lembra? Você gostou. E eu fiquei vermelho.

Aqui, há três coisas que me fazem escrever rapidinho e espero repetir a dose com você tagarelando, inflamado, com a veia estufada e prometendo coisas que talvez nunca possa cumprir, e nós compreendendo nossos acertos e erros.

1º) Finalmente o Truffaut vai pintar no meu *show*, a quem vou dedicá-lo em nosso nome, e depois dar um beijo nele por nós. E contar toda nossa história (não é estória não) caso ele tenha saco. E vai ter de ter.

2º) Sobre Santiago, há tanta coisa que tenho de lhe falar, pois há muita loucura acontecendo. Uma delas é que, há dias fui ver onde fica o Theatre de la Ville, onde vou cantar, aí vimos um monumento lindíssimo do lado. Perguntamos o que era aquela torre e aí o cara me disse que era La Tour de Saint-Jacques, que é o nome que dão aqui a San Tiago, cê sabe, né? Achei muita coincidência, e quando eu conversar com você, verá que é ainda mais do que poderia pensar. E de indagação a indagação, tô sabendo que, me protegendo ali do lado ele está e que a torre era ponto de partida de gente de todos os confins da Europa para a peregrinação a Santiago de Compostela. Um caminho de pedra que começa ali, do nosso lado. Fora as histórias todas que vou levar pra nossos amigos a meu caro, sentido, sofrido e querido amor, PRA VOCÊ. Quero que conheça as coisas que têm me acontecido com as transas de Tiago. É muito sério.

E o terceiro) É que vou passar o próximo *dimanche* em Ville d'Avray. As fotos irão e eu te prometo que faremos isso juntos, breve. Beijos pra Duca, puxões de orelha nos monstrinhos.

Beijos pr'ocê.

Tô aqui até o dia 26 e o correio leva quatro dias pra chegar. Se der tempo, manda umas mal traçadas linhas.

Bituca."

* * *

Por melhores e mais intensas que tenham sido as vibrações de amor de Bituca para mim e para Duca, não deram certo. Meu casamento com ela acabou. Sentia-me arrasado. O mais difícil era deixar atrás os hábitos, a convivência com os filhos. Sete anos haviam transcorrido desde que nos mudáramos para o casarão. *Fritz The Cat*, também desaparecera sem deixar vestígios, talvez pressentindo o fim da festa. Fui morar com Henrique Leiner, um antigo conhecido, boa-praça e solteiro. Estendeu-me a mão durante aquele difícil período e me ajudou a recuperar-me moralmente do baque de ter sido preterido pela indiazinha, agora transformada em totem insensível e indecifrável. "O sonho acabou", havia dito John Lennon muitos anos antes — e só agora eu o ouvia. Os próprios Beatles tinham se desfeito há muito tempo — e só agora eu me dava conta. Consciência da dissolução. "É a entropia do universo", diria Carlão antes de se mudar do casarão. Fim de festa.

A carreira profissional de Lô, estacionada desde o disco do tênis, estava prestes a deslanchar de novo. Nesses tempos de casarão havíamos composto uma quantidade enorme de músicas; tínhamos material para um disco inteiro e ainda sobrava.

Fomos para o estúdio da Odeon e fizemos *Via Láctea*. Kélio Rodrigues fez a capa e eu produzi.

Nessa época, Kélio era casado com Sônia Kiss e moravam em Pinheiros, numa vila afastada da rua. Foi ali que trabalhamos na capa. Certa tarde esquisita, nos apareceu "Belquiô", fomos os três comer umas esfirras e Kélio discorreu longamente sobre as características abjetas daquela coisa inindentificável que vem sobreposta a uma massa entre crua e azeda que as lanchonetes e botecos de São Paulo vendem sob o nome de esfirra.

Enquanto isso, Ronaldo continuava cuidando da vida artística de Beto Guedes. Produzia todos os seus discos, compunha as letras de seus maiores sucessos. Cafi continuou nos fotografando e fazendo capas. Ronaldo inventou os "socorros-costa". Isso significava as ajudas sem cunho de parceria que prestávamos às letras um do outro. Primeiro isso começou entre ele e eu. Depois, estendemos a prática também para letras de Murilo Antunes; quer dizer, ele foi admitido na "instituição". Na prática, funcionava mais ou menos assim: Ronaldo, por exemplo, estava compondo a letra de "Amor de Índio". No finalzinho da música faltou inspiração. Então, me mostrou o que já havia escrito e eu introduzi dois versos:

> *... abelha fazendo mel*
> *vale o tempo que não voou..."*

Isso não merecia ser chamado de parceria. Era "socorros-costa". Normalmente esse recurso era acionado em músicas que envolviam parcerias nossas com Beto Guedes, sempre complicadas. Naquele que às vezes poderia ser o trecho mais bonito de uma letra, o cabra começava a puxar os cabelos, enrolando e desenrolando suas longas madeixas, mordia uma ponta, tirava da boca, tornava a enrolar e desenrolar, depois dizia, antes atropelando do que gaguejando as palavras:

— É, véio, n-n-num tá legal, né — depois soltava uma risadinha —, tá feio demais isso, véio. Tá ruim de cantar. — E aí empacava. Cismou, por exemplo, com uma frase de "O Medo de Amar é o Medo de Ser Livre", letra de Fernando Brant. Ficava repetindo: "Onde o justo estiver", isso não cabe na música, "justestiver..." fica feio demais, véio.

Ronaldo ironizava:

— O profundo pensamento político do camarada Beto...

Beto chegou a demorar dois anos para terminar um único disco. E isso com a produção toda na mão, estúdio à disposição, técnicos a postos.

No disco *A Via Láctea*, Lô gravou duas músicas que merecem ter sua criação narrada, pois ambas tiveram letras compostas à revelia dos autores das melodias. E ambas foram compostas por mim no mesmo dia na casa de Henrique Leiner. Eu diria: cometidas por mim. Duas contravenções. Certa noite, encontrei-me com Nana Caymmi no Diagonal, bar que frequentávamos no Baixo Leblon. Ela estava com estúdio marcado para gravar seu LP daquele ano.

— Ô seu porra, porque você não mete uma letra no "Clube da Esquina 2"? — foi me dizendo. (Esse era o instrumental criado por Lô e Bituca tempos atrás, no qual todos nós queríamos pôr letra, mas os dois nunca deixavam "senão deixa de ser instrumental"). — Eu quero gravar essa merda mas sem letra não dá, né, porra.

Nana boca pesada. Pois bem. Naquela noite no Diagonal, Nana me convenceu a colocar letra, mesmo sem o conhecimento daqueles dois panacas (ela não disse panacas, evidentemente), pois afinal eu não era um bobo medroso (ela não disse bobo medroso) e ela própria mostraria a droga da letra (não disse droga), era só colocar aquela pinoia (nem pinoia) na mão dela e os dois que se... (claro que disse o termo).

Fui para o apartamento que agora dividia com Henrique Leiner e no dia seguinte fiz a letra. Depois, conforme o combinado, entreguei direto nas mãos de Nana. Ela foi para o estúdio e gravou. Só depois do fato consumado é que Bituca e Lô se renderam à evidência: "Clube da Esquina 2" tinha letra:

> *Porque se chamava moço*
> *também se chamava estrada*
> *viagem de ventania*
> *nem lembra se olhou pra trás*
> *ao primeiro passo, aço, aço, aço...*

Na mesma tarde criei uma letra para música de meu irmão número dez, Telo Borges, sem que ele ao menos soubesse. Ele tinha composto dois pequenos temas para duas peças infantis produzidas por um grupo de teatro amador em Belo Horizonte. A primeira dizia uma coisa tipo: "... dentro do copo um sujeito amarelo me olha de esguelha..." A ideia de Lô era unificar os dois temas através de uma única letra, ignorando o que havia sido escrito para as peças. Lô queria fazer uma surpresa para nosso irmão, gravando a música primeiro, antes de mostrar-lhe.

Sentia-me triste, sozinho e abandonado. A letra que saiu foi "Vento de Maio":

> *Vento de raio*
> *rainha de maio*
> *estrela cadente*
> *chegou de repente*
> *o fim da viagem*
> *agora já não dá mais*
> *pra voltar atrás...*

Mais adiante nessa letra eu citava meu amigo Paulo Leminski:

> *... valeu o teu pique*
> *apenas para chover*
> *no meu piquenique...*

("Este Paulo Leminski/É um cachorro doido/ que deve ser morto/ a pau, a pedra, a pique/ Senão é bem capaz/ o filho da puta/ de fazer chover no meu piquenique.")

Mas quem primeiro gravou essa música foi minha amiga, a cantora Aline. Produção: Duca Leal, direção musical: Jota Moraes e Toninho Horta.

* * *

Duca Leal se separou de mim, mas não de minha família. Continuava amiga de todos os meus irmãos. Conversou com um e outro, foi à Odeon e convenceu a gravadora a fazer um disco com os irmãos Borges e seus convidados. Até meu pai e minha mãe foram convocados para participar da farra. No estúdio B da gravadora, reunimos os velhos, Marilton, Márcio, Lô, Yé, Solange, Nico e Telo e chamamos nossos convidados, os amigos de casa: Bituca, Elis Regina, Gonzaguinha, Guilherme Arantes, César Camargo Mariano, Chico Lessa, Fredera, Ezequiel Lima, Rubinho Batera, Paulinho Carvalho, Mário Castelo, Naná Vasconcelos, Clara Fajardo, Aline. Gente famosa e gente anônima, tudo misturado, como era de verdade na casa dos Borges.

Estávamos eu e Luís Afonso dentro de seu estúdio fotográfico, no Leblon, revelando as fotos do disco dos Borges. O rádio estava ligado. Pouco antes Bina Fonyat tinha chegado e nos deixado os negativos das fotos que ele próprio fizera. O rádio parou de tocar música. O locutor interrompeu uma canção no meio e deu a notícia:

— John Lennon acaba de ser assassinado em Nova Iorque.

E desfiou os detalhes terríveis da matéria.

Eu e Luís Afonso nos abraçamos e nos pusemos a chorar.

O mundo perdeu muito a graça a partir daquela hora.

* * *

Num intervalo de gravação, o produtor Mayrton Bahia "aplicou" Elis em "Vento de Maio". No estúdio A, ao lado do nosso, ela gravava seu próprio disco.

— Vou gravar "Vento de Maio" para você e para a Duca — disse a Baixinha. Ela sabia como eu ainda amava minha ex-mulher e, por isso, queria fazer alguma coisa por nós.

Convidou-nos para jantar em sua casa, na Joatinga. Foi para a cozinha com Duca, prepararam a refeição, serviram drinques. Apesar do clima caseiro e dominical, senti Elis tensa e impaciente, primeiro com César, depois comigo. Daí sua irritação se estendeu à situação brasileira. Já estava naquele estágio de embriaguez que costumamos rotular de "alegre", mas essa palavra não se coadunava com seu estado de espírito. Falava em se mudar de vez para o México:

— É melhor ser *crooner* no México do que estrela no Brasil. Aliás, não sou estrela merda nenhuma. Sou dona-de-casa e *crooner* do conjunto do César...

Bêbados todos, o clima ficou tenso. César me convidou para darmos uma voltinha. Descemos a pé uma longa ladeira e fomos tomar uma cachacinha num bar no largo da Barra. Então, bastante emocionado, me contou aquilo que eu já tinha antevisto mas não julgara tão grave: sua crise conjugal. Foi uma conversa bastante solidária, entre dois homens apaixonados por suas mulheres, na bica de perdê-las. Depois daquilo, caminhamos em direções opostas: César se separou da Baixinha, eu me reconciliei provisoriamente com Duca. Fomos morar num apartamento ao lado dos estúdios da tevê Globo. Elis ligava de madrugada:

— Marcinho, deixa eu falar com a Duca.

Trocavam confidências durante horas. Outras vezes era para mim mesmo:

— Vem pra cá agora. Estou arrasada.

— Mas são três horas da manhã.

— E daí?

— Não dá, Elis. Vou aí amanhã.

— Amanhã não precisa. Tchau e bênção — e desligava.

Cumprindo um ritual que se tornava bastante difundido entre nossos amigos extra-Minas, Elis também visitou a casa de meus pais na rua Divinópolis. Chegou de repente, sem avisar. Tocaram campainha, Solange foi atender — e era Elis Regina, chegando como chega um estafeta. Estava cumprindo uma promessa que fizera a mamãe dentro do estúdio, durante a gravação do disco dos Borges. Ficaram amigas tardias.

— Maricota, você é fabulosa. Só pariu gênio — dizia ela a mamãe. E teciam confidências de mulher.

* * *

Como declarou o gato a Alice, você pode estar certa de que chegará em alguma parte, se caminhar durante um tempo suficientemente grande. Uns vão chegando antes dos outros, mas eu nem estava pensando nisso quando o telefone tocou e era para mim. Estava concentrado em minha mesa de trabalho, tendo em minha frente meu dupla Paracy, diretor de arte da Artplan, agência onde cumpria minha terceira ou quarta temporada de trabalhos mais ou menos forçados, em temporadas que encarava tanto por necessidade urgente de dinheiro quanto por amizade à família Medina. Gostava de conviver com Abraão pai e seus filhos Rubem e Roberto. Gostava de Marco Antônio Rocha, de Alice Iamamura, de Danilo e a turma do estúdio, do ilustrador Benício e de Chico Abréia. Gostava de todo mundo ali e nunca trabalhei numa agência que tivesse um astral tão bom quanto aquela. Se estas páginas tivessem o poder de fazer chegar àquela família que formávamos naqueles dias os ventos da minha saudade, alguém lá chegaria à janela no momento mesmo em que fosse tocado por minha emoção, olharia o pôr-do--sol que avermelha as águas da Lagoa e incendeia de transparência cristalina o vidro fumê do Monolito e me retribuiria com um profundo suspiro, para sempre. TRRIMMM!!!
— Alô.
— Quero falar com Márcio Borges.
— É ele.
Era de São Paulo, o assistente de produção do disco que Elis ia começar a gravar dali a alguns dias. Pensei que estivesse ligando para me cobrar uma letra inédita que ficara de mandar para ela — e ainda não tinha feito.
— Não Márcio, não é isso não. Na verdade, não precisa mais.
— Uai, a Baixinha desistiu de minha música?
— Não cara. Muito pior. Não sei como te dizer.
Adrenalina.
— O quê que foi?

— Não ouviu nada no rádio ainda?
— O que aconteceu, cara? Me conta logo.
— Elis morreu. Achei que devia te avisar.
— Meu Deus do céu!

Paracy, à minha frente, deu um salto e me acudiu, porque minha pressão caiu e eu quase desfaleci. Depois que expliquei aos colegas o que se passava, fui para casa avisar Duca. Ligamos para a rua Divinópolis. Meu pessoal já sabia, tinham ligado avisando.

Na manhã seguinte, peguei um avião e fui para São Paulo. Segui direto num táxi para o teatro Bandeirantes, onde o corpo de minha amiga estava exposto à visitação pública. Fui ver as filas dobrando quarteirões, os cordões de isolamento, a multidão em pranto, e compreender que eu mesmo não conseguiria chegar perto da Baixinha. Fiquei ali perdido no meio do povo, chorando e me abraçando a pessoas que nunca vira antes. Algum conhecido me viu, fui puxado para o lado de dentro do cordão de isolamento, minha boca salgada com gosto de lágrimas.

Aos poucos fui reconhecendo amigos e conhecidos, sentados pelas cadeiras do auditório vazio. A visitação pública ainda não começara. No meio do palco, o caixão. Policiais organizavam os procedimentos. Em nossas últimas conversas, Elis se recusava a admitir que era uma pessoa pública. Mesmo orgulhosa como era, no sentido de não dar o braço a torcer jamais, ela se subestimava. Ultimamente parecia até mesmo irritada com a própria fama. Agora que ela própria já não o habitava mais, seu corpo recebia as provas derradeiras de que Elis Regina de Carvalho Costa, malgrado sua própria aferição, era amada pelo público. Eu olhava em volta e sentia que minha dor não era nada comparada à dos seus lendários companheiros de jornada, seus amigos e filhos, gente com quem ela havia escrito as páginas mais brilhantes de sua vida. Com um nó na garganta, encontrei César e o abracei em silêncio. Consegui segurar meu pranto. César me perguntou:

— Já foi ver a Baixinha?
— Não tive coragem ainda.
— Então vai. Tem que ir lá ver a Baixinha.

Então, subi ao palco e encarei os fatos. Não era mais ela. Era só uma imagem fria e parada, ainda mais distante do que a primeira imagem que guardava dela, nos idos tempos do Edifício Levy, quando assistia ao *Fino da Bossa* lá em casa, ao lado de Bituca. Olhei bem seus olhos cerrados. Não era mais ela; era só uma imagem. E chorei sobre ela.

* * *

O tempo passou. Levou e trouxe muitas coisas. Levou Dickson, morto de cirrose. Levou Luís Afonso, de ataque cardíaco. Levou Schubert Magalhães, em plena mesa da Cantina do Lucas, provavelmente discutindo cinema, *mise-en-scène*, específico fílmico, a genialidade de Kurosawa, as qualidades dele próprio como cineasta sem chance, seus temas eternos.

No dia 30 de dezembro de 83, Toninho Horta estava dando um *show* no Palácio das Artes, em Belo Horizonte. Eu e Duca já nem tentávamos mais segurar nosso casamento. Morávamos juntos, mas já não éramos uma dupla. Tínhamos nos mudado do Rio logo após a morte de Elis e agora morávamos num sítio nos arredores da capital mineira.

Duca não quis ir, fui ver o *show* sozinho. No intervalo, fui ao saguão do teatro tomar um refrigerante. Vi uma garota muito linda, sozinha, aflita. Parecia que procurava alguém. Não sei o que senti. Fiquei imediatamente apaixonado, da forma mais adolescente e inexplicável. Talvez nem tivesse pensado mais nela uns dias depois, se não tivesse tornado a vê-la, dessa vez dentro do camarim de Toninho, ao fim do *show*. O lugar era pequeno e estava lotado de amigos, fãs e tietes.

Aproximei-me da garota. Era mesmo linda. Puxei conversa. Chamava-se Cláudia.

Depois do *show*, saímos em turma para tomar uns chopes. Cláudia foi conosco. De madrugada, consentiu em deixar-me levá-la em casa. Morava com a família, num bairro novo chamado Ouro Preto. Convidei-a para passar o *Réveillon* em meu sítio, despedimo-nos com um longo beijo.

No dia 31, ela apareceu lá em casa. Foi bom para que eu pudesse realmente confirmar: estava mais apaixonado do que jamais estivera antes. Só tinha um detalhe: Cláudia estava de mudança com a família. Iam morar em Paris.

* * *

Aquela paixão acabou de vez com meu antigo casamento.

Entrei num avião e fui para a Europa, correr atrás do meu novo amor. Em Madri, peguei um trem para Paris. Quando desci na Gare Saint-Lazare, lá estava ela à minha espera. Passamos seis meses na Europa, fomos morar juntos num apartamento de estudantes na Cité Universitaire. Kélio Rodrigues também apareceu por lá e só andávamos em trio. Na Cité, Kélio conheceu Déborah e começaram a sair juntos. Um dia eu e Cláudia voltamos para o Brasil, nos casamos e fomos morar em Copacabana.

Algum tempo depois, Claudinha ficou grávida e deu à luz nossa filhinha Isabel.

* * *

Durante a gravidez de Claudinha, voltei à Europa mais uma vez, só que a trabalho.

Eu e Bituca, tantos anos depois, ainda sonhávamos em colocar de pé o projeto *Caminhos de Santiago*. Desde alguns anos antes, Bituca tinha arranjado um empresário mineiro, o fotógrafo Márcio Ferreira, e estava se dando muito bem com ele.

O empresário fez alguns contatos com o Ministério da Cultura espanhol, descolou hospedagem e cicerones e lá fui eu para Santiago de Compostela. Passei um mês perambulando por lá, esbocei os primeiros rascunhos do novo roteiro, mas, ao fim e ao cabo, aquilo também não deu em nada. *Caminhos de Santiago* permaneceria para sempre (desde antes do primeiro *Clube da Esquina*) apenas um belo sonho que nunca conheceu a luz do dia.

— Construa sua vida como uma obra de arte. — O conselho que o velho de barba e túnica branca me dera em sonho, tantos anos antes, permanecia vivo em minha mente.

Com toda a honestidade, continuava tentando.

* * *

Bituca viajou mais uma vez para os Estados Unidos, para gravar outro disco. Dessa vez promoveu uma parceria meio esquisita. Foi assim: recebi um recado dele pedindo para ligar para determinado estúdio em Los Angeles. Telefonei e foram chamá-lo.

Eu estava em seu apartamento na Barra, pois isso fazia parte de suas instruções.

Ao telefone, meu parceiro explicou:

— O Cat Stevens fez uma versão para "Irmão de Fé" em inglês. Agora você tem de fazer a segunda parte em castelhano.

— Hein? É mesmo, Bituca? Que trem doido...

— Ele está aqui agora. Vai gravar comigo. Aqui, fala com ele.

— Hi, Márcio.

— Hi, Cat.

— Bom, você me entrega a letra amanhã — imediatamente voltou Bituca. — Eu torno a ligar no mesmo horário. Tchau.

Fiz um primeiro esboço. Bituca e Ronaldo teimavam em dizer e espalhar que eu sabia falar espanhol, só porque tinha facilidade para memorizar versos como:

> *Los caballos negros son*
> *las herraduras son negras*
> *sobre las capas relúcen*
> *manchas de tinta y de cera...,*

etc., recitava tudo de cor, com pronúncia de Santander, Galícia, que era a pronúncia oficial de Manolo, meu cunhado.

Saí, comprei um dicionário português/espanhol de bolso, voltei para seu apartamento e trabalhei. Quando Bituca ligou outra vez, apresentei-lhe uma segunda parte razoável, aparentemente sem erros de ortografia ou de concordância.

— Mas é bom conferir, viu Bituca. Não vá gravando sem consultar antes um cara aí que saiba espanhol. Não basta saber falar. O cara tem de entender de gramática, conjugação, concordância... não vá pegando o primeiro chicano que você encontrar, certo, Vituperatus...

— Então guenta aí que daqui a uma hora te ligo de novo.
Daí a uma hora:
— Ó, tá legal, tudo certo. Já vou pro estúdio.
"Irmão de Fé" virou "Mountain", com letra metade em inglês, metade em espanhol. By Nascimento, Stevens and Borges.

Dias de glória: show "Geraes", no Maracanãzinho, Rio de Janeiro.

5
CAPÍTULO

The Corner Club

Em 1984, milhares de jovens dinamarqueses dormiram na fila de véspera, para não perder o *show* do astro daquela noite, esgotando a lotação do estádio onde acontecia o Festival de Música de Copenhague. Não iam ver *rock*, ou *fusion*, ou *soul*, ou *jazz*. Iam ver simplesmente Milton, que estava além de todas as definições e rótulos. Milton. Como se o nome já dissesse tudo. As qualidades inimitáveis de sua música haviam colocado meu amigo à parte de qualquer tendência ou movimento nacional ou internacional. Ele tinha conseguido mais prestígio no exterior do que qualquer outro músico de sua geração. Sua voz era o fundamento de seu prestígio. Aqui, não podia deixar de me lembrar de alguns músicos preconceituosos do Ponto dos Músicos, vinte anos antes, chamando a voz daquele "canário" de "taquara-rachada". Agora os críticos e resenhistas do mundo inteiro gastavam toda espécie de adjetivos para qualificar e louvar sua arte de cantar. Sua extensão vocal. Seu timbre único. Seu falsete mavioso. Seu isso. Sua aquilo. Os críticos impiedosos da época do primeiro *Clube da Esquina* também vinham sendo obrigados a engolir Bituca aqueles anos todos, cada vez mais prestigiado, cada vez mais longe de suas lúgubres previsões, até que um dia eles próprios se esqueceram do que haviam dito e escrito e passaram a acreditar com toda a honestidade possível que sempre haviam gostado — e mesmo tinham sido os primeiros a gostar. Outros disseram: "Fui eu quem revelou". É que o nosso passado não é de modo algum uma sucessão rígida de eventos guardados e cristalizados numa ordem, mas constitui matéria tão fluída, dispersa e inexistente como o nosso próprio futuro, talvez até mais.

Milton Nascimento era um fato inegável no mundo do *showbiz*, um nome firmado na música popular mundial. Suas raízes no interior, a pureza de suas primeiras toadas, seu som de carro de boi a rodar por estradas de terra empoeirada, de certa forma ainda estavam lá, no fim do caminho novo e diversificado que traçara para si próprio ao longo dos anos.

De minha parte, andava totalmente desiludido com o ambiente do *showbiz*, aquela egolatria toda, aquele culto à personalidade, aquela máquina de nivelar gênios — eu pretendia caminhar na direção oposta — aquilo não era uma profissão; era um modo de viver. E absolutamente não me interessava mais.

* * *

Como diria Carlão: "É a entropia do universo". Ao fim e ao cabo, foi cada um seguindo a própria vida. Cada um foi cuidando de seus próprios interesses. Anos depois, muitos e muitos anos depois, Bituca me diria: "Você arranjou suas companhias, eu arranjei as minhas".

Mas mantivemos uma luz de amor iluminando nossa amizade, em nome de tudo o que já tínhamos vivido juntos. De uma forma ou de outra, passamos a nos ver cada vez menos.

Num desses encontros, assistimos ao vídeo de sua viagem à Amazônia, quando esteve com os kampa e os kaxinawá: Bituca na canoa, Bituca dentro do igarapé, empurrando a canoa, Bituca com os índios, Bituca com Benke, o menininho kampa. Foi para aquela imagem tão pura que escrevi "Benke":

> *"Beija-flor me chamou*
> *Olha (.....)*
> *... minha mamãe soberana*
> *minha floresta de joia..."*

A história de "Txai" é muito linda. É um termo usado pelos seringueiros, extraído da fala indígena, que quer dizer: mais do que irmão, minha metade em você. É o pedaço que trago de você, indelével dentro de mim. Bituca, na terra do Chico Mendes, foi tratado de *txai* pelos seringueiros. Cantou "A Chamada" no meio da mata, junto com os caboclos. Sentiu a alma da floresta e seus seres. Tentamos traduzir:

Txai é fortaleza que não cai
Mesmo se um dia a gente sai
Fica no peito essa flor...

Ele próprio tornou-se amigo dos índios. Viram nele, com toda a razão, um aliado.

* * *

De outra feita, mantivemos contato via telefone e fax (Bituca estava outra vez na Dinamarca) para terminarmos uma canção iniciada anos atrás, chamada "Estrelada". Numa primeira conversa, a música seria tema da ECO 92:

... És menina do astro sol
és rainha do mundo mar
teu luzeiro me faz cantar
terra, terra, és tão estrelada...

Depois dessa, praticamente parei de compor. Perdi a motivação. A música popular tornou-se uma coisa muito profissional demais para meu gosto amador. Tornei-me mais e mais radical, não só nas minhas propostas de trabalho, mas também na própria maneira de viver. Acabei abandonando as cidades e suas luzes, as mulheres e os homens, mergulhei no fundo e nadei para a margem.

* * *

Depois de muito tempo, apareci em Belo Horizonte. Como sempre, hospedei-me na velha e querida casa da rua Divinópolis. Dona Maricota me contou as novas:

— Bituca esteve aqui outro dia desses.

— É mesmo, mãe? Tem quase um ano que não vejo o Bituca. Agora a gente se vê é uma vez na vida e outra na morte.

— Uai, por quê?

— Sabe como é, né, mãe. Eu moro lá no fim do mundo e o Bituca agora não para mais de viajar...

— Pois aqui ele apareceu depois de muito tempo. Eu mostrei para ele a vassoura.

— Ah, é? Que foi que ele aprontou?

— Aquilo não tem vergonha na cara não, Marcinho. Me matou de rir.

— O Salim foi pra cozinha fazer mexido?

— Não, fez só cafezinho. Bituca veio com um americano, acho que é americano mesmo. Em todos casos, é gringo. Um tal de Pat.

— Pat?

— Um cabeludo que já tocou com ele, assim disse o Bituca. O Nico é quem sabe desse Pat.

Nico, agora um homem casado, pai de um lindo garoto de um ano, morava nos fundos da rua Divinópolis, como eu próprio morara tantos anos antes. Chamei-o pela janela da copa. (Nunca mais quebrara a cabeça!...)

— Ô Nico, vem cá.

Ele chegou de bermuda e sandália havaiana. Me deu um forte abraço e um beijo estalado.

— Ô, meu irmão. Chegou hoje?

— Cheguei agora. Quem é esse Pat que veio aqui com o Bituca?

— Ahm? Pat? Ah, pois é, bicho. — Nico deu uma risadinha mofina. — De repente me chegam aqui em casa o Bituca e o Pat Metheny... tem base? — e deu outra risadinha.

— Assim, sem mais nem menos? — perguntei.

— Diz o Bituca que o Pat queria conhecer o Clube da Esquina de toda maneira.

— E o Bituca não falou pra ele que era só um pedaço de meio-fio?

— Diz ele que falou, mas o Pat não quis acreditar de jeito nenhum. Então o Bituca trouxe ele aqui pra mamãe confirmar.

Mamãe completou:

— Ficaram aqui um tempão, tocando, conversando com Salim...

— Como antigamente.

— Como antigamente.

* * *

O tecladista Lyle Mays fez a mesma coisa. Encontrou-se com Nivaldo Ornelas durante um *show* na Europa e o fez prometer que o levaria para conhecer o Clube da Esquina, The Corner Club... Nivaldo explicou que era apenas uma esquina, mas o tecladista americano quis ver com os próprios olhos. Assim, certo dia, veio ao Brasil e exigiu do saxofonista o cumprimento da promessa. Em Belo Horizonte, entraram num táxi e mandaram tocar para Santa Tereza, rua Divinópolis esquina com rua Paraisópolis. Pararam um minuto. Lyle nem desceu do carro. Observou bem: um cruzamento, duas ruas, quatro ângulos, quatro casas residenciais absolutamente comuns e sem graça — e mais nada.

— *My God*! — exclamou.

Então confessou a Nivaldo que ele e a turma de Pat tinham mandado um amigo viajar anônimo para Minas Gerais e perambular pelas cidadezinhas em torno de Belo Horizonte: Nova Lima, Sabará, Ibirité, para tentar descobrir a causa da originalidade da música feita por The Corner Club, a qual eles ouviam nos Estados Unidos desde meninos. Nivaldo, como participante e testemunha ocular, sabia que o segredo que Lyle procurava não estava nas ruas. A causa de tudo tinha sido a irradiação original e irrepetível, emanada daquela concentração única de talentos que se esbarraram dentro de uma época precisa, brotando dela como frutos inevitáveis. Por isso, tal conjunção jamais voltaria a se repetir, pois assim são todas as épocas. Cada um que bem viveu a sua, acha que precisamente aquela é que foi a boa. E assim vamos envelhecendo, mas não os nossos sonhos. Como disse o escritor: "Os maus tempos passaram; foram os melhores anos de nossa vida".

... E LÁ SE VAI MAIS UM DIA...

1993. Nova Iorque.

O americano Mark Ginsberg encarou Bituca e falou:
— *I wanna take you somewhere.*

Eram amigos. Estavam no quarto de hotel que Bituca ocupava no lado leste da cidade. Tinha acabado de gravar com alguns dos maiores nomes da música popular mundial. O novo disco se chamava *Angelus* e tinha participações de Jon Anderson, James Taylor, Ron Carter, Herbie Hancock, Pat Metheny, Peter Gabriel, para falar só nos superstars. Essa gravação continha uma homenagem especial ao nosso passado, a nós mesmos, ao nosso tempo de Edifício Levy. É que Bituca gravara, pela primeira vez em trinta anos, aquela primeira canção que fizéramos compulsivamente, ao sairmos das três sessões de *Jules et Jim*, naquela noite em que o relógio da Igreja São José marcava oito horas.

— *Where are we going?* — perguntou Bituca, no elevador.

— *You'il see. And you'll like it* — disse Mark.

Bituca o acompanhou, sem saber aonde estavam indo. Tomaram um ônibus.

— *Oh no! By bus?* — Bituca nunca gostou de andar de ônibus.

— Claro — respondeu o americano.

Atravessaram a cidade. Mark desceu na frente, Bituca o seguiu. Pararam num prédio de apartamentos singelo, bem comum. Mark tocou uma das várias campainhas. Uma voz de mulher respondeu: "Yes!" pelo interfone.

— *It's Mark.*

O portão se abriu, os dois subiram. Mark parou diante de uma porta e bateu com o nó dos dedos: toc-totoc. A porta se abriu e a mulher abriu seu charmoso sorriso. As pernas de Bituca tremeram, no princípio de vertigem que o sufocou. *"Pas speciallement belle, ni inteligente, ni sincère, mais une vrai femme..."* Era Jeanne Moreau. Era a Catherine de *Jules et Jim*, em pessoa. Os anos não haviam tirado a beleza daquele sorriso. Entraram. Mark promoveu as apresentações. Refeito do susto, Bituca contou a Jeanne Moreau a nossa história, a tarde em que fomos ver *Jules et Jim*, as três sessões, o nosso pranto, a febre de criar, as músicas nascidas naquela noite, a descoberta de um destino e tudo o que se seguiu. Quando ele terminou de falar, Jeanne Moreau tinha lágrimas nos olhos. Não sabia o que falar, ela mesma mergulhada no poço sem fundo que era aquele nosso abismo particular. Estava emocionada. Abraçou Bituca demoradamente. Depois falou a meu amigo, na linguagem universal do coração:

— Ontem fui eu a levar essa emoção através do mundo. Hoje é você quem o faz. Amanhã serão outros. Vá em frente.

* * *

1993. Rio.

Eu estava hospedado num hotel no Rio, com minha mulher Cláudia e dois dos meus três filhos, Isabel, cinco, e Gabriel, dezessete. Tínhamos acabado de chegar de nossa casa no alto da montanha, na serra da Mantiqueira. Era domingo, duas horas da tarde. O telefone tocou. Bituca me descobrira ali não sei como! Eu nem sabia que ele estava de volta dos Estados Unidos.
— Marcinho!
— Sou eu.
— Estou mandando o Carlinhos aí te buscar. Preciso te mostrar um troço.
— Claro.
— Então tá. — Confirmou o número de meu apartamento e desligou.

* * *

De olhos fechados, Bituca apertou a mão que tinha entre as suas duas manoplas. Era minha mão esquerda, pequena dentro da concha formada por aqueles dez dedos enormes. "Manículas Prospectus..." relembrei. Estávamos sentados lado a lado num sofá de couro preto, numa sala lateral de sua casa situada num condomínio fechado da Barra, e ouvíamos o disco *Angelus* pela primeira vez.

A faixa intitulada "Novena" ia pelo meio. No CD, a voz de meu irmão número doze cantava:

>*... se digo amor*
>*só é por alguém*
>*é pelos malditos*
>*deserdados deste chão...*

Exatamente no início dessa faixa é que Bituca havia apertado minha mão com tanta força. Porque aquela música, especialmente ela, nos lançava no vórtice de um abismo, um redemoinho de trinta anos de profundidade e nos colocava num estado de percepção que, de tão agudo e vertiginoso, substituía nossas reações por aquela espécie de torpor que costuma suceder as emoções muito violentas.

Trinta anos se elevavam desde o momento cravado lá em baixo, em que nós dois nos sentimos gêmeos em espírito e comungamos a emoção primária de um amor verdadeiro, total e inenarrável, jovens e ignorantes que éramos dos intrincados meandros de ribeirão e desenhos de tapeçaria do tempo. Se não, outro desfecho teríamos dado aos cacos de mosaico intitulados *Jules et Jim*, Ponto dos Músicos, Festival da Fome, "Travessia", Clube da Esquina, a Belo Horizonte efervescente dos anos 60, à hora solene de compor nossa primeira música, ao caráter de rito de fecundidade daquela cópula febril de melodias e palavras, coisas que foram se empilhando como pedras de uma pirâmide, desde trinta anos antes, até esse aqui e agora no cume do qual nos sentávamos, à mercê de lembranças que emergiam e naufragavam, dotadas de luz, massa e gravidade próprias, estrelarias colhidas e logo perdidas no meio de um calmo oceano de esquecimento.

"Novena", afinal, era exatamente "Paz do Amor que Vem", aquela primeira música que havíamos gerado em parceria, numa longínqua noite de 1964. Agora, um ciclo se fechava aqui. Bituca nunca a aprovara antes. O próprio nome "Paz do Amor que Vem" não subsistira, por razões perdidas no tempo. Muitas coisas mais tinham-se ido com aquele nome, desaparecido junto com as sensações daquela distante noite em que saímos do Cine Tupi dispostos a merecer nossa indescritível felicidade. Por outro lado, como se para restabelecer a harmonia que deveria prevalecer em todas as épocas, a simetria dessa obra-prima que é a própria vida, muitas coisas tinham também emergido para ficar. Por exemplo, ficaria para sempre mais essa lembrança, próxima, íntima e atual como o contato de nossas mãos, e no entanto, distante e estrangeira como nossas lágrimas apaixonadas dentro daquele cinema; ficaria a nebulosa viva chamada memória; ficaria a esperança. Apesar de tudo ainda éramos viajantes do tempo. Muitos não haviam tido tanta sorte, Dickson, Schubert, Marisa, Luís Afonso, Agostinho, Elis, José Carlos... Para nós a vida ainda continuava transcorrendo sem cessar, nivelando tudo nesse transcorrer.

Agora já não éramos mais os jovens rebeldes e sonhadores e sim aqueles dois homens cinquentões, mas o pulsar e transpirar de nossas mãos-dadas zerava todos os momentos intermediários. Desde muito tempo não nos víamos mais — e mesmo esse lapso estava anulado. Até mesmo o legendário Clube da Esquina não era aqui senão um desses momentos evaporados sob o calor de nossos sentimentos.

O banho de cerveja e ketchup, Coleman Hawkins, Das Baixínhans, a pensão do Bóris, as noitadas no Sandchurra's, Ronaldo de hepatite em Botafogo, as viagens a Três Pontas, o coro dos sapos na Sentinela, todas essas lembranças se igualavam e se juntavam como grãos de areia que se fundissem para formar um labirinto de espelhos, no qual se refletisse nossa própria vida atrás de nós, num túnel sem fim.

Lembrei-me de uns versos de Quevedo:

> *Já sei que sou alento fugitivo,*
> *Já sei, já temo, já espero,*
> *Que sou pó, como tu, se morro*
> *E sou vidro, como tu, se vivo.*

Porém guardei para mim aquelas palavras. Tantas outras, em tão variados tempos, haviam sido trocadas entre nós dois que agora um pouco de silêncio seria bem-vindo como uma dádiva.

Mas Bituca, tão logo a contrita audição do álbum *Angelus* terminou, largou minha mão, se levantou e falou para meu filho Gabriel:

— A culpa toda é do seu pai.

Gabriel apenas riu, sem ter o que comentar. Meu filho tinha mais ou menos a mesma idade que eu próprio tinha quando tudo começara.

Claudinha, minha mulher, de pele muito alva, trazia marcas vermelhas ao redor dos olhos e em todo o nariz, já que havia chorado durante a audição, vendo eu e Bituca de mãos-dadas. Bebel, muito inteligente e viva, prestava a maior atenção em meu amigo. O relógio marcava seis horas da tarde, hora do ângelus.

Aquela primeira frase de meu velho irmão número doze era uma senha, um abre-te-sésamo, e todos havíamos compreendido isso muito bem. De modo que fizemos silêncio e ele, pigarreando e preparando a voz, virou-se para Claudinha e repetiu uma variante da frase de introdução:

— Verdade. A culpa toda é desse Baixinho Invocado aí.

Então, entre risos, pausas e lágrimas, contou nossa história toda, a começar do Edifício Levy.

* * *

"... e o coração na curva de um rio, rio, rio..."

POSFÁCIO
Milton Nascimento

Um dia, estava eu em Nova Iorque, quando um amigo de lá me chamou no hotel:
— Beetooucka, quer ir passear comigo? Tenho que entregar algo pra alguém.
— Vamos lá, Mark — disse-lhe eu.
Pela primeira vez o figurinha americano-com-todo-tipo-de-lorde-inglês veio sem carro. (Ele escreve sobre automóveis para revistas.) Pegamos um ônibus e andamos, andamos. Eu me perguntava porque não fomos de subway, bem mais interessante, que é um trem, coisa que eu adoro.
Mas foi bom. Descemos, atravessamos a rua, ele tocou a campainha. Ouvimos um just a minute, subimos, saimos do elevador, Mark apertou outra campainha; outro just a minute feminino.
De repente, abre-se a porta e quem aparece? JEANNE MOREAU!!!
Eu comecei a tremer, entrei, queria matar o sujeito por não ter me avisado, tomei umas oito xícaras de chá, que até então eu odiava, e, duas horas depois, criei coragem, isto é, minha canela já doía o suficiente com os pontapés precisos do Mark, falando baixinho:
— Fala, Beetooucka.
Contei então minha vida até JULES ET JIM e mais. Fui surpreendido com a seguinte frase da minha diva:
— Como é bela a arte, Milton. Trabalhamos numa coisa aqui e vamos tocar a alma de quem nem sabemos e nem onde. Ontem fui eu, Truffaut e agora é você. Que lindo e que responsabilidade.

Ela disse isso chorando.

Vejo esta cena, que queria repartir com meus amigos que lá não estavam, principalmente Márcio Borges. E mais uma vez penso que o Clube não pertencia a uma esquina, a uma turma, a uma cidade, mas sim a quem, no pedaço mais distante do mundo, ouvisse nossas vozes e se juntasse a nós.

O Clube da Esquina continua vivo nas músicas, nas letras, no nosso amor, nos nossos filhos e quem mais chegar.

Beijos,

*Rio de Janeiro,
15 de julho de 1996*

INFORMAÇÕES SOBRE A
GERAÇÃO EDITORIAL

Para saber mais sobre os títulos e autores
da **Geração Editorial**,
visite o *site* www.geracaoeditorial.com.br
e curta as nossas redes sociais.

Além de informações sobre os próximos lançamentos,
você terá acesso a conteúdos exclusivos
e poderá participar de promoções e sorteios.

geracaoeditorial.com.br

/geracaoeditorial

@geracaobooks

@geracaoeditorial

Se quiser receber informações por *e-mail*,
basta se cadastrar diretamente no nosso *site*
ou enviar uma mensagem para
imprensa@geracaoeditorial.com.br

Geração Editorial

Rua João Pereira, 81 – Lapa
CEP: 05074-070 – São Paulo – SP
Telefone: (+ 55 11) 3256-4444
E-mail: geracaoeditorial@geracaoeditorial.com.br

Impressão e Acabamento | Gráfica Viena
Todo papel desta obra possui certificação FSC® do fabricante.
Produzido conforme melhores práticas de gestão ambiental (ISO 14001)
www.graficaviena.com.br

Milton na cama de seus pais, na casa de Três Pontas, Minas Gerais.

Nos tempos do Edifício Levy

Márcio Borges, 17 e Marisa, 16, saindo do Edifício Levy: a primeira paixão, em 1963.

Marilton Borges e Cássio James: delicadezas da turma do Levy, na véspera do golpe de 1964.

Acima: Bituca, 20 anos, aliás Von Betucious, aliás Maniculas Prospectus, aliás Vituperatus: o maior datilógrafo do Brasil.

Ao lado, Cássio James e Joyce, namorada de Márcio Borges.

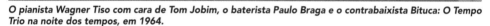

O pianista Wagner Tiso com cara de Tom Jobim, o baterista Paulo Braga e o contrabaixista Bituca: O Tempo Trio na noite dos tempos, em 1964.

À esquerda, Eumir Deodato faz pose com acordeom.

À direita, o saxofonista Nivaldo Ornelas num intervalo do trabalho no Bar Berimbau, jazz-club do Edifício Malleta, em 1964. Na parede, posters de Jorge Ben, John Coltrane e Modern Jazz Quarlet.

Lô, Duca, a Índia, Márcio Borges e Bituca nas ruas de Diamantina, em 1971.

ÁLBUM DE FAMÍLIA

Do fundo do baú, uma imagem rara – e marcada pelo tempo – do "Quarto dos Homens": acima, a partir da esquerda: Telo, Marilton, Lô, Salomão (pai), Márcio e Yé. Embaixo: Nico, Solange e Dona Maricota (mãe).

No alto, a turma do Clube da Esquina a bordo do lendário jipe Land Rover Manoel Audaz, fugindo de Belo Horizonte.

Ao lado, Bituca e Fernando Brant em Sentinela, nas proximidades de Diamantina: o exato momento da sinfonia dos sapos.

Acima, Milton, Beto Guedes e Lô Borges no Mar Azul, praia de Piratininga, Niterói. Abaixo, Lô Borges e seu conjunto em intervalo da gravação do disco "Nuvem Cigana".

Milton e Lô Borges na casa de Lô, na rua Divinópolis, 1971.

Milton, Ronaldo Bastos e Fernando Brant: fotos para documentos, feitas em 1971 por Juvenal Pereira (abaixo).

Marilton, Márcio, Elis Regina, Yé, Lô, Telo e Nico na gravação do disco dos Borges, final dos anos 1970.

Intervalo da gravação do primeiro disco de Beto Guedes. Beto Guedes e Lô Borges.

Milton com Naná Vasconcelos, na gravação de "Milagre dos Peixes". E com Alaíde Costa, na casa dele.

Milton com as irmãs, na casa dos pais em Três Pontas, Minas Gerais.

À direita, Milton entre Elis Regina e Ronaldo Bastos, durante a gravação do disco "Clube da Esquina".

Abaixo, com Chico Buarque e Francis Hime, no show em Três Pontas, Minas Gerais. E com Sara Vaughn, durante gravação de um disco de Sara.

O público do show "Milagre dos Peixes", na Universidade de São Paulo – USP.

Acima, Ronaldo Bastos, Sirlam, Nico Borges e Milton na gravação do disco "Milagre dos Peixes", 1974. Abaixo, Nivaldo Ornelas, Toninho Horta, Wagner Tiso, Novelli e Paulo Braga em intervalo do ensaio para o disco "Minas", 1976.

Milton Nascimento na porta da cozinha da casa de seus pais, em Três Pontas, Minas Gerais.